JN309509

デモクラシーとアカウンタビリティ

グローバル化する政治責任

眞柄秀子編

風行社

はじめに

眞柄秀子

本書は、科学研究費補助金基盤研究（B）「民主的アカウンタビリティの国際研究（#15330029）」（研究代表眞柄秀子）の研究成果に修正を加えて日本語に翻訳したものをまとめている。

政治学では現在、アカウンタビリティに関する議論がきわめて活発に展開されている。しかしアカウンタビリティの概念自体はそれほど新しいものではない。特に行政学の分野では、政府および行政のアカウンタビリティは従来から検討されてきた。しかし近年、グローバル化や政治腐敗をはじめとした質的にも水準的にも様々な危機が各国政治や世界政治を覆うに至り、行政学を超えて、政治思想や比較政治学および国際政治といった政治学の各分野でもアカウンタビリティ概念の重要性が指摘され、実証的な研究も蓄積されるようになってきた。アカウンタビリティは行政学的定義を超えて、新しい意味を与えられるようになり、その定義するところは実に様々であって、政治学研究のひとつの中心的位置を占めつつあるように思われる。

本書のプロジェクトは、このような学術的背景を前提に、海外から関連各分野の最も有力な三名の研究者（フィリップ・C・シュミッター、T・J・ペンペル、ミリアム・A・ゴールデン）に研究協力者としてご参加いただき、国内の五名の研究者（千葉眞、押村高、福田耕治、井戸正伸、眞柄秀子）と合わせて八名からなる国際チームを結成することから始まった。そこでは、近年の政治学を席巻している「デモクラシーの質」という概念との関連においてアカウンタビリティを捉え、比較政治学、政治思想、国際政治、国際行政学といった多様な視点から検討し、日本におけるアカウンタビリティ研究の意義ある一歩を踏み出すことを目指していた。

民主化とデモクラシーの質に関する議論でこれまで中核的な理論枠組を提出してきたシュミッターは、アカウンタビリティがデモクラシーの最も重要な構成要素であると指摘する。シュミッターによれば、統治者が市民に対してよりアカウンタブルになるほど、デモクラシーの質は向上する。また代表者や政治家が市民と統治者の間を媒介するあいまいな役割をより良く演じるほど、デモクラシーの質は向上する。シュミッターによれば、政治的アカウンタビリティは、効果的に機能するために制度化され、安定的な相互理解を前提として事前に設定された一連のルールに支えられている必要がある。シュミッターはさらに、アカウンタビリティが経済成長率、社会的平等、ジェンダー平等、法の支配の平等な分布、確実な人権保護などといかに関連しているのかを明らかにしようと試みている。本書では、ギジェルモ・オドンネルが提唱した水平的アカウンタビリティ、垂直的アカウンタビリティという次元とは異なり、時間を軸としたアカウンタビリティの次元を考案し、理論から分析への重要な架け橋となりうる枠組を提出している。

一方、眞柄論文はアカウンタビリティの選挙的な側面を重視している。プシェヴォスキらに従えば、アカウンタビリティとは、よい政治やよい政策を実施した政権を選挙で再選させ、それができなかった政権を権力の座から追放するという選挙的メカニズムを前提に論じることができる。ところが、いくつかの民主主義国では、政権交代というアカウンタビリティの主要メカニズムがうまく作動しなかった。眞柄はこの点に着目し、市場の調整が強い経済においては、自由市場経済と比較して、利益調整が市場においてなされているため、さまざまな経済利益は経済成長との関係において選挙的アカウンタビリティをそれほど必要としなかったのではないかと仮定し、クロスナショナル分析を行うとともに、一九九〇年代まで有意な政権交代が起こらなかったイタリアと日本を分析している。

ペンペル論文は、東アジア経済の地域統合の進展を射程に据え、日本、韓国、台湾というかつての「発展指向型国家」の近年の変化とそれに伴うアカウンタビリティ概念の変質についてダイナミックな視点から意欲的な枠組を提出している。「発展指向型国家」では、生産性向上を目指す政府と経営者の協調によって国家の経済利益を高めてきた。そこでは、ビジネスや金融といった国内の「経済コミュニティ」への政府のアカウンタビリティが国の生産性向上という集合的な帰結をもたらした。また日本、韓国、台湾は、安全保障と経済に関してアメリカと相互依存的な緊密な関係を保った。ペンペルは、この型の国家が死につつあり、その死が、国内民主化と経済の地域統合を伴い、アカウンタビリティの新しい認識をもたらすと論じている。すなわち、これまで特権的だった経済利益はより広範な他の社会経済グループと折り合いをつけなくてはならなくなり、金融の一握りのグループやビジネスカルテルが経済政策を支配できなくなるため、アカウンタビリティの質的変化がもたらされていると指摘する。

千葉論文は、政治思想の立場から民主的アカウンタビリティを検討している。千葉によれば、より多くのアカウンタビリティが必要であると近年ますます強く認識されるようになった背景には、透明性の欠如や腐敗の増加や一般市民が感じている権力者との距離感の大きさがある。特にいわゆる「先進」諸国において、「メガ国家」や「経済政体」とウォリンが呼ぶような非政治化と反民主主義化をもたらしかねない傾向がみられる。先進諸国に限らず、途上国においても人々は非応責的政府や多国籍企業や伝統的な権威主義的諸制度に対して疑問を投げかけ始めている。アカウンタビリティへの近年のこの期待は、現代「民主主義」国家の正統性の危機と密接に関連している、と千葉は指摘する。千葉は代表と選挙システムという束縛からアカウンタビリティ概念を解き放つ可能性を探り、それに基づいた正統性の新しい概念を提示する。これを前提に民主的アカウンタビリティが失敗している具体的な例として、戦後日本の戦争責任問題を検討し、政府と市民社会の双方がこの問題を真剣に考えなければならないことを示唆している。

それではグローバル化は各国のアカウンタビリティにどのような影響を与えているのだろうか。この問題を検討しているのが押村論文である。これまで一般的に論じられてきたのは、グローバル化により各国政府の政策的裁量権が縮小するにつれ、選挙で選ばれた公人に対する信頼が低下し、政治的アカウンタビリティが損なわれるという見解であった。投票者の選好は政策決定過程から切り離され、いわゆる「民主主義の赤字」をもたらすという。それでは日本はどうか。日本ではグローバル化が選出された公人のアカウンタビリティをどこまで弱体化させているのか。押村はこのような問題意識から、日本のグローバル化の過程とそれがデモクラシーに及ぼしてきたインパクトを小泉政権に至るまで丹念に検討し、グローバル化が日本の政治的アカウンタビリティを悪化させていると単純に論じることに疑問を投げかけている。

井戸論文は、経済構造の重要な一側面であるコーポレート・ガバナンスをアカウンタビリティの視点から分析している。ここではアカウンタビリティは、狭い政治的概念ではなく、より広い政治経済的次元の中で捉えられている。井戸は、企業経営を株主のみにアカウンタブルなものとするか、あるいは労働組合を含めたその他さまざまなステークホルダーに対してもアカウンタブルなものにするか、という各国のコーポレート・ガバナンス構造の相違を、イタリアと日本の戦前の非民主的政治体制における政官財エリートのあり方と異なる配置によって説明しようと試みる。戦後のイタリアと日本の経済成長を牽引した両国のコーポレート・ガバナンス構造が、日本では国家主導型、イタリアでは国家と経済との間の関係がうまく接合されていない「非接合的（disjointed）」システムとなったのはなぜかが、両国ファシズムのあり方の違いから説明される。特に、政党リーダー、官僚、経済リーダーがとった一連の戦略の帰結が、両国におけるファシズムのあり方の違いを生み、それがひいては、同じく「インサイダー・モデル」に属しながらも、上記のように異なるコーポレート・ガバナンス構造をもたらしたと論じている。

ゴールデンは、アカウンタビリティを検討する際に無視できない腐敗という問題の分析に取り組んでいる。一般に、貧しい諸国で腐敗が蔓延しやすいと認識されているが、豊かな国も腐敗から免れているわけではない。ゴールデンは、豊かな民主主義国に焦点を当てる。豊かな国の中で最も腐敗が少ないのはスカンジナヴィアの社会民主主義諸国であり、最も腐敗が多発している例として挙げられるのはイタリアである。ゴールデンは、なぜイタリアで腐敗が頻発するのかを解明しようと試み、ショッキングな仮説を提示している。すなわち、投票者にとって腐敗は大きな問題にはならないという。イタリアの有権者は、これまで幾度となく腐敗した政治家を再選させてきた。投票者はむしろ経済成長を重視し、腐敗を黙認してきたとゴールデンは論じている。

本書を締めくくる最終章の福田論文は、他の論文では十分に触れることがなかった国際行政学の風を送り込んでいる。二〇〇九年一二月一日に発効したＥＵの改革条約であるリスボン条約では、新たに「ＥＵの顔」となる大統領（欧州理事会常任議長）とＥＵの外相級ポストの外交安全保障上級代表が任命された。福田は「欧州ガバナンス」の改革を目指す同条約がＥＵのデモクラシーやアカウンタビリティにとってどのような意味をもつのかを検討している。超国家的なＥＵ諸機構が出現したことによって、欧州議会のように個人を主体とするデモクラシーと、閣僚理事会のような主権国家を主体とするデモクラシーとが錯綜することになり、従来ではまったく想定されていなかった多くの複雑な問題が現れた。国境を超えるデモクラシーとアカウンタビリティをめぐる新たな問題が提起され、「アカウンタビリティの欠落」や「デモクラシーの赤字」が指摘されるようになった。「民主主義の質」を担保するためのアカウンタビリティの確保には、どのような条件が満たされる必要があるのか。福田は、ＥＵレベルと加盟国レベルにおいて、ステークホルダー相互の連携協力の必要性や民主的監督・統制にとっての意義と課題について明らかにしている。

再び日本に目を転じると、二〇〇八年の政権交代後も外交や政治とカネといった諸問題で政権のアカウンタビリティが問われている。そのような中で、本書の試みであるグローバルな政治世界におけるアカウンタビリティとデモクラシーの多次元の検討が、少なからぬ示唆を与えるものとなり、新しい議論の広がりにつながることを期待している。

目次

はじめに　i

第一章　「現存する」民主主義諸国における政治的アカウンタビリティ
——その意味とメカニズム
フィリップ・C・シュミッター（本田亜紗子・東島雅昌 訳）　1
一　定義の探求　5
二　アカウンタビリティを確保する政治的メカニズムを見いだす　9
三　空間　12
四　時間とアクター　17
五　フラストレーションを伴う結論　21

第二章　経済成長と民主的アカウンタビリティ
——OECD諸国における調整型市場経済と政党分極化——
眞柄　秀子　29
一　イントロダクション　29
二　理論枠組み　31
三　クロスナショナル分析　36
四　事例　39

五　結論　51

第三章　地域化する発展指向型国家
——北東アジアにおける政治的経済的アカウンタビリティ　T・J・ペンペル（東島雅昌 訳）　58

一　アカウンタビリティ——複数の構成員（constituencies）にたいして　62
二　発展指向型モデル　67
三　アジアの地域化　72
四　経済危機と過去のモデルの衰退　78
五　アジアの制度を見直す　85
六　対照的な安全保障　93
七　結論　96

第四章　後期近代国家と民主主義的アカウンタビリティ
——正統性の危機と戦争責任の問題　千葉　眞　101

一　序——アカウンタビリティの概念　101
二　後期近代国家の正統性の危機と民主主義的アカウンタビリティ　106
三　戦後日本における戦争責任問題——民主主義的アカウンタビリティの失墜　118
四　結びにかえて　126

第五章　断片化するアカウンタビリティ
——日本におけるグローバル化と政治的責任概念の変化

押村　高　131

はじめに　131
一　伝統的なアカウンタビリティ不足か、グローバル化による低下か　135
二　外圧政治のアカウンタビリティ　141
三　「管理された自由化」から矛盾した政策対応まで　143
四　首相の人気に置換されたアカウンタビリティ　146
結論――選挙アカウンタビリティか、伝統的正当性か　150

第六章　アカウンタビリティと生産レジーム
――イタリアと日本におけるコーポレート・ガバナンスの非民主的起源　井戸　正伸　156

一　はじめに　156
二　「資本主義の類型」とコーポレート・ガバナンス　160
三　イタリアと日本のコーポレート・ガバナンス　162
四　「偶然の全体主義者」：イタリアにおけるコーポレート・ガバナンス構造の登場　164
五　「元老の呪い」：日本におけるコーポレート・ガバナンス構造の出現　172
六　結論　178

第七章　現代先進民主主義諸国における政治腐敗の謎　ミリアム・A・ゴールデン（本田亜紗子 訳）　184

一　有権者は腐敗を（あまり）気にかけないという主張の証拠　187
二　解釈と結論　193

第八章　欧州ガバナンス改革におけるデモクラシーとアカウンタビリティ
——ＥＵ・リスボン条約に至る制度改革を中心として　福田　耕治　200

一　問題の所在　200
二　ＥＵにおけるアカウンタビリティの概念と制度　202
三　ＥＵにおけるアカウンタビリティ確保への制度的対応　213
四　欧州ガバナンス改革の過程とアカウンタビリティ　218
五　ＥＵにおけるアカウンタビリティ確保と政策評価　223
六　リスボン条約による欧州ガバナンス改革とアカウンタビリティ　228

あとがき　242

第一章　「現存する」民主主義諸国における政治的アカウンタビリティ
——その意味とメカニズム

フィリップ・C・シュミッター
（本田亜紗子・東島雅昌 訳）

デモクラシーは数多くの定義、含意、帰結をもつが、アカウンタビリティはそのもっとも重要な要素の一つである。市民参加、政治的平等、市民意識、自己実現、政府当局による公正な扱い、各個人の政治的有効性に対する認識、憲法規範の尊重、人権の保護、世論への応答性、社会上・経済上の平等化、そしてもちろん「自由」などはすべて、——定義上の特徴として、もしくは、デモクラシーが生み出すであろうものとして——この政治支配の形態と結びついてきた。しかしこれらは、もし公的領域において統治者が自らのとる行動にたいし応責的(accountable)でありつづけさせることが市民にとって不可能であれば、まったく不確かで脆弱なものであるといえる。伝統的な主権や善意をもった専制君主、選挙によって選出された独裁者はうえに挙げたすべて、もしくはそのいずれかに寛容なときもあるかもしれないが、アカウンタビリティが担保されえないのであれば、彼らはこれらの「政治的譲歩」を無用なものとして反故にしたり、自らの意のままに撤回したりすることもありうるだろう。

ゆえに、テリー・カールと私が「現代の自由主義的で、代表制をとり、立憲主義的な政治的民主主義」、つまり「現存する民主主義」(real-existing democracy: RED)[1]の一般的で正確な定義について研究していたとき、私たちはアカウンタビリティの概念を考えついたのである。私たちが求めていた定義とは、デモクラシーが意味するものの核心をとらえ、特定の制度もしくは制度の組にとらわれず、その前提においてただ単に自由主義的であったり過度に守勢にまわったものではなく、その内容においてもっぱら手続き的であったり実質的であったりするものでない、世界の文化圏に十分通用しうるようなものであった。最近その数が激増している民主化に関する論文で広く使われている定義のいずれも、とくにいわゆるシュンペーター的定義もしくはそこから派生した多くの定義は[2]、私たちが実のところ求めるような明細書にかなうものではない。これらはすべて特定の制度の定期的な実施、つまり市民に競争する統治者たちの組のあいだで選択をおこなわせ、市民が以前に選んだ者を除去する機会を提供しつづける選挙にあまりに焦点を合わせすぎていた。さらに、これらの定義は、選出されたものはだれでも選出をおこなっているものに応責的でありつづけるということ、そして互いに競争している者たちは異なる綱領上のオルタナティヴを市民に提供するということが仮定されていたように思われた。

実際、このような「最小限」定義に依拠する理論指向をもつ研究者の多くは、そのような定義を採用することに戸惑いを抱いているようであった。彼らは、選挙が唯一デモクラシーの表明ではないものの、選挙の存在は測定しやすく(二分法を用いさえする)、そして/あるいは他の選択肢——すなわち「デモクラシー」のいわゆる実質的な定義——は、党派的な操作を受けやすいと主張し、言い訳していた。テリーと私は、他の選択肢の詳細のいくつかは実際に、意図的に「非現実的」なものとされていたことに十分に気づいていた。つまり、それらは、いまだ「現存する」政体が満たしたことがないような、資源・アクセス・便益という点での市民間の平等の条件を規定していた。デモクラシーを自称する政体を規範的に判断する際の基準を設定するのにいかに役立つかもしれないにせよ、それらは私たちが自らに課している仕事、すなわち既存のある政体が「現代の政治的民主主義」という栄えある称号を受けるに値する体制をどの程度確立したかについて実証的に測定することは有益ではなかったといえよう。

私たちは、次のような「一般的な」デモクラシーの定義に到達した。

統治者が公的領域における自らの行動に対して、代表者の競争と協力を通じて間接的に行動する市民によって責任を求められる（held accountable）統治の体制もしくはシステム。[3]

この論考はかなり頻繁に引用されてきたが、そこで展開された「なにがデモクラシーでなにがそうでないか」を包括的に特定する努力は、無関心から敵意までさまざまな反応に直面した。前者の論者たちにとって、アカウンタビリティを強調することは的外れであり余計なものであったにちがいない。これらの読者が想定したのは、多くの研究がそうであるように、すべての成人市民が等しく参加できる定期的かつ公正に行われる選挙が単的に存在することが、それを通じて市民が彼らの統治者を応責的にさせうる「まさに」もっとも信頼でき、もっとも効果的なメカニズムを提供しているということであった。シュンペーター流の単純さを以て、市民が行うべきことといえばせいぜい、いったん選出されたなら統治者を放っておき、統治者がなしたことを好まないなら、自らの選好にもっと近い綱領を持つ他の選択肢に切り替えるだけだ、という。市民が、地域の選挙区の代表とならない（そして競争的な選挙ではめったに選出されない）他の代表者たち——例えば利益団体や社会運動——の支援になぜ多大な時間と労力を注ぐのか、あるいは「市民によって」選出された統治者たちを市民の選好に従わせるために多くの時間と労力を割いて選挙のたびに個人的に活動までするのはどうしてなのかと問われても、それに対する答えは、そのことはあまり重要でないとか、重要であるとしてもそれは「自由で公正な選挙」の結果次第である、といったものになるのだろう。また、その行動が市民の利益や情熱が実現されるか否かをおおよそ決める、選挙で選出されていないものの委任された無数の（そして増加しつつある）「監視者」の集団に対して、市民がいかにして責任を求めうるかと問われても、答えは同様に満足のいくものではないであろう。すなわち、議会における選出された代表者の集団がそれら監視者を応責的にさせるよう気を配るだろう、という答えである。

後者の論者、つまりデモクラシーの定義の中心にアカウンタビリティを据えるという考えそのものに敵意をもつ論者にとって、おそらく異論の出どころはより大きく異なっていた。認識論的実証主義者にとって、アカウンタビリティの概念は定量化するにはあまりに抽象的であいまいであり、したがって、考慮にいれるに値しないと思われたに違いない――とりわけ、より具体的で観察可能なもの（競争的な選挙の実施）が難なく利用できた場合には。政治的保守主義者にとっては、アカウンタビリティは、選出された者が自らのその後の行動に関して市民による厳密な制約を課されるという「付託された代表」の匂いがしたに違いない。権限を有する地位にある者たちは、政体全体として何が善であるのかを決定するうえでの、そして大衆の一時的な衝動に抗するうえでの、自ら必須の自律性を失うであろう。必要となれば、聡明なエドマンド・バークがこの趣旨でいつ引用されてもよいであろう。

いうまでもなく、これらの反論のいずれにも私はその当時納得しなかった。そして、その後の研究の流れは私の懐疑が正しかったことを立証しているようにも思われる。「企業の社会的アカウンタビリティ」、「コミュニティ応答性」、「個人の道徳的責任」などの同源の概念を挙げるまでもなく、最近一〇年で、政治的アカウンタビリティに対する研究者の関心が実に爆発的に高まっている。そして予測しうるように、このことは、なぜ厳格な実証主義がかくも不毛であるかを完全に示している。いったんある概念が特定され、それに一定の理論上もしくは実践上の優先すら与えられると、分析者はその意味にいっそう注視するようになり、それを測定するためのよりしっかりとした確実な基礎を提供しはじめる。

この探索的な論文で、わたしはまず、アカウンタビリティという概念が内に含んだ、矛盾しているとはいわないまでも本質的にあいまいな要素についてさらに詳しく論じる。そして、現存する民主主義諸国（REDs）において統治者を効果的に応責的にしておく上で利用可能なメカニズムの特定化を試みることによって、アカウンタビリティ概念についてさらに追求していくことにしたい。

一　定義の探求

まず、**アカウンタビリティ**とは、二つのアクターの集合の間（実際には、その大半が個人間ではなく組織間）において前者が他方に、情報を提供し、自らの行動を説明もしくは正当化し、そして後者が課すこととなる予め決められたいかなる制裁にも服することを承諾する関係である。その一方で、前者の命令に服することになった後者も、必要とされる情報を提供し、前者の命令にいかに従ったり従わなかったりするのかを説明し、そして前者が為したこともしくは為さなかったことによる結果を受け入れなければならない。つまり、アカウンタビリティは、それが機能するとき、市民と統治者とのあいだで責任と潜在的制裁が相互に交換されることを含んでいる。

そして、これら二者のあいだには通常さまざまなかたちの競争的な代表者の集合が存在しており、この事実によってアカウンタビリティがよりいっそう複雑なものとなっている。いうまでもなく、この関係においては、緩い繋がりや役割の逆転など断り書きすべきことはたくさんあって、その結果はほとんど常に論争的なものとなる。情報は選別的でゆがんでいる可能性がありうるし（「きわどい（sexed-up）」が今日的表現のように思われる）、正当化や説明は他のアクターの方にそらされうるし（「ＩＭＦが私にそうさせた」）、制裁はまれにしか適用されず、ただ無視されることもありうる（「私の……を疑って脅すとは、きみは一体何様だ」）。アンドレアス・シェドラーがいみじくも指摘したように、現実世界においてこの関係は、単純で線形的で自己完結的な事象というよりは、「相互的アカウンタビリティの再帰的サイクル」を主として伴っている。(4)

次に、アカウンタビリティの題材は、倫理的行動、会計上の誠実さ、社会的評判、性的関係、機能的相互依存、家族的義理、愛国的義務などかなりさまざまなものがありえるが、わたしたちが関心を寄せている明確なタイプとは、**政治的アカウンタビリティ**、すなわち非対称な権力の行使を伴うかもしれないものである。いうまでもなく、うえに挙げたすべては約束や報酬といったかたちをとって政治にかかわりのある問題となるかもしれない。しかし、民主主義理論において核となる問題は、特定の制度の強制力、とくに所与の住民と所与の領域にたいする正統的な強制力を独占的に行使するとされる体制が常設する諸制度を――つまりは現代国家を――どのようにして飼いならし、かつ利用するのかということである。(5)

第三に、すべての安定的な政治体制はおそらく、ある種の構成員にたいして予測可能な形態のアカウンタビリティを有している。スルタン的独裁制は自分の取り巻きや側近を有している。軍部独裁制は評議会（junta）をもち、さまざまな軍部局のあいだの紛争を解消する複雑な取り決めを定めている。より素朴な王朝的かつ婚姻的事柄は言うに及ばず、絶対君主制でさえ神にたいし応責的であるとされている。これらの体制には無く、デモクラシーには有るのが**市民**——すなわち、国全体をおそらく覆っている（最近は）すべての成人によって構成された有権者（合法的そして非合法的な外国人居住者、犯罪者とかつて重犯罪人であった者、そして（あるいは）精神病者を除く）——である。さらに、政治的アカウンタビリティの観点からすると、市民のそれぞれが、彼らの将来の行動について知らされ、彼らの正当化を聞き、彼らの実績を評価するための、等しい権利と義務を有している。市民の役割を複雑にしているのは、彼らが専門化された**代表者**——すなわち市民のエージェントでありながら、選出もしくは任命された**統治者**のアカウンタビリティを確保する場合にはプリンシパルとして行動することになる者たち——にいっそう依存せざるをえなくなってきたことである。仮にこれが十分に複雑でないとしても、まさに同じ代表者のエージェント（プリンシパル）は過去において統治したエージェントかもしれず、おそらくは将来そのようになりたいと熱望している！　一方、この取り決めにおいて当初プリンシパルとして参加した市民はその後、自らが反対していたか聞かされてもいなかったかもしれない決定に従う義務を負う場合、彼ら自らがエージェントになるのである[6]。

第四に、政治的アカウンタビリティはひどく複雑なので、それが効果的に機能するためには、制度化されていなければならない。つまり政治的アカウンタビリティは、安定的で相互に了解され事前に取り決められた一連の**ルール**のなかに埋め込まれていなければならない。それらのいくつかは憲法や基本法典や宣誓のなかに定式化されているかもしれないが、政治的アカウンタビリティは法的、会計的、あるいは倫理的アカウンタビリティと同じものではない。たとえ法を侵さなかった場合でも、あるいは個人的な蓄財をせず社会慣行に反しなかった場合でも、統治者は自らの行為に関して調査され説明を求められることがある。彼らは単に、意図していた効果を生み出せないような悪い政治的選択をしたのかもしれない。あるいは、当初の予告を大幅に上回るコストをかけたのかもしれない。そして統治者は、良い選択にしろ悪い選択にしろとにかくそれを行わなかったことで——選挙で選出もしくは選抜されるための条件としてある約束をした後で、そのようにし損なったというだけで——責任を問われることもありうる。同様に、事前に確立していた同意によるルールに従って、市民は自らが行ったことや行わなかったことについて、統治者によって責任を求められうる。

最後に、政治的アカウンタビリティは**ネガティヴなだけではない**ということに注意すべきである。デモクラシーの下での市民——もしくは彼らの代表者——は「ならず者を放逐する」ことをふつうは望んでいない。この統治の形態は、平和裏になされうるのであれば、規則的で定期的な機会をまさに提供している——議院内閣制であればその機会はより分散し、不規則で、潜在的にはもっとコストのかかるものとなるが。さらに、行政府 - 議会のフォーマットのありかたにかかわらず、統治者はそのような不慮の事態に対し自らを守るためのメカニズムをかなりの程度もっている。ほとんどの場合、情報の交換や正当化および判断は目立たず、市民は自らの統治者を罰するよりは報いる（少なくとも大目に見る）ものである。ゆえに、選挙における投票率、信任投票の失敗、大統領の弾劾、大臣の辞職や更迭といった一目瞭然の出来事を政治的アカウンタビリティの効率性を示すポジティヴな指標として用いることはまったく不適切であろう。たぶん、もっとも応責的な統治者とはそのような手段によって脅かされることがない人々である。彼らは、統治下にある人々の期待を大いに内部化しているので、アカウンタビリティに恐怖することはないのである。実際、大衆の直截な意見に反して行動しなければならないとき、アカウンタビリティは統治者により大きな正統性を与えるものである。(7)

二　アカウンタビリティを確保する政治的メカニズムを見いだす

オーソドックスな答えは、私たちが見てきたように、きわめて単純である。すなわち、民主主義理論家の大半がアカウンタビリティを確保する政治的メカニズムを考えるうえで、「自由かつ公正で定期的におこなわれる選挙」を中心にすえることを問題ないとみなしている。ただし、いうまでもないことだが、定期的に選挙をおこない、票を正直に数え上げれば十分であると考えるほど、通常これらの研究者はナイーブではない。既に現代の古典となったロバート・ダールのいう「ポリアーキー」における諸要素の特定は、あるいは私がより好んで呼んでいる「現存する民主主義」は、手続き上必要なものとして次のようなものを加えている。

(1) 事実上すべての成人が公職者を選挙する際に投票する権利をもつ。
(2) 事実上すべての成人は選挙によって選出される政府の公職に立候補する権利をもつ。
(3) 市民は、広範に定義された政治の問題にかんし、厳しい処罰を加えられる危険なしに自らの考えを表現する権利をもつ。
(4) 市民は代替的な情報源を求める権利をもつ。さらに、代替的な情報源が存在し、法によって守られていなければならない。さらに、
(5) 市民は、独立的な政党や利益集団を含む、相対的に独立した団体や組織を結成する権利をも有する。(8)

ある水準までは、先進資本主義諸国のほぼすべてのREDsはこれら手続き的な条件を満たしており、よって好意的な称号を受けるに値する。しかし、ダールによって定められていない次のような諸条件があることにも注

意すべきである。

(1) すべての成人は平等な投票権を有しているだけでなく、社会的地位、富、物理的な位置、年齢などにかかわらず、実際に平等に投票していることを示すべきである。

(2) 彼らが投票する際に、彼らの選択は、体系的に規模が不均等な選挙区もしくは予め決められた結果を引き出すように設計された選挙区で集計されてはならない。

(3) 事実上、すべての成人は選挙によって選出される公職の候補者になる権利を有するだけでなく、競合する諸政党のひとつに指名される十分な可能性をも有している。

(4) 実際に候補者となる人々のなかで、選挙で勝つ見込みがかなり高く、ほぼ平等な財政的資源とメディアへのアクセスを持つものが一人以上存在すべきである。

(5) 競合する選挙候補者を提示するとき、政党の選挙公約や綱領は、妥当であるだけでなく市民が関心をもつ争点に焦点を絞った政策的選択肢を示す必要がある。

(6) 代替的な情報源が存在し法によって保護されているだけでなく、その所有と伝播が、市民が偏向した話しか受けることができないほど少数者に集中したり独占されたりすべきではない。

(7) これらの情報源はその出所が多様で費用的に利用しやすいだけではなく、「十分な情報に基づいて」候補者を選択するために必要な政治情報を得るための十分な能力と動機を市民も持つべきである。

(8) 競合する諸政党・諸団体は、国家諸官庁からもお互いからも独立しているだけではなく、その指導者やメンバーも、母集団中の歪んだ部分から体系的に選ばれてはいない。

(9)　これらの諸政党もしくは諸団体のいずれも、国家機関や政府の公職者から、承認、アクセス、補助金を特権的に享受すべきではない。

(10)　選挙によって選出された現職の公職者は、それ以降の選挙において決定的に有利になるべきではない。

(11)　当選した候補者は、選挙キャンペーン中に行った公約の実行を少なくとも試みる可能性が高いことを示し、さらに、

(12)　このことは、彼らを擁立した規律ある政党によって監視され、そして必要であれば制裁も加えられるべきである。

これら一二の諸条件がリストにならなかったのは、REDs のなかでこれらのすべてを満たしている国がほぼ皆無であり、多くの国はこれらの諸条件のいずれかを満たしていないという単純な理由によるものであった。[9] しかし、私がいいたいのは、これらの諸条件はダールが挙げた条件よりも、アカウンタビリティを確保するためにはより重要であるということである。「自由で公正な選挙」を定期的に実施するということと、これらの選挙のみが当選者のアカウンタビリティを確保しうるということは、別のことである。そして「自由で公正な選挙」は、公選された代表者らが、彼らに投票した市民にとっての信頼しうる代理人として行動することを保証するのにあまり貢献さえしないかもしれない。いいかえれば、自由民主主義理論の大半が想定するように、REDs が議会選挙そして（あるいは）大統領選挙にのみ依存しているとすれば、おそらくそれらの国々はアカウンタビリティに関するもっとも初歩的なテストにさえ落第するだろう。[10] そして、私が他所で示したように、これらの選挙の運営およびその後の立法行政諸機関の行動にとっての政党の重要性という点について考えたとき、大半の REDs に

おける政党の役割は低下しつつあることから、状況はますます悪化している。[11]

幸運なことに、REDsは代表者をつうじて市民と統治者のあいだでおこなわれるやりとりを監視し、それに制裁を加えるための他のメカニズムをいくつか有している。アカウンタビリティに関する最近の議論をとりまく三つの「比喩的な」次元を探ることによってこれらについて検討してみよう。

三 空間

最も一般的な次元とは、空間的なものである。古典的で自由主義的な説明において、市民、代表者、そして統治者の三者は、統治に携わるエージェントや諸機関を頂点に、それらに権限を与えかつ制約する（政党、選挙、そして地理的な選挙区が重複しない）さまざまな形の集合行為に組織されている底辺の個々の市民という順序で垂直に結ばれている。そして、その過程は公的権威の複数の経路、中間的な代表者に委譲された責任、そして最終的に個人、家族、企業の自発的な服従を通じて下方へと流れている。言うまでもなく、市民が自らの統治者に直接要求を説明する場合や、統治者が自らの市民に直接命令を課す場合、上部と下部のやりとりについて短い回路が存在しうる。しかし、介入する代表者がいようがいまいが、その比喩は不変のままである。

他の垂直なメカニズムのいくつかは、最も可視的なもの、すなわち選挙的なものに対して補完的である。レファレンダム、住民発案、そしてリコールは、諸政党の周りに作り上げられた一連の亀裂に沿うかもしれないし沿わないかもしれないが、選挙という周期的な（そして多かれ少なかれ予測可能な）出来事がなければ、それらはほとんど効果的ではないだろう。これら国民諮問が行われるかどうか、そして（通常）それらの結果が効果的であるかどうかを決定するのは、それらの「影」である。選挙自体は、ちょうど補欠選挙がアカウンタビリティの付加的な暫定的要素をより単一的な政体に挿入するように、連邦的または脱集権的政体において、さまざまなレベルでそしてさまざまな時に行われる。[12] 代表制をもつ組織にはまた、自らの選挙——例えば政党内の予備選挙や連合組織内の指導者競争がありえ、それらの結果は垂直的アカウンタビリティの過程を改善するためにメンバーによって利用されうる。解釈においてより問題となるのは、サーベイ研究、フォーカス・グループ分析、そして出口調査という形を通じて統治者や代表者によって行われる、「受身の」垂直的諮問の夥しい増殖である。[13] ポジティヴな側面において、これらの手段は市民の選好についての有用な情報を大いに改善し、それに従って政治家たちの行為を方向づけるために、彼らによって建設的に使われうる。特に（いつものように）選挙が有権者にとって不確かな特徴である多面的な争点を含む場合、それは満足のいく情報を著しく欠いている。選挙の回顧的解釈はきわめて不正確になりえ、ゆえに両方向において垂直的アカウンタビリティを歪めうる。ネガティヴな側面において、統治者や代表者によるこの全ての受身の情報収集は、象徴的で誤解を招きやすい反応を生み出すために利用されうる。何をすべきかを学ぶ代わりに、政治家たちは何を言うべきでないか、そして彼らがしていることをどのようにあいまいにすべきかを学ぶ。

市民と統治者は、それぞれの代表者を通じた間接的で垂直的な相互作用のみに制限されていない。前者は、さまざまな伝統的でない方法でデモを行いうる（通常は政党や組合そして（あるいは）運動の指導者が、これらの行事の組織に関わっているが）。後者は、そのようなデモを許容し、耳を傾け、そして反応さえしうる。また統治者たちは彼ら自身の（対抗）デモを組織することができ、または自らの見込みを予測して、「先制の」代表という形で事前に争点を説明しうる。

この垂直的で空間的な次元に対して、デモクラシーの自由主義的な提唱者は水平的次元、すなわち既定の憲法上のまたは法令上のルールに従った、国家内の諸機関の間の相互作用に基づく次元を付け加えてきた。厳密に言うと、これら「権力の分立」や「抑制と均衡」は民主主義的ではない。それらは、統治者と市民の間の垂直的な結びつきを打破するために援用される可能性さえある。それらの歴史的な起源は貴族政治、すなわち主権を持つ王の独裁的権力を抑制するための、地方名士による民主主義以前の努力にあり、それらは政治的な思慮分別の最も古い原理のひとつ、すなわち「混合レジーム」という願いの現代の体現である。垂直的アカウンタビリティそれのみでは不安定であろう、つまり公衆の熱意の短期的な変動を受けやすいから、と論じられている。また、それのみでは危険であろう、つまり専制的な多数派による統治を許すから、と主張されている。これらの傾向を打ち消すために、REDsは、市民の選好、政治的代表者間の競合、または大衆に応責的な統治者に基づかない制度を必要とする。換言すれば、全ての現代的なREDsは混合レジームであるべき（だし実際にそう）である。そこでは、垂直的アカウンタビリティの行使を制限するために、非民主的諸制度の自律的な権力を保障する各国の憲法または基本法の中に、以前の諸世代によって埋め込まれた諸ルールが存在するのである。

この水平的アカウンタビリティのメカニズムは多面的であるが、それがここ数十年で多様性と権威をかなりの程度増大させているという見方を支持する証拠がある。最も古いのは、憲法もしくは法令の再審理をする力をもつ独立した司法である。ほとんどの市民によって支持され、通常の立法手続きによって立案され議会を通過して行政機構によって認められた一片の法に、反対の裁定を下す最高裁判所は「民主的な」要素を何一つ有していない。しかし、そのような行為はいくつかの（しかし全てではない）REDsにおいて、合法的であるとして日常的に受け入れられている。さらにこれら高等裁判所は、大陪審、専門弁護人団および階級活動訴訟のようなアメリカの、風変わったものは言うまでもなく、人権、人種差別、労働関係、そして選挙の施行に対処する、より専門化されたもので補われている。司法のそのような過程は、特に法の支配が不安定なところでは良い影響を与えるかもしれないが、それら高等裁判所は、たとえどんなに非効率で要領を得なくても民主的諸制度こそが解決すべきである諸問題を侵害する。

同様に、さまざまな有権者を代表する立法および行政の代理人によって行使される抑制と均衡（現在の専門用語では「拒否点」）は、比較的小さな（そして大いに特権的である場合が多い）マイノリティに、広く市民の支持を得ている法案を阻止させるかもしれない。そして、水平的介入のそのような潜在的なメカニズムのリストは長くなり、多様になっている。自律的な中央銀行は雇用率を上げるために、人気政権の金利引き下げの要求を無視しうる。行政機関内の小さな（そして秘密主義の）派閥と同盟した、軍の参謀幕僚と情報部は、公選された代表者の承認なしに戦争や国家の緊急事態を宣言しうる。そして、いわゆる「外部の」および「私心のない」専門家、例えば会計検査院や監察官による活動に権限を与えることによって古典的な行政－立法－司法の三角形に介入する、その他の選挙的アカウンタビリティを問われない制度が出現している。[14]行政の中でのさまざまな規制委員会、許認可担当省庁、そして専門団体は、先の立法府によってあいまいに委任された権力の下で、一般市民への影響が多大となる拘束力ある規制を公布しうる。垂直的な民主的権威化の視点からはるかに問題なのは、国際条約によって、それ自身市民の賛成または監視に従っていない地域的組織やグローバルな組織へ位置づけられた権力である。もちろん、そのような委任のほとんどは、現代の政体がそこでの活動を強いられている複雑で多層的で相互依存的で加速的な文脈（すなわちグローバル化）において、機能的にも時間的にも避けられないと論じることはできる。しかしこのことは、現代の政体を少しもより民主的なものにはしないのである。

ロバート・ダールによって創り出された表現を使うと、これら国家的および超国家的な「監視者」は、REDsがあまりにも政策内容を奪われていて、もはや市民の選好の変化に対応できないと非難されるくらいまでに急増している。[15] そのメカニズムは、「自由で公正な」選挙が政権の党派的な交代を生み出してきた場合においても、国民によって公選された立法者もしくは行政官に国家の諸政策を変える能力を失わせうるものである。監視者的な諸機関、拒否権プレイヤー、そして制約されたアジェンダに満ちた混合レジームは、現代の国民的なREDsを、それら自体の潜在的過剰や非効率性から守るために必要かもしれないが、民主的な観点からして疑わしいそれらの実践から政治的正統性を引き出すことができるのだろうか。

これらふたつの空間的な関係項に対して、私は第三のもの、すなわち斜めのアカウンタビリティを付け加えることを示唆してきた。[16] これは、選挙で候補者を（少なくとも公然とは）指名し競合しないが、政治過程において彼らの利益や情熱を守るために市民（そして時には外国人居留者）を動員することができる市民社会のさまざまな団体によって用いられるであろう。この集合行為は、彼らが選挙周期から独立的に、そして「権威の配分」がなされる全ての場所で、アクセスを求めるという意味で、はるかに継続的であり魅惑的だが、危険である。[17] 彼らは、永続的に組織化されており専門的スタッフを擁している傾向にあるため、高度に専門化された政策領域においてデータを集め影響力を行使する独自の能力をもつこととなる。政治家がさほど責任を追及されないのは、これらの組織の不可欠な情報、財政援助、妨害という脅し、そして（もしくは）政策目標の遵守を確実にする能力に関して、これらの組織が調達しうる票のためである。不幸にも、規範的な民主化理論の視点からは、そのような公共財をもたらす彼らの能力は非常に不平等である。[18] 一般に考えられている投票行為の平等性とは違い、市民社会の「現存する」結社や運動は、ある利益や情熱を他よりもはるかにうまく促進する。あるいは、E・E・シャットシュナイダーがきわめて適切に述べているように、「多元主義的な天国の欠点は、その天国の合唱が強い上流階級的なアクセントをおいて歌われているということである」（内山訳）[19]。いわゆる「新しい社会運動」による活動の近年の増加が、多少はそのアクセントを弱めてきたかもしれないが、それは未だ一般的もしくは庶民のものではない。

アメリカ合衆国の「孤独なボウリング（bowling alone）」について警鐘がならされているにもかかわらず、ほとんどのREDsの市民社会は依然として拡大している[20]。利益と情熱の適用範囲は、媒介システムの性質が多元主義的かコーポラティズム的かに応じてかなり異なるが、あらゆる所でそれは、特定の階級、セクター、職業の選好や特別な「理由」に利する形で歪められている。関係する「ステークホルダー」の範疇が小さく集中的であるほど、効率的な自己組織化（すなわち「特別利益の支配」）の可能性が大きくなる。情熱ある関心の起点が強烈ではっきりしているほど、動員された追従者（すなわち「単一争点の運動」）の可能性が大きくなる。それゆえ、そのように必然的に歪められた市民社会の斜めの役割とは、垂直的アカウンタビリティの市民による行使という潜在的に平等な貢献にたいする代替ではなく、きわめて重要な補完となっている。さらに、それを構成する組織や運動は、水平的アカウンタビリティの抑制と均衡の活性化に携わる国家諸機関に情報を与え支援するうえで、決定的に重要となりうる。

四　時間とアクター

どんなタイプのデモクラシーでもその特異なリズム、テンポ、タイミング、そして順序を持つことを誰も否定しえない。選挙、民衆の動員、政策循環、人々の注意の範囲、そして政治家の人気でさえ、ひとたび体制が確立されると、長期的に多かれ少なかれ予測可能なパターンに従う。たとえそれらが同時に起こることで、たまたま運（*fortuna*）の刺激的な瞬間を生み出し、予期せぬ力量（*virtù*）による行為を引き起こすとしても、そうである。非常に単純化すると、人は以下のことを区別できる。すなわち、提案、議論、そしてアジェンダ設定の比較的長い時期（以下の図1の事前）と、利益連合、機関間の交渉、行政‐立法の取引、そして最終的には投票による批准を通じて決定がなされる、より圧縮された瞬間（図1の**最中**）、そして最後に、それによって提案——今や法または規則となっている——が施行され、その意図した効果や意図せぬ効果を生み出し、裁判所によって見直されるかもしれないし、より幅広い政治的議論の問題となるかもしれないという長く引き延ばされた過程（図1の事後）である。空間的よりも時間的側面を強調することが示唆するのは、何が「相互的アカウンタビリティの繰り返し循環」の帰結を決定するかは**どこで**という問題よりも**いつ**という問題であろうことである。すなわち、拘束力ある決定をする過程で、特定の諸アクターが——プリンシパル、エージェント、またはその両方であろうと——事前に確立されたネットワークにおいて垂直に、水平に、または斜めにさえ位置しているかどうかよりも、どの時点で政治的競合に参入するのかが問題である。言うまでもなく、私はこの「直感」を証明できない。私はただそれをもとに事を進め、帰結の説明において、より一般的な空間的比喩よりも実りのあるものかどうかを後に発見できるだけである。[21]

図1　アカウンタビリティ成功の一般的属性：時間とアクター

アクター／時間	事前	最中	事後
市民	参加	注目	義理
代表者	動員	競争	承認
統治者	近づきやすさ	審議	対応的

図1において私は、意思決定過程の時間的側面を、その行為が評価されているアクターのタイプと掛け合わせた表を作り、それによって、アカウンタビリティが成功する流れを描き評価するための九つの基準を生み出した。最も「古典的な」ものはおそらく、左上側の角にあるもの、すなわち**参加**である。市民が、「決定をするための決定」——すなわち、ある決定がなされるべきかどうか、何がアジェンダに上がるべきか、そして誰が意思決定に含まれるべきかについての議論——に積極的に参加すればするほど、彼らはそれ以降の過程により**注目**し、最終的に決定されることに従う**義理**をより強く感じる——たとえ彼らが決定自体には反対しても——であろうことは、長きにわたり前提とされてきた。代表者達は事前の段階で、彼らの支持者やメンバーや投票者の態度を調査することや彼らに何が重要となりうるかを知らせることで、集合的**動員**において鍵となる役割をおそらくは果たすだろう。意思決定の間、彼らはその内容に影響を及ぼすために、既定のルールの下で、他の政党、結社、運動の代表者達との**競争**に参入するだろう。そして、たとえうまくゆかなくても、彼らはいとわずにその結果を公正なものとして受け入れ、自らの支持者やメンバーや投票者の**承認**を引き出そうとしなければならない。同様の論理に従うと、統治者たちが**近づきやすさ**を、市民社会のより多数でより多様な個々人や組織に与えれば与えるほど、より限定的な**審議**に彼らが持ち込むこととなる情報のレベルはより高まり、彼らが最終的に下す決定が、市民やその代表者の利益や情熱に**対応的**なものとなる可能性はより大きくなるであろう。

これらの基準は、機能的もしくは必然的に相関していないことに注意しよう。統治者は、相対的に受動的で非組織的な市民に対するアクセスを得ることができ（例えば、非公式な打診やサーベイ調査または焦点集団を通じて）、また、活発でよく組織化された市民は、承認された公式アクセスを含まない「型にはまらない」方法（例えば、アクセスの欠如に対してデモを起こすこと）によって参加することができる。初期段階での個々人の活発な参加は、特定の争点における彼らのそれ以降の利益を保証しないかもしれず、ひとたび決定がなされ施行されると、彼らは従う義理を感じないかもしれない。代表者たちは特にあいまいな位置にいる。というのも、彼らは一方で、もし決定に影響を与えるために効果的に競争するつもりならば、自らの追従者を動員しなければならないし、他方で、それが批准された後に統治者たちは、これらまさに同じ人々の承認を取り付けることを代表者たちに求めるためである――たとえ彼らの影響が周辺的であるとしても。彼らがそれに失敗するなら、すなわち不誠実な反対者として行動するなら、彼らは将来の意思決定から排除される危険がある。

図2は、政治的アカウンタビリティの過程が誤ったものになる場合、どのような性質が現われるかを捉えるために、前のマトリックスを単に逆にしている。これらネガティヴな基準について、いかなる詳細も提示する理由はない。それらはただ、上で議論されたことの逆を捉えようと意図されているにすぎない。経験的手法に関心がある研究者が、測定という困難な争点に対処しようとする時、これらの基準の重要性が単により明らかになるだろう。というのも、アカウンタビリティとは、正統性のように、通常は、存在しないか悪く実践される時にのみ明らかになる政治概念のひとつであると思われるためである。それが正しく作動する時には、何も起こっていないように思われ、人はそれがデモクラシーの質を改善するのに何の貢献もしていないという、誤った結論に達しうるのである！

図２　アカウンタビリティ失敗の一般的属性：時間とアクター

アクター／時間	事前	最中	事後
市民	棄権	無関心	憤慨
代表者	（反対）動員	妨害	抵抗
統治者	排除	癒着	負荷

五 フラストレーションを伴う結論

アカウンタビリティのこれまでの議論は、ともあれ、その概念はとても複雑で「微妙な」構造を持っていることを明らかにしてきたはずである。ひとつには、そのポジティヴな属性のいくつかは互いに矛盾しているか、少なくとも、複雑なトレードオフを含んでいるかもしれない。高いレベルの個人参加は、次の段階の注目や義理という感覚にさほど有利に結び付けられないかもしれない。市民は自らの目的を熱心に主張した後で疲れるかもしれず、次いで、代表者や当局が意思決定過程およびその後でしなければならなかった避け難い妥協について彼らを不当に非難するかもしれない。統治者たちは、可能な限り最も広範な個人的および集合的利益の表現にアクセス可能であるかもしれないが、真剣に審議し始め、彼らの決定を厳然と遂行し始める時、それを考慮しないかもしれない。はるかに一般的なことであるが、権威の位置にいる人々は、公選であれ選抜であれ、市民の選好に対応的であるために最善を尽くしたと心から確信しても、市民は、そうして欲しいと自らが言ったことを本当は望んでいなかったか、途中で気を変えてしまったことを発見するだけに終わるかもしれない。民主的かつ応責的な政治家は、この種のリスクを極めて頻繁に負わなければならず、ひとたびその効果が経験されれば市民はそれを受け入れることを学ぶだろうという計算のもとに、当面は人気のない一連の行動をとる。私がこのことから引き出す主張とは、図1と図2の9×9の変数のスコアが、アカウンタビリティの単一の尺度を生み出すわけでは全然ないだろうということである。人が予想するはずのほとんどのことは、さまざまな社会的、文化的、制度的、または歴史的文脈において等しく有効もしくは不完全なものとなるアカウンタビリティのタイプ（または、より良く言えば大略）を生み出すスコアの特色あるクラスターなのである。

またひとつには、省察が示すのは、これら多くの変数のアカウンタビリティに対する関係は線形かつ漸進的ではないかもしれないということである。役人たちはとても近づきやすいので、問題を解決するには遅すぎる時になってようやく決定に達するかもしれない。代表者たちは、その追従者を過剰に動員し、現実的な可能性を超えて見込みを掲げるかもしれない。彼らはまた、互いにとても激しく争い、何々賛成および何々反対という彼らの努力があまりにも均衡しているので、サイズが小さく極めて非代表的な少数派が――対応性と承認の双方を弱めて――帰結を決定するかもしれない。私がこの省察から突きとめた教訓は、REDsの実際のパフォーマンスとの、曲線的で放物線的でさえある関係が存在する可能性に人は注意すべきであるということだ。特別な出来事の連続や独自の組合せゆえの、一風変わった「ねじれ」すら存在するかもしれない。

その全てが意味するのは、理論的な考察を超えて、データ収集や仮説検証へ動くことはやっかいな仕事であろうということである。しかし努力する価値はあるだろう。私が望むのは、アカウンタビリティの単一の指標、すなわち自由で公正で定期的な選挙の確保に頼ることはつねに不満足であったし、現代の状況下ではいっそう頼れなくなりつつあることを読者に確信させるということである。空間的、時間的またはアクター的観点で定義された視角にかかわらず、その他のメカニズムが入り組んでおり、REDsにおいてはそれが互いに相関していないかもしれない。その複雑な次元性を捉えるのに必要とされる複数の指標がついには崩され、所与の政体が他の諸政体よりもいっそう民主的にアカウンタブルであるかどうかを確実かつ効果的に我々に説明しうる単一の指標にまとめあげうるかどうか、私は大いに疑問である。我々が不満足ながらも受け入れざるをえないのはせいぜい、REDs諸国のいくつかのタイプは他の諸タイプとは異なってアカウンタブルであるということだ。

私が考えていることの検証を難しくするはずなのは、文献に埋め込まれた最も重要な仮説、すなわち、ある現存する民主主義国がよりアカウンタブルであるほど、そのパフォーマンスの質が高まるであろうという仮説である。いかなるREDsも規範的な民主諸理論によって示される完璧の域に決して達することはないが、その中のいずれかの国がいかにそれに近づいてきたかを証明することができるなら、素敵であろう。

〔注〕

この論文の一部は以前、L. Diamond and L. Morlino（eds.）, *Assessing the Quality of Democracy*（Baltimore: Johns Hopkins University Press, 2005）, pp. 118-31 に所収の私の論文 "The Ambiguous Virtues of Accountability," として刊行されている。

（1）「現存する（real-existing）」という表現を私は、以下のことを反映させるために意図的に用いている。すなわち、その表現が以前「社会主義」に付せられており、「社会主義」においてその表現が含意していたのは、自らを社会主義国家であると自認していた国々の実際が、現実に生み出すと見込んでいたことよりも明らかに劣っていたということである。それから、私は同じ含意を（より論争的に）持つスペイン語でスペインにおいて出版された二冊の本を見いだした。Gustavo Bueno, *Panfleto contra la democracia realmente existente*（Madrid: La Esfera do los Libros, 2004）and Juan-Pablo Mañueco, *La Democracia real*（Madrid: Editorial Fundamentos, 2004）.

（2）幾度となく引用された彼の定義とは、Joseph Schumpeter, *Capitalism, Socialism, and Democracy*（New York: Harper Perennial, 1950）,” p. 269（中山伊知郎・東畑精一訳『資本主義・社会主義・民主主義』、東洋経済新報社、一九九五年）の「（デモクラシーとは）政治決定に到達するために、個々人が人民の投票を獲得するための経済的闘争をおこなうことにより決定力を得るような制度的装置である」（中山・東畑訳）。「最小限」の「エリート的な」定義を用いる研究者が以下のような文脈に意識的であるのかは定かではない。すなわち、シュンペーターは、資本主義を採用する現代の民主主義諸国において市民が自らの指導者たちを応責的にしておくためのいかなる手段にかんしても大いに悲観的であったのである。市民ができることといえばせいぜい定期的に投票をおこない、次の選挙まで最善を願うことのみであった。

(3) "What Democracy is ... and is not", *Journal of Democracy*, Vol. II, No. 3 (Summer 1991), pp. 75-88 (with Terry Karl). 私が原文から二つの重要な変更を組み入れたことに注意されたい。(1) 私が「ガヴァナンス」にかかわる巨大な研究の流れに大いにかかわり、その結果この用語があまり民主的でない実践を導入することを正当化するため意図的に大いに用いられているという結論に達したため、「ガヴァナンス」(governance) を「ガヴァメント」(government) に置き換えている。(2) *Journal of Democracy* の熱心な編集者が「代表者」のまえに「公選の」(elected) という言葉を挿入していたので、わたしは最初のヴァージョンの論考を修正した。テリー・カールも私もそれが手遅れになるまでこの間違いに気づかなかったが、このことはアングロ・アメリカのリベラルがもつ何がデモクラシーであるかの認識のなかに選挙の実施の程度というものが根付いていることをよく示している。

(4) Andreas Schedler, "Conceptualizing Accountability," in A. Schedler, L. Diamond and M. F. Plattner (eds.), *The Self-Restraining State* (Boulder, CO: Lynne Rienner, 1999), p. 26.

(5) 政治的アカウンタビリティにかんする最近の議論のほとんどすべてがもつ特異な特徴のひとつに、国家当局の権力を制限するということを一方的に強調するというものがある。これは、歴史的にみてひたむきに専制政治へといたる可能性を懸念している自由民主主義思想のもつ明確な特徴である(そしてそれは正しいことである)が、それは確固とした貴族制や寡頭制の特権を打ち破るために市民の力を動員することにたいして、同じくらいの懸念をほとんどまったくといっていいほど向けていない。デモクラシー下の統治者は自らの利益のために権力を誤って用いてしまうことにたいしてだけではなく、市民の利益のためにそれを使わないように、アカウンタビリティを担保すべきなのである。

(6) アカウンタビリティに関する最近の論考の多くは、「プリンシパル・エージェント問題」を多分に用いているが、政治過程のなかでその位置がスイッチすることにほとんど無頓着である。市民はつねに唯一の「プリンシパル」であり、統治者はつねに唯一の「エージェント」なのである。代表者の重要な仲介的役割はほとんど認識されたことがない(もしくは、代表者と統治者は単一のアクター/エージェントとしてまとめられている)。

(7) このことは、先に本稿の(注4)で引用したアンドレアス・シェドラーの挙げたパズルを説明する手助けとなるかもしれない。なぜ統治者たちは自らの市民/臣民とアカウンタビリティの関係に進んで入りたがるのか。剥き出しの自己利益の観点からいえば、彼らはそれを避けるためにあらゆることをすべきである。とくに統治者が強力で団結して利己的であり、大衆が弱く、散らばっていて情報に疎くかなり騙されやすいのであれば、なおさらそうだろう。シンプルな答えは習慣か、法の遵守のいずれかである。統治者はみずからが以前市民であったり代表者であったりしたときには、そのような政治的関係を期待し、憲法を尊重するように社会化された。これらはどちらも新興民主主義諸国の場合説得的ではない。なぜなら、これらの国々での統治者は旧体制下で正反対のことを期待するように社会化されただろうからである。もう一つの可能性は、（現時点での）国際環境が応責的な統治者を支持しており、応責的でない者を罰しているというものである。しかし、この普及と報いのメカニズムは十分強く予測可能なものであるのだろうか。わたしは、二つの別なきわめて政治的なミクロ基礎のほうがより説得力があるように思う。（１）市民へのアカウンタビリティを尊重し、それを見越しさえすることが、不人気の決定がさけられなくなったとき、統治者の正統性を増大させる。アカウンタビリティを受け入れることは、後継となる統治者にとって利用可能な政策オプションの幅を制限する一連の期待を市民のあいだに築き上げる。

（８）Robert Dahl, *Dilemmas of Pluralist Democracy* (New Haven: Yale University Press, 1982), p. 11.

（９）私は、これらの条件を明記することにおいて、自分がひどく**理想主義的**であるとは考えていない。これは共通な誤りである。というのも、まさに民主主義政治理論の性質がこのことを助長しているからである。規範的な基準は、「現存する民主主義」がいままで満たしたことのないようなレベルに設定される。例えば、すべての市民が政治プロセスに積極的に参加するとか、彼らの利益を追求するさいに投資するための等しい資源を有しているとか、国家の憲法はすべての社会集団と領域的単位に公平に適用されるとか、統治者は市民の多数によって是認された決定だけをおこなうとか、選挙で選ばれた公職者は公共のことだけを追求し私的な利益をもとめてはならないといったふうに。民主主義理論の大半が奨励的である、つまりわれわれが過去になしたことよりもよいことを未来においておこなうよう促すことを目指している、ということを認識していなければ、REDsが達成したこと（あるいは達成しなかったこと）について公平で「現実的な」評価をくだすことはできないだろう。

（10）私は、これらのほとんどがあきらかに機能していないにもかかわらずアメリカの下院のメンバー／エージェントが彼らの市民／プリンシパルにたいし応責的であることを自分たち自身に（そしておそらく公衆にも）納得させようとしているアメリカの政治学者の驚くほど捻じ曲げられた努力を魅入るように読んだ。彼らの「価値中立的な」推論は、われわれはアメリカ合衆国がデモクラシーであることを知っているので、市民と「その」代表者とのあいだの関係に関して生じることは、民主的であるに違いないということのようである。これらの主張にたいして説得力をもって実効性のある規範的な批判に関しては、Jane Mansbridge, "Rethinking Representation: Expanding Normative Analysis to the Promissory, Anticipatory, Self-referential and Surrogate Forms," unpublished paper を参照されたい。

（11）Parties are not what they once were," in L. Diamond and R. Gunther（eds.）, *Political Parties and Democracy*（Baltimore: The Johns Hopkins University Press, 2001）, pp. 67-89.

（12）EU加盟国の場合、これら「補完」は超国家的なものであり、単なる下位国家的なものではない。実際、欧州議会のためのいわゆる「二次的選挙」が、国の「一次的選挙」とはますます異なる帰結を生み出しているという事実が、統治者にとっていっそう困惑するものとなっている。ある人が地域、地方、そして自律的国家 estados autonomicos への国内の権限委譲のために、これらの選挙を下位国家の選挙と組み合わせると、さまざまな選挙区における、ヨーロッパ市民にとって有用な莫大な数の選挙の機会が非常に明らかに増加するが、それは統治者のアカウンタビリティの度合の増加として解釈されうる。これら「多層的な」事象を解釈することが、どれほど難しいかもしれないとしてもそうである。

（13）さまざまな政治的刺激への本能的な反応を測るために、ブレインスキャンが使われている効果に対する噂さえ存在している。

（14）オンブズマンの役所の普及は、市民や組織に統治者への直接のアクセスという垂直的なチャネルを提供するので、それはより明らかにデモクラティックである。明らかに、これらの国家諸機関はたいてい、その他の国家諸機関による、情報を引き出し、正当性を生み出し、そしてその行為を是認するという水平的なやり方で行動する。

（15）ポリアーキーに代わるものとしての監視の議論は、Robert Dahl, *Democracy and its Critics*（New Haven: Yale University Press, 1989）において見つけられうる。

（16）例えば、ジェフリー・ブレナンとアラン・ハムリンによる最近の著書 *Democratic Devices and Desires*（Cambridge: Cambridge University Press, 2000）において示されている唯一の装置とは、投票と選挙、政治的代表、政党、諸権力の分離と権力の分配であるが、全て垂直的か水平的である。利益組織や社会運動の手における、「斜めの」装置についての言葉は存在しない。

（17）アメリカ政治学者によるアカウンタビリティにかんする最近の論文の最も驚く特徴のひとつは、単なる選挙と政党のみへの注目だけではなく、議会が拘束力のある決定がなされる唯一の場であるというその前提である。行政諸機関の「裁量」や、監視の制度という「委譲された権力」――いくつかの場合において、公選された行政部の「命令主義」は言うまでもないが――は、言及されていないのが常である。

(18) 実際、斜めのアカウンタビリティのこのハンディキャップは、規範的な民主理論における重要な争点を提示している。オーソドックスな視点に従うと、厳格な政治的平等とは、市民らに求められることである。彼ら全てが、全ての決定をなすことにおいて参加するための、同様の権利と機会（義務とさえ言う人もいるだろう）を持つべきであるが、そのことは、これらの決定がどれほど彼らに影響を与えうるか、または彼らが関連した争点にどれほど関心を持ちうるかには関係ない。実際にREDsは、市民が異なる争点についてかなり異なる強さの選好を持つという事実を反映する、あらゆる種類の取り決めを認識しているだけではなく、制度化している。選挙区の区割り、票の重み、アクセスの選別的な手段、任命の配分、そしてその他の比例的配分を通して、ある市民は他の市民よりも考慮される形で故意に（たとえしばしば非公式にだとしても）特権を与えられている。宗教的、または言語的少数派のようないくらかの市民カテゴリーは、彼らに特別な集団的権利や免除を認めることによって、数の上での多数派から保護されている。内閣、行政部の委員会、そして助言する権限を与えられた審議会は故意に、過大代表されており、任命された地理的、または機能的少数派によって構成されている。これらの実行は不平等に根付いているので、デモクラティックではないのか。あるいはそれらは、「扱いにおける公正さ」や「差異の許容」は割当ての問題であり、ゆえに「適度に混合した」REDは、その市民の間に存在する強さの違いを受け入れなければならないという深く確立された規範的な確信に一致するのか。

(19) E. E. Schattschneider, *The Semi-Sovereign People* (New York: Holt, Reinhart and Winston, 1960)（内山秀夫訳『半主権人民』、而立書房、一九七二年）, p. 35

(20) 非常に多くの議論が、ロバート・パットナムの *Bowling Alone: Collapse and Revival of American Community* (New York: Simon and Schuster, 2000)（柴内康文訳『孤独なボウリング――米国コミュニティの崩壊と再生』、柏書房、二〇〇六年）によって生み出されたが、そこでは市民社会（そしてそれがおそらく生み出した社会資本）がアメリカ合衆国で衰退しつつあり、おそらくそれとともに斜めのアカウンタビリティのメカニズムが衰退しつつあると主張された。この研究に対するその後の批判と、パットナムによって編集された比較研究である、*Democracies in Flux: The Evolution of Social Capital in Contemporary Society* (Oxford: Oxford University Press, 2002) が、特にその他の豊かな資本主義を採用する民主主義諸国に関する警鐘のレベルを下げている。

（21）関連した仮説とは、事前のアカウンタビリティの衰退への——近年加速している——傾向と、統治者の追従者／市民は事後の多様性、特に定期的な選挙や統治者の現職の組を変更させるために統治者が供給する機会によって提供されるものに満足しなければならないと彼らを説得する、統治者による努力が存在しているということであろう。この衰退の理由として通常引用されるのは、高まりつつある専門的側面の重要性と結びついた統治の規模や範囲の増加によって、平均的な市民は事前の行為の所与の経路のコストとベネフィットを評価出来なくなっているということである。これはテクノクラートや政治の専門家に任されるべきであるが、それは彼らが、市民が統治者を応責的にしておかなければならないような政策の結果を経験した後のみである。過去を振り返る選挙の空間のほとんどを占める諸政党が、そのプログラムにおいてとても似通っているので、市民はますますそれらが選択肢の意味ある組を提供しているのかどうかと問いかけているということが事実でないならば、おそらくこれは民主的なアカウンタビリティの正統な修正であろう。その対応は特に新興民主主義諸国において、とても高いレベルの選挙的ヴォラティリティと、より頻繁な権力の移動であるが、しかし統治者を応責的にしておくための新興民主主義諸国の能力を非常にうまく行使したことにおける、はっきりとした満足感を伴わない。同じ政策が続き、同じ統治者が後に権力に復帰する——デモクラシーを伴ったさらなる幻滅すら生み出しながら。

第二章　経済成長と民主的アカウンタビリティ
――OECD諸国における調整型市場経済と政党分極化――

眞柄　秀子

一　イントロダクション

政府を応責的（accountable）にさせるということは、先進諸国においても発展途上国においても「デモクラシーの質」を評価するうえでの大きな争点となっている。アカウンタビリティ概念は民主主義理論の中心的位置を占めるようになっていると同時に、世界各国のデモクラシーの質的検討においても最も重要な枠組みとして捉えられつつある（Mainwaring & Welna 2003; Kitschelt & Wilkinson 2007; Stokes 2001; Schmitter 2004)。

プシェヴォスキ、マニン、ストークスに従い（Przeworski, Stokes, and Manin 1999）、本稿ではアカウンタビリティを、現在の政府が良い政治を行い良い政策を遂行したときには再選されるが、良い政治を行わず良い政策を遂行しなかったときには政権を失う、というメカニズムとして定義する。しかし問題となるのは、（1）現政権が良い政治を行わないにもかかわらず再選されうること、および（2）現政権が良い政治を行っても、しばしば政権を維持できないということである。[1] 本稿では前者の問題を検討する。本稿ではまず、なぜ有意な政権交代が起こらないのかに関する仮説を立て、次いで戦後から今日までのイタリアと日本の二つの事例について実証的に検討する。

二つの独立変数が検討される。すなわち、（1）生産レジームの市場調整が強いのか弱いのか（Soskice 1999）、そして（2）政党システムの分極化が鋭いのか穏やかなのか、という独立変数である。これらの変数にしたがって、先進諸国の政治経済は四つのグループに分類される。筆者の仮説は、強度に調整された経済が強い政党分極化と組み合わされているところでは、現政権は非応責的になりうる、というものである。なぜなら、そのような状況下では現政権は経済成長に関して「街で唯一のゲーム」になるかもしれず、投票者に他の選択肢を失わせるかもしれないからである。政権交代の不在は一般有権者に選挙の手詰まり感をもたらし、ついには選挙デモクラシーの限界を露呈することとなる。

次いで本稿は二つの事例を分析する。国家主導的市場調整と政党システムの鋭い分極化で特色づけられる戦後のイタリアと日本の事例である。両国は、前述の条件の大方が取り払われた一九九〇年代にようやく政権交代を実現した。[2] 実際のところ、フランスでは、かつて市場は戦後のイタリアや日本のように強度に調整されていたものの、イタリアや日本よりもずっと以前に政権交代を実現している。フランスの政党システムの分極化が既に一九七〇年代に緩和されていたためである。イギリスでは政党政治における左右対立は激しかったが、強度に調整された市場経済ではなかった。アメリカ合衆国では二つの変数が両方とも弱い。

本研究の結果は、先進諸国だけでなく新興民主主義諸国にとっても経済成長とデモクラシーの質に関して少なからぬ示唆を与えるものとなるだろう。

二　理論枠組み

多くの政治経済学者はこれまで、政治制度が経済実績にいかに影響するかを熱心に検討してきた（Bruno and Sachs 1985; Cameron 1984; Calmfors and Driffill 1988; Castles 1987; Garret and Lange 1986; Hicks 1988; Korpi 1991; Marks 1986）。彼らは、政策決定過程における労働組合の重要性を強調しつつ、利益組織化のコーポラティズム型パターンに焦点を当てた。より最近では、ある研究者達が政治経済における複数の制度的枠組みを導入しようとしている。そこでは、組織化されたビジネスの役割が新たな焦点になってきている。特にソスキスは、生産レジームの多様なパターンに光を当てている（Soskice 1999）。ソスキスは、ビジネス利益がいかに組織化されているか、経営者達がいかに彼らの市場をコーディネートしているか、そしてそれにより彼らは経済変化にいかに対応しているかに焦点を当て、一九八〇年代に労働組合がある国々で影響力を大幅に失ったのに他の国々では失わなかったのはなぜかを説明している。

ソスキスは「調整型市場経済（coordinated market economies: CMEs）」を「自由主義的市場経済（liberal market economies: LMEs）」から区別する。ソスキスによれば、ビジネス利益が強固に組織され労働組合が影響力を維持している調整型市場経済とは異なり、自由主義的市場経済ではビジネスはうまく組織されておらず労働者の代表組織の効果的な取り込みに必要な制度的構造を構築する能力に欠けるため、政府は労働組合の影響力を削減する必要性を感じるようになる、という。ソスキスの枠組みが、一九七〇年代以降すべての先進資本主義諸国が経験してきている生産レジームと福祉レジームの文脈的変化を分析するための最も洗練された枠組みの一つであることには疑問の余地がない。しかし同時に、彼の枠組みはいくつかの問題をもっている。

第一に、ソスキスの理論枠組みにおいては経済と政治の作用が相互的に捉えられていない。すなわち、経済実績に対する制度的インパクトはうまく説明されているが、経済制度の政治的帰結に関する考察は十分になされていない。例えば、彼はイタリアと日本を調整型市場経済として分類している（後に、イタリアを混合型とみなすようになったが）。しかし彼のモデルは両国経済が一九九〇年代に難局に直面した際に、経済改革を遂行するためになぜ政党政治の伝統的構造を解体する必要があったかを説明するものではない。第二に、ソスキスは民間部門における経済調整に焦点を当てている。もちろん彼は国家の役割を無視しているわけではない。しかし彼のモデルでは、国家は、経済利益の組織化に関して明確なイニシアティヴをもつことなく民間部門のアクターの行動に間接的に反応しているのみである。ソスキスは次のように述べている。

ビジネス利益の組織化のされ方――その調整能力――は、制度的枠組みの運用における中心的役割を演じている。調整型市場経済タイプの枠組みにとっては強い調整能力が必要となる。ビジネスの調整能力なしには、そのような枠組みを創出しようとする政府の試みは成功しないだろう。ここでのテーマはこれだ。政府はビジネスの調整能力を作り出すことはできないと議論されている。それが育つまでには典型的には何十年も時間がかかるのである（Soskice 1999, 126）。

しかし再びイタリアと日本の話に立ち返るなら、一九五〇年代から六〇年代にかけての急速な経済成長の局面で、公営企業を設立することによって（イタリア）、もしくは銀行を通じて民間部門の組織化を間接的に指導することによって（日本）、国家はビジネス利益の組織化に重大な影響を及ぼした。歴史的重大局面（critical junctures）において、国家は経営者による自らの利益の組織化を重大な方法で助けている（戦前期から派生する歴史的遺産を有してはいるものの）。党派的イデオロギー対立の明確なバックグランドを有していたコーポラティズム論の先行研究とは異なり、ソスキスのモデルは国家が中立的であると示唆している。しかしながら、国家の経済政策は容赦なく政党政治の影響を受けているように思われる。すなわち、どの政党がどれくらいの期間にわたって政権をとっているのか、という点である。もしも強く調整された経済において政党政治が高度に分極化しているとすると、国家は中立的でありうるのだろうか。また政権党は応責的（accountable）でありうるのだろうか。

本稿では、いくつかの調整型市場経済が、鋭い政党分極化と組み合わされた場合に低い政府のアカウンタビリティをもたらしうること、そしてさらには国家のバイアスにもつながりかねないことを示す。ここで政府のアカウンタビリティは次のように定義される。すなわち、「もしも投票者が、政府が彼らの利益に沿って行動していることを識別でき、市民の最善の利益に沿って行動している現職者は再選されるが、そうではない現職者は選挙で負けるように政府を適切に罰することができるのであれば、政府は『応責的』である」（Przeworski et al. 1999: 40）。現職者が投票者の最善の利益のために行動しなくても投票者が現職者を職に留めさせておく場合、政府のアカウンタビリティは果たされない。このことは、投票者が必要な情報を与えられておらず、そのために政府の政策を正しく評価できない場合、もしくは、投票者が現職者より他に選択肢をもたない場合に起こりうる。

このような状況は、特定の歴史的転機、すなわち敗戦や民主政への移行直後のような経済的に重大だが政治的に不安定な局面に生じ得る。国家は、おそらくはビジネス・リーダー達と協調して、自国の経済を速やかに向上させるための最善の方法を見つけたがるだろう。産業界も国家も共に、短期間のうちに良い経済実績を達成するために市場を調整することが最も効果的であると判断するかもしれない。そのような状況下、経済成長は容易に「街で唯一のゲーム」になりうるだろう。だが同時に、もしもその国の政治がイデオロギー、エスニシティ、言語、その他何についてであっても強度に分極的な場合には、市場の調整は生産レジームの支持者と反対者の間の分裂を生む結果になりかねない。しかし「街で唯一のゲーム」の下では、反対者は他のゲームをプレイすることも、現職者以外の他の選択肢を見つけることもできないのである。

本稿は、ある特定のタイプの政党政治と結びついた場合に、調整型経済が政治パフォーマンスに及ぼす重大なインパクトを強調する。本稿ではまず、市場調整と政党分極化という二つの変数の様々な組み合わせが、どのように政府のアカウンタビリティに影響するのかを検討する。各国は四つのグループに分類される。

(a) 弱い市場調整と穏やかな政党分極化
(b) 弱い市場調整と鋭い政党分極化
(c) 強い市場調整と穏やかな政党分極化
(d) 強い市場調整と鋭い政党分極化

どの国も、時間の経過や状況変化によって、あるグループから別のグループに動きうる。図1は、一九八〇年代までのいくつかのOECD諸国の仮説的マトリックスである。筆者の仮説は以下のようなものである。

アメリカ合衆国は、調整が弱い市場経済と緩やかな政党分極化の組み合わせを絶えず有してきた。政権の経済実績にしたがって左から右に、もしくはその逆に、政権交代がなされてきている。イギリスも、一定水準の政府アカウンタビリティを実現してきた。政党政治は特に一九七〇年代と八〇年代には相対的に分極化が鋭いものであったが、その市場は調整が強いものではなかった。ドイツは強く調整された市場経済を有している。しかし、政党分極化が穏健であるため、政府アカウンタビリティは比較的良好である。イタリアと日本では政府アカウンタビリティの度合いが低い。両国では一九九〇年代に至るまで、ほとんど政権交代がなかった。イタリアと日本の経済は強く調整されていた。そして政党システムは極度に分極的であった。一九九〇年代の歴史的な政権交代は、両国の政党システムのイデオロギー的分極化が大幅に軽減された後にようやく実現されたのである。

次節では、これらの仮説がクロスナショナルな回帰分析によって検証される。本稿は次に、強い市場調整と鋭い政党分極化の組み合わせがいかに戦後のイタリアと日本における政府アカウンタビリティを妨げたのかを検討する。

図１　各国の仮説的マトリックス（1980 年代まで）

政党分極化	鋭い	イギリス	イタリア、日本
	穏健	アメリカ	ドイツ
		弱い	強い
		経済調整	

三　クロスナショナル分析

ソスキスが指摘しているように、経営者の市場調整の程度を測るための最も良い変数のうちの一つは、兼任役員（interlocking directorships）の変数であろう。兼任役員については、多数の経済学者が過熱した議論を展開してきているが、標準化されたクロスナショナル分析はごく限られている。ここでは筆者も、いくつかのＯＥＣＤ諸国の一九七〇年代後半時点での大企業の兼任役員を調査したストックマン、ジーグラーらが実施した研究（Stokman, Ziegler, et al. 1985）を活用したい。本稿で筆者は四つ以上の役員を兼任している経営者のパーセンテージ（INTERLOC）で兼任役員を測ることとする。政権交代は、「有意な」振れがある場合のみ数えられる。すなわち、左派

図2　1970年代の兼任役員と政権交代

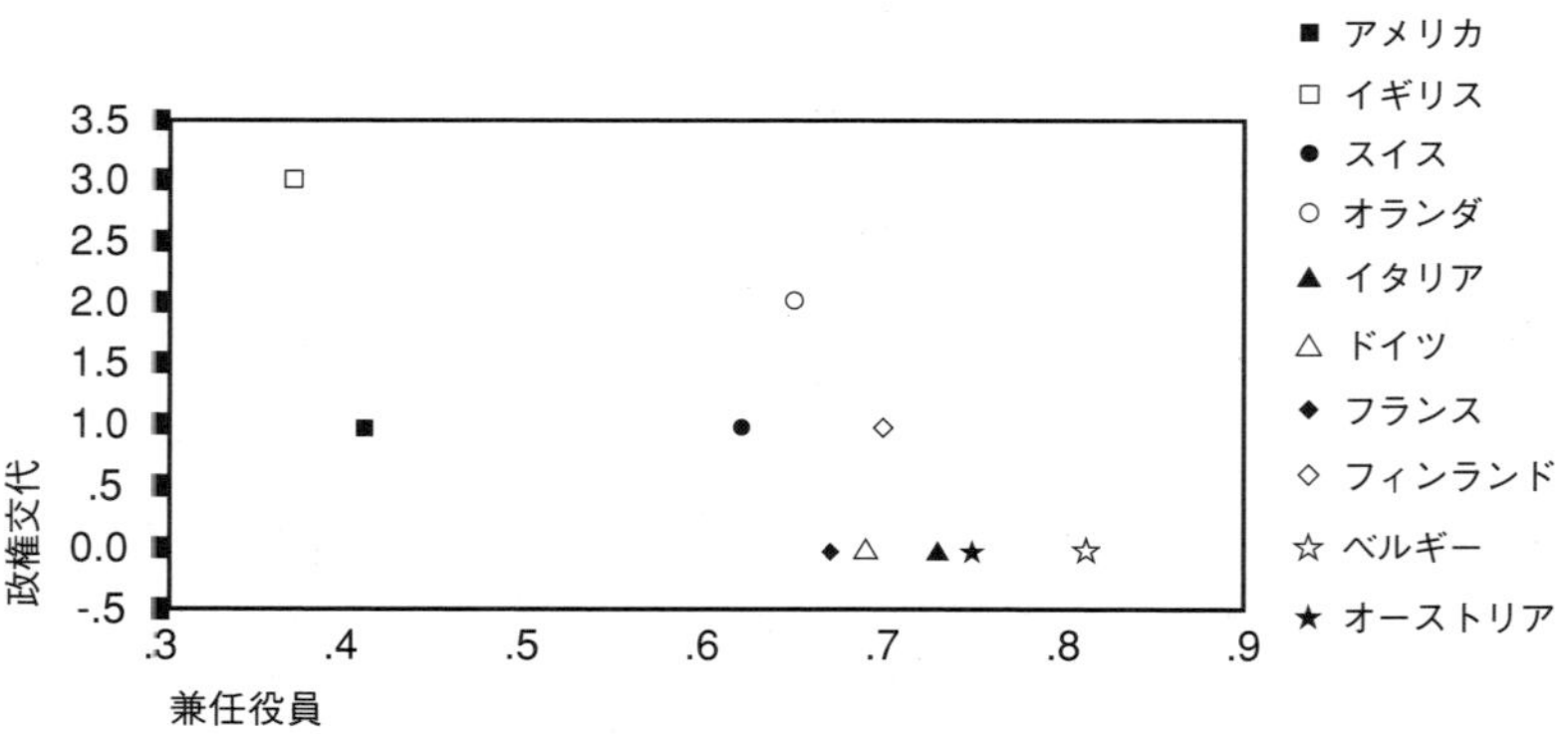

表１

回帰分析：
従属変数：政権交代、１０件
ALTERNAT = 4.239 -5.373 INTERLOC
（t=-3.117）
修正済み R^2 = 0.492

政権から右派政権へ、あるいはその逆の政権交代のみが数えられる（ALTERNAT）。図２は、一九七〇年代の兼任役員と政権交代を示している。筆者は次いで、単回帰分析を実施した。

図３は、一九七〇年代の六つの欧州諸国を、兼任役員と政党分極化という二つの変数によるチャート上に位置付けている。政党分極化のデータ（POLARIZ）に関しては、筆者はナッツェンが実施した比較研究（Knutsen 1998）を利用している。彼の分析は一九八〇年代と九〇年代のデータをも含んでいるが、ここでは一九七〇年代のデータのみを使用した。なぜなら、兼任役員のデータがこの時期を対象としたものしか入手できないためである。イタリアとフランスは、一九七〇年代には、兼任役員の割合も政党分極化の程度もともに大きかった。顧みると、当時この両国で

図3　1970年代の兼任役員と政党分極化

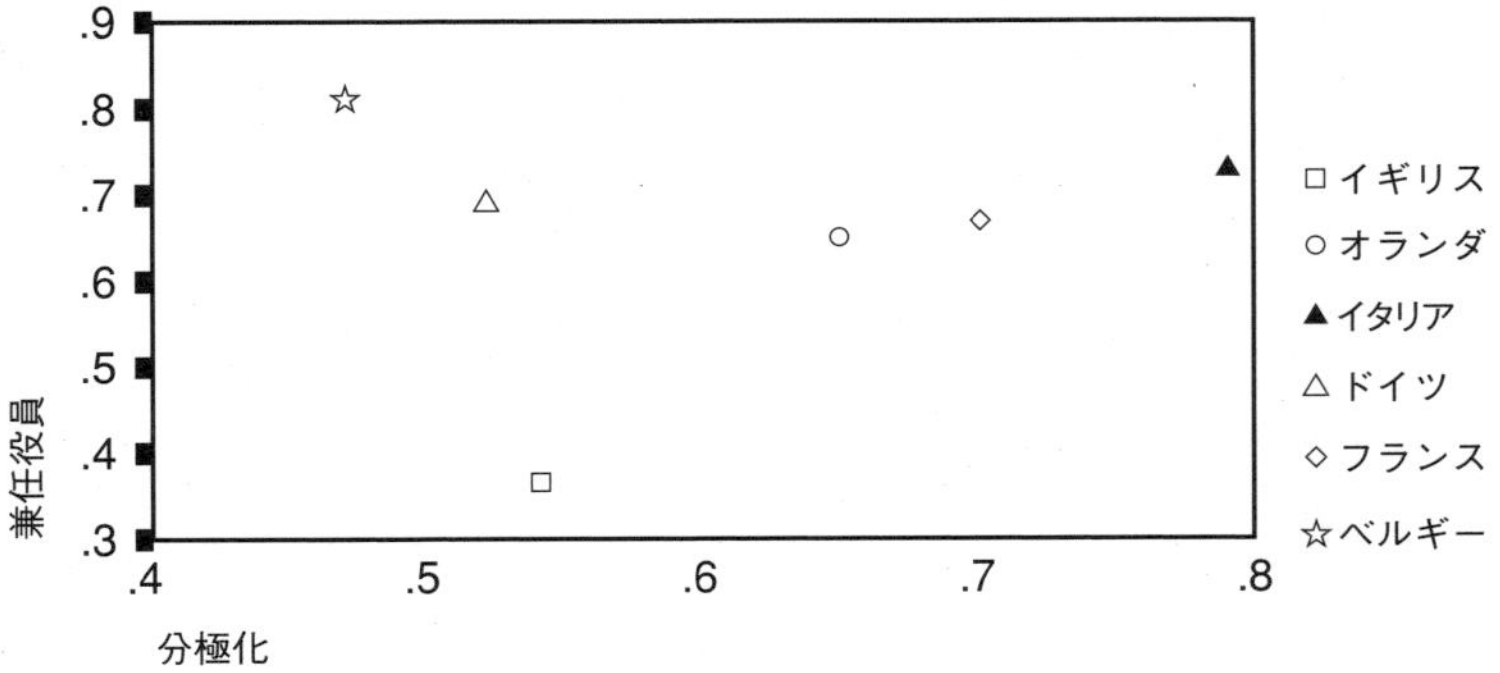

表２

回帰分析

従属変数：政権交代、６件

ALTERNAT = 6.296 -7.551 INTERLOC -0.865 POLARIZA

（t = -2.909）　　（t = -0.272）

修正済み R^2 = 0.576

は有意な政権交代はなかった。ドイツは兼任役員の程度はかなり高かったが、政党分極化は限定的であった。イギリスは兼任役員の度合いがもっとも低かった。この時期のイギリスでは政党分極化は比較的穏健であったが、このことは政権にあった労働党が一九七〇年代には革新的になる必要がなかったことによって説明することができるだろう。

筆者は次に、重回帰分析を実施した。従属変数はALTERNATであり、独立変数はINTERLOCとPOLARIZである。図3および表2が示すように、兼任役員で測定された市場調整は、鋭く分極化した政党システムと組み合わされたときに、政府アカウンタビリティに強い負のインパクトを与えている。

上記の分析が示すのは、強い市場調整と鋭い政党分極化の組み合わせが一九七〇年代のいくつかの欧州諸国における「有意な」政権交代の頻度の低さにつながっているということである。しかし同時に重要なのは、政党分極化の度合いと市場調整の程度が時間の経過とともにいかに変化するか、という点である。政権交代の頻度とは、はたし

図4　国別時期別の政党分極化と経済調整

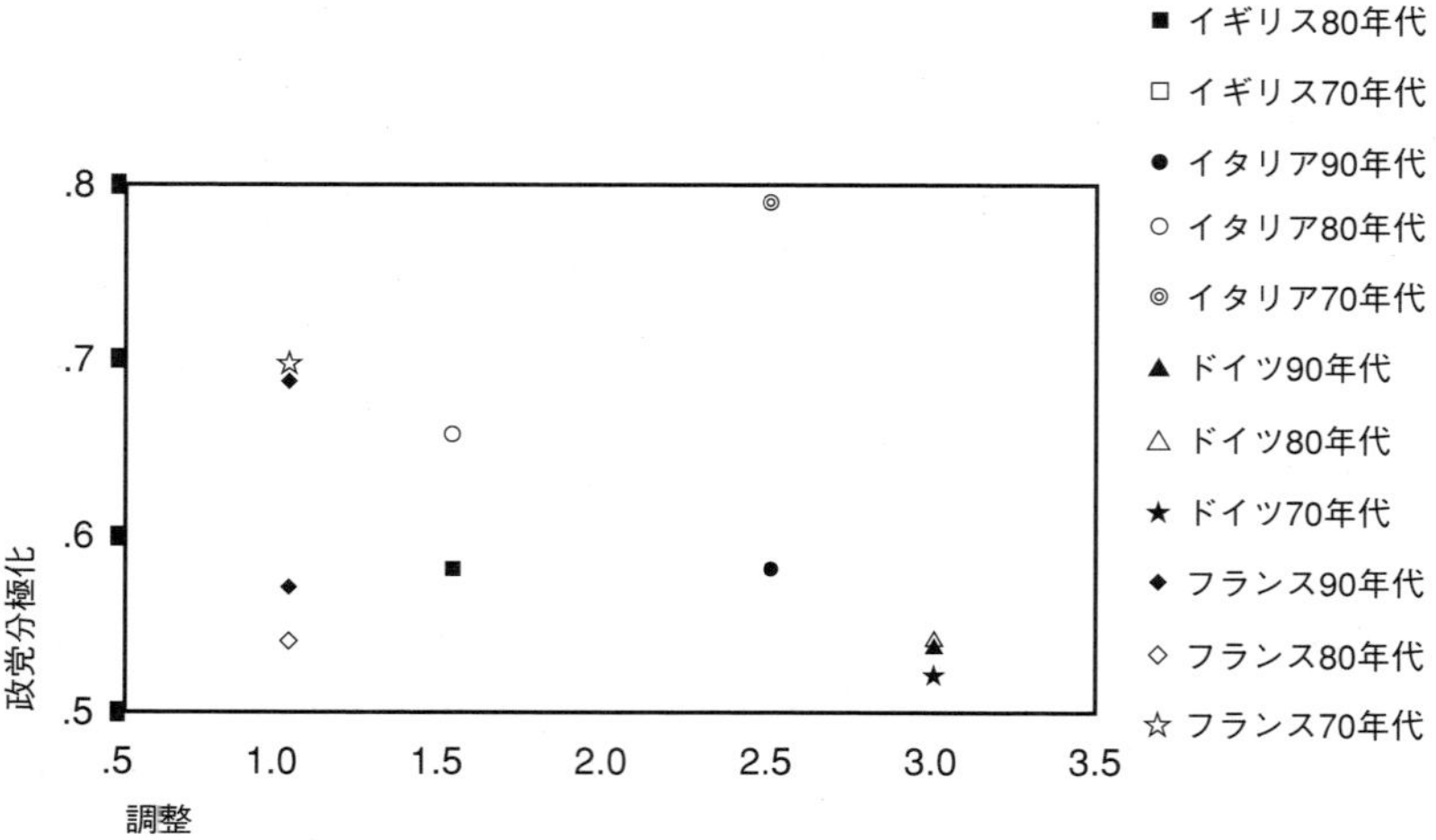

て、ある国がひとつのカテゴリーから別のカテゴリーにシフトすると変わるものなのだろうか。不運なことに、一九八〇年代と九〇年代の兼任役員に関するデータは入手できない。筆者はしたがって、各国経済調整の程度を測定しているOECD経営者賃金調整指標を代替的に用いることとしたい（OECD 1997）[3]。図４は、それぞれの国（イギリス、イタリア、フランス、ドイツ）が一九七〇年代、八〇年代、九〇年代を通じて、その位置を変えてきていることを示している。

イタリア七〇年代の結果が特に目立っている。イタリアは政党分極化と市場調整を一九八〇年代に弱めたが、政権交代は実現しなかった。一九九〇年代にイタリアは、政党分極化をさらに減じた。このことは、一九九〇年代にようやく「有意な」政権交代が起こったことにつながったと思われる。市場調整の度合いは再び強まってはいたが。

この節の計量分析における明らかな弱みは、データの入手困難性のために観察件数が相対的に小さく、またそのデータに日本が含まれていない点である。残念ながら、日本は政党分極化と経済調整の標準的長期的分析に含まれることは稀である。しかしイタリアは、強い市場調整が鋭い政党分極化と結びつくと政府アカウンタビリティが妨げられる傾向にあることを示している。

四　事例

イタリア

戦後イタリア政治には、一九九〇年代に至るまで、ひとつの変わらざるファクターがあった。すなわち、政権交代のオーソドックスな論理にしたがう政治変化が起こったことがない、というファクターであった。政府の核心的勢力が政権から外れることがないと同時に野党が政権に就くこともなく、前者はほとんど「国家」になってしまった（Salvadori 1994）。公式的な政治制度の枠組み内で統治エリートの交代が起こらないことは、次第に公と私の境界を侵食し、国家と市民社会の間の関係を悪化させていった。

民主政への移行過程において、イタリアの反ファシズム諸政党は政治的主導権を握った。共産主義者達も、自由主義原理に基づく新しいイタリア憲法の起草に十全に参加した。共産党、社会党、キリスト教民主党の三者連立は、漸進主義と妥協を模索した。しかしその妥協は一九四七年で終わった。第四次デ・ガスペリ政権（一九四七年五月）が戦後イタリア政治の転換点となった。冷戦の開始にともない共産党と社会党は連立から追放され、そのことはやがてイタリア民主政の根本的問題をもたらすこととなった。すなわち、イタリア共産党は政権にとっての代替的政治勢力になりえない、という問題である（Van Leonen 1990）。

ポスト一九四五年的設定における最も際どい争点は、新しい民主主義市場において大きな人民党的セクターをいかに動員するかに関するものであった。イタリア共産党（ＰＣＩ）は、戦後の政治競争が組織化された多様な利益の間の紛争をもたらしうると考え、人民党的なセクターと革新的セクターの双方の強い支持を有していたキリスト教民主党（ＤＣ）と良い関係を維持することが重要であると計算した。ゆえにトリアッティは、首相をフェルッチョ・パッリ（行動党）からアルチデ・デ・ガスペリ（ＤＣ）に転換することに同意した。しかし顧みると、デ・ガスペリ政権の誕生は最終的には、イタリア民主政のさらなる発展を阻むものとなった。(4)

一九四六年にＤＣは、イタリア政治のまさに中心を占めるに至った。一九四六年選挙は皮肉な結果に終わった。左派に投じられた票の総数はＤＣ票よりも大きかったが、ＤＣは政治的編成の核心部分を占めることで首班の地位を確保した。強力な中道として、ＤＣは自らを再組織化し補強するのに成功した。国家諸制度、官僚、司法、そして軍部はやがてその支配下に置かれた（Pasquino 1986）。

一九四七－四八年にイタリアを統治する可能性が遠のくと、突然ＰＣＩは自らの革新性を強めていった。トリアッティは以前、アメリカ合衆国、国家諸機関、ＤＣ、およびカトリック教会の支持なしには左派が統治することはできないと認識していた。しかし、三者間合意は突然崩壊し、選挙における敗北の後は、ＰＣＩはアグレッシブなスタンスをとる以外選択肢がなくなっていたのである。

中道政権の背後には、社会諸勢力のブロック、すなわち徐々に力を増していた政治家たちに媒介された民間大企業と伝統的小ブルジョワジーの間のアライアンスが即座に打ち立てられた。左派におけるＰＣＩの優勢というイタリア政治システムの特別な性格は、後の展開に深く影響を及ぼした。ＰＣＩの戦略はその後、イタリア政治に重くのしかかり、公と私の境界を曖昧にするＤＣによる国家の占有やクリエンテリズムをもたらすこととなった（Salvati, Michele 1984）。

一九四八年四月選挙の後、民間経済利益と中道右派諸政党の間に既に存在していた関係を具体的な政策の形に転換することが可能になった。産業政策の運営におけるデュオポリオ duopolio のシステムは、ＤＣとビジネス利益間の特権的関係に基づくものであった。その遂行は、文化的、組織的レベルにおいては官僚制によって、そして議会の側の弱いイニシアティヴによって保証されていた。デュオポリオから派生する有利と引き換えに、ビジネス界はＤＣに財政的支援と選挙の支持を供給した（Mattina 1991）。

この時期になされた経済の意思決定は、その後のイタリア政治経済の発展に決定的なインパクトを与えた。国際市場においてイタリア経済を正しく位置づけるために、そしてその競争力を強化するために、政府は、他を犠牲にしても特定の産業と経済利益に利する一定の優先順位を確立した（Sassoon 1997）。

イタリア再建の最も強烈な結果は、政治システムにおける労働の代表の不在であり、また整合的な保護政策や産業化のための成長政策を携えた効率的な行政担当者 administrators の不在であった（Salvati, Mariuccia 1982, 173-4）。

ＰＣＩもまた、労働組合と問題の多い関係を有していた。ファシズム後の労働組合の再建は政党のイニシアティヴにおいてなされた（Beccalli 1975）。労働組合に対する政党の優勢は、一九四八‐四九年に政治的イデオロギー的路線に沿って労働運動が分裂した際に決定的な要因となった。一九六九年のいわゆる「熱い秋」に至るまで、労働組合と政党の関係は前者の後者への依存によって特色づけられるものとなった（Regalia and Regini 1998）。イタリアの労働組合は労働者からの結束ある支持の獲得に失敗し続け、関係する政党の政治紛争に深く巻き込まれていた。最近に至るまで（一九七〇年代を除き）、労働組合は国家の政策決定過程から疎外されていた（Regini 1982; Lange, Ross and Vanicelli 1982）。一九七〇年代に労働組合は国家との政治的交換を試みたものの（cf. Pizzorno 1977）、一貫してＰＣＩを排除していたイタリアの連立政権の構造は、国家による有効で長期的な経済政策や社会政策の提供を阻んだのである[5]。

政党スペクトラムにおける中央性の確保と政府安定性の保全のために、ＤＣは統合戦略を採択した。この戦略は、信用供与、投資配分、生産性向上を担う公的諸機関のＤＣによるいわゆる「占領」として具体化された。市民社会の全体をカバーするそのようなクリエンテリズム的政策を実施することで、ＤＣとそのジュニアパートナー諸政党は、イタリアのデモクラシーを徐々に弱体化していった（Mattina 1991b）。

戦後の左派政党による政権参加は、それらの政党による経済政策のコントロールを助けたわけではなかった。

むしろ実際に起こったのは、民間部門の自発的再建と、国家官僚の上層部と密接な関係を持つごく少数の強力なビジネスエリートによって方向づけられた再蓄積過程であった（Ginsborg, 94）。イタリア国家は重大な役割を演じた。サッスーンが論じているように、「経済の奇跡は……国家それ自体に負うところが大きかった。国家は民間企業と競争したのではなく、概ねその成長の主要因として行動していた」（Sassoon, 35）。

イタリア国家は、一九三三年にＩＲＩ（産業復興公社 *Istituto per la Ricostruzione Industriale*）を創設したとき「銀行家兼企業家」として機能し始めた。ＩＲＩは、イタリアの主要な金融および産業セクターの倒産を防ぐことを目的に設立された。三つの主要銀行のすべての株式と信用を獲得することで、ＩＲＩは、鉄鋼、金属、航空機、科学、テキスタイル、電気、造船、電話、金融といった広範にわたる産業および企業を支配した。[6]

権威主義支配から民主的競争的政治体制への転換後、ひとつのきわめて重要な、新しい要素がイタリア政治経済に出現した。すなわち、国営企業の役割が政治的バーゲニングの公然たる目的になったのである（Maraffi 1980）。一九五三年が転機であった。ＤＣは、公的企業と公的銀行を拡大することにより自らの組織を強化した。公共セクターの拡大は、政党・利益集団関係を形成するうえでの鍵であった。

一九五三年、国民経済にガスと石油を供給するためにＥＮＩ（イタリア炭化水素公社 Ente Nazionale Idrocarburi）が創設された。ＥＮＩの設立は救済事業ではなく、諸政党、労働組合、地方政治エリートといった様々な政治アクターの多数の重複する行動の結果であった。新しい公的企業をフルに活用することで経済パワーをＤＣに有利に再分配したいと狙っていたＤＣ左派は、ＥＮＩの創設を強く支持した。公的企業を労使関係をより機能的で現代的にするための手段とみなしていたカトリック系労働組合のＣＩＳＬも、ＥＮＩの設立を支援した。ＰＣＩは、経済計画の間接的システムであるとみなし、この国家機関の創設に合意した（Maraffi 1980）。

ＩＲＩとＥＮＩはＤＣと密接に結びついていた。公共セクターのパフォーマンスの保証は、次第にＤＣそれ自体のパフォーマンスに繋がっていった。一九五〇年代にキリスト教民主党の政治家たちは、経済システムのきわめて重要な領域の「占領」を通じて自らの野心を実現することができた。レジスタンス時代に主導的役割を演じたＤＣは、国家諸制度にかなりの支配力を有しただけでなく、経済システムの重要セクターに大きな影響を及ぼした。公的企業はこの目的を果たすために用いられた主要な道具のひとつとなった（Maraffi 1990, 268-9）。

総じて出現してきたのは、意思決定に関連する領域がすべてのタイプの利益に開かれておらず、一部の利益にのみ開かれているに過ぎないということであった。政治市場において存在する全ての連合の中で、特定の連合のみが意思決定のチャネルへの特権的アクセスをもっており、他の連合は排除されたり不利になったりしている。制度と意思決定過程の利益集団への浸透性は、レベル（国、州、地方）、政治的下位文化のタイプ、そして利益のタイプに応じて変わるパティキュラリズム的基準で規定されているという意味においてきわめて選別的である。選別と排除のメカニズムは制度的論理にしたがってではなく、官僚や政治家の裁量によって作動する。そのため、政党や高級官僚とのパティキュラリズム的で特権的な関係を打ち立てることが利益集団にとって決定的に重要になる。彼らの行動は退行的な現象――「共謀のシンドローム *simdrome cospiratoria*」――をもたらしながらデモクラシーを徐々に損なっていく（Lanzalaco 1995, 119）。選別的浸透性はまさに基本的な問題を残した。すなわち、パティキュラリズム的実践の蔓延それ自体が、デモクラシーの制度化の弱さを明確に示すものになっていたのである。

一九五〇年代にＤＣは、イタリア社会における主要セクターの間の新しいコンセンサスを樹立した。しかしＤＣは一九四八年選挙を除いて、絶対多数を獲得したことはなかった。ＤＣは戦後の再建の当初からいくつかの弱点を抱えていた。これらの弱点を補うために、ＤＣはクリエンテリズムを創り出し、自らのパティキュラリズム的目的のために国家資源をフルに活用した。ＤＣは、特に一九八〇年代以降にイタリアを統治する能力を次第に失うようになったという意味で、実際には「偽りの巨人」であった（Cotta and Isernia 1996）。イタリアのデモクラシーは、議会政治と他の公式的政治諸制度に関しては、十分に自由化されていた。しかし社会的、経済的、そして国家的次元においては、民主的であるとはとても言い難いいくつかの側面が残っていた。この意味において、一九九〇年代までのイタリアのデモクラシーは依然として「限定的」であった（Pasquino, 67）。

イタリアは、民主的な諸制度と実践が部分的に受容されているに過ぎないという意味で、「排他的正統性」の事例とみなされうる（Morlino 1998, 269-270）。ＤＣは、その限定的で部分的な正統性のゆえに、イタリア市民社会への政党支配にたよる必要があった。しかしながら、そのような政党支配それ自体が、パティキュラリズム的政治実践を通じて体制の正統性をさらに損なうこととなった。モルリーノの言葉を使えば、「自己保存的」で「自己補強的」な悪いサイクルは、戦後イタリアのデモクラシーにおけるアカウンタビリティの弱さに大きく寄与していたのである。

日本

日本の第二次世界大戦敗戦後のデモクラシーへの移行は、典型的な「与えられたデモクラシー *democratie octroyee*」（cf. O'Donnell and Schmitter 1986）であった。日本を占領していたアメリカの高官が起草した憲法は、一連の活発な議論の後に一九四六年に批准された。憲法は、民主的精神に関する限り何の不足もないものであった。それは、言論や集会の自由といった市民的自由を保証するだけでなく、社会的権利――教育および健康で文化的生活の基本的権利と働く権利および集団的交渉の権利——をも与えるものであった。これらの公式的諸制度の導入にもかかわらず、日本は、公式的ルールが政治の現実とフィットするはずの民主的アカウンタビリティへ向かう道筋からただちに乖離していった。

日本の政党システムは、イタリア共産党（ＰＣＩ）同様にイデオロギー的政党であった日本社会党（ＪＳＰ）が長期にわたり連立政権に参加することができなかったという意味において、イタリアの政党システムと類似していた。先進諸国の社会民主主義政党の変容を分析するにあたり、ハーバート・キッチェルトはＪＳＰを自滅に向かう政党として描写している。(7) しかし、ＪＳＰにとってのより深刻な問題とは、それが国家諸制度と市民社会に与えた、意図してはいなかったものの重要な副作用——すなわち、自由民主党（ＬＤＰ）と官僚と経済エリートから構成された保守的な三者間カルテルともいうべきものの出現——であった。

保守勢力は成長のための経済制度の樹立に大きな成功をおさめたが、それは民主的な実践の必要性を低下させることにつながった。日本は社会民主主義的な福祉国家を有したことがなかった。日本における福祉国家の機能的代替とは、一方で企業内の経営者と労働者の協調という形をとった非集権的コーポラティズムと、他方で大多数の労働者を様々な経済的社会的特権から排除するデュアリズム的労働市場との組み合わせであった（井戸1998）。おそらくこれは、戦後日本の経済エリートと政治エリートによって造り出されたさまざまな非公式的な経済と政治の諸制度によってのみ可能となった。そのような諸制度と諸構造は、ひるがえって、日本政治の半永久的な保守支配によって維持されていた。(8)

ＪＳＰは、第二次世界大戦直後の一九四五年一一月に結成された。社会党は、社会民主主義政党としてスムーズに生まれたわけではなかった。党内の左派と右派の二つの派閥間の争いは激しかった。それらは互いに党が社会党と呼ばれるべきなのか、社会民主党と呼ばれるべきなのか論争した。右派は共産党と異なる政党として社会民主党を主張したが、左派は社会党を提唱した。(9)

一九四七年四月、新憲法の下での出発選挙においてＪＳＰは一四四人の候補者を当選させ第一党となった。ＪＳＰは、保守（一三二議席）の中では第二に大きな民主勢力と第三に大きな国民協同党（三一議席）とともに社会党主導の連立政権を形成することを決定した。社会党リーダーの片山は国会議員によって選ばれた戦後初めての首相になった。しかし片山政権は短命で、一九四八年三月一〇日までのわずか九カ月間しか続かなかった。党内紛争がその崩壊の引き金となった。左派的派閥は片山政権が社会主義政策を採用しないことを批判した。衆議院議員六六名を含む八四人の左翼的社会党議員は自らが党内野党であることを宣言した。左派的派閥が一九四八年予算案に反対すると、政権は崩壊した。次の芦田政権も中道左派の連立であったが、悪名高い経済スキャンダルでほどなく崩壊した。ふたつの中道左派政権で第一党であったにもかかわらず、社会党は衆議院でわずか三一％の議席しか獲得することができなかった。それ以降一九九〇年代に至るまで、日本は途切れることなく保守が支配した。一九五五年以降その政治的デモクラシーは一党優位制という形をとることになり、そこでは、ほんの一握りの政治家が閣僚ポストを支配し、日本の有権者に有意なアカウンタビリティを示すことなく重大な政治的意思決定を行った。

経営者団体も重要な役割を演じた。ビジネス・リーダーたちは、メゾ（セクター）レベルにおいてもミクロ（企業）レベルにおいても、選挙区において次第にコストが高くなりつつあった選挙キャンペーンを支援することで、ＬＤＰの政治家たちに影響を与えた。なかには、関連する分野での政府の意思決定に影響を与えうるＬＤＰの政治家個人を財政的に助ける者もあった。

官僚達はＬＤＰの必要不可欠なパートナーであった。戦中に存在していた官僚制の構造は明らかな継続性を示していた。アメリカ人たちが日本の官僚に関する十分な知識をもたず、彼らのポテンシャルを過小評価したために、内務省を除くすべての公的機関はほぼ無傷のままで残った（野口 1995）。経済関連官僚は特に、社会にたいする彼らの影響力を維持もしくは強化さえした。アメリカ人たちは、既存の慣習の徹底的な変容を促すインセンティブというより深い争点には目をつぶり、「民主化」といった技術的でイデオロギー的な問題に焦点を絞った（Calder 1993, 44）。このことは、通常であれば民主的アカウンタビリティを保証すると考えられている公式ルールや諸制度の導入が、必ずしも実際の社会的経済的実践を深いレベルで変えるとは限らないことを示している。

ジョンソンは、日本の経済発展を促進する際に官僚が果たした重大な役割を重視し、官僚と産業の間のパートナシップが経済成長をもたらすという特別なタイプの資本主義を「資本主義発展型国家」と呼んだ（Johnson 1982）。国家が直接的に公的企業を経営したイタリアの事例とは異なり、日本の国家は民間部門の活力を最大に活用した。民間企業に直接的に干渉する代わりに、官僚たちは民間ビジネスの行動を絶えず調整することによって国民経済を指揮した。

多くの経済学者が、今日の日本経済システムは第二次世界大戦の直接の産物であると論じている（森嶋 1999; Nakamura1981; 野口 1995; 岡崎・奥野 1993）。皮肉なことに、戦争は重化学産業の工場や設備の能力を飛躍的に高め、そこにおいてエンジニアと熟練労働者は高度なテクノロジー技術の訓練を受けることができた。戦争はまた、下請けシステムを生みだした。軍事産業における大企業は、緊急時の増産を容易にするために部品や他の仕事を中小企業に下請けさせ始めた。この実践は、小企業と大企業の間の重大なつながりの形成に寄与することとなった。一九四四年、「軍需融資指定金融機関制度」が創設された。きわめて重要なことに、政府は軍需企業に対して公認の金融機関を指定し、それらの企業に妨げられることのない資金の供給を保証したのである。政府と日銀および他の金融諸制度はともに、公認の制度が資金を欠くことのないようにそれらを支援した。これらが系列の戦時の起源であった。このような関係は戦後の再建期に、強力な金融グループという形をとって再び現れた（Nakamura, 14-17）。

大蔵省（ＭＯＦ）と日銀は、戦後の再建期に日本企業が銀行融資に排他的に依存していたことにより強力な支配力を行使した。国家は一九五〇年代に、金融政策を通じて成長のための資金供給を容易にすることによって経済成長を促進した。金融機関が主要な資金の供給チャネルであったことに注意しなければならない。国家は減税および免税、低利融資、カルテル合理化の承認という手段により工場や設備への投資を促進した。金融機関は、系列であるビジネスグループの核を構成し、限定的産業のみに集中するのではなく産業スペクトラム全体を横断してそれらのグループの拡大を促進した。それら金融機関もまた借入資金に依存していたため、日銀は、究極の資金源として経済全体を支配することができたのである（Nakamura, 145-6）。

戦後の経済発展が国家企業を創設することによってなされたイタリアの事例とは異なり、日本の事例は民間経済セクターと労使関係の特別な構造を形成したことが重要であったことを示すものである[10]。

戦後の労使関係もまた、戦時中の起源をもっている。戦時中に労働組合は解体させられた。各企業において労働者と経営者は、産業の保全計画を遂行し物資を配給するために愛国産業連盟を組織した。これらの戦時連盟が終戦後も生き残り、日本の労働組合は――いわゆるトレードユニオンとしてではなく――企業別組合として今日まで存続している（Nakamura, 18）。これらの組合はしたがって、労働組合としてよりは企業として最もよく描写される（Wolferen, 66）。実際のところ、ある年長のビジネス・リーダーが的確に要約しているように「組織労働者の主流は、経営者の地位を獲得してきた」のである(Gordon 1998, 19)。

比較政治研究において、体制の確立過程を通じて、労働組合は常に良い役割ではないものの特に重要な役割を演じることが指摘されている。彼らはあまりにも頻繁に他のアクターに取り込まれるのである(Grassi 1998)。日本の戦後の民主化過程においても、経営者たちは、頑強な労働組合の運動家たちに直面した際に穏健な競合労働組合を創り出した。それらの代替的労働組合はやがて、急進的な労働組合よりも多くの従業員を引きつけるようになった。従業員たちが、協調しなければ自らの昇進が妨げられることを知ったためである。個々の企業の生産性の向上が賃金上昇の最も確かな方法であったため、労働者と労働組合は合理化と激務を望む経営者と協調するほかなかった。その結果、企業別組合は徐々に特殊化され、そしてこの民間メカニズムはやがて確固とした形に制度化されていった。西ヨーロッパ諸国の社会民主主義勢力とは異なり、日本の高度成長期の労組・JSPブロックは、ビジネスエリートと官僚によって打ち立てられた保守的な支配文化に対する体系的な対抗文化を具体化することがなかった(高畠 1994, 176-7)。

ゴードンが指摘しているように、日本のモデルは経済発展とデモクラシーの間の緊張を明確に示している。生産と利益を目指して労働者のエネルギーを動員するダイナミックな経済システムの創出は、戦後社会の民主的ポテンシャルを徐々に害することとなった(Gordon, 3)。デモクラシーとは様々なパーシャル・レジームから構成されている(Schmitter 1992)。戦時に戦略的につくられたそれぞれのパーシャル・レジームの相互補完性により、日本の政治経済システムを変えるのは困難である(奥野 1993)。

支配的勢力は、公式的にはそれとわからない方法でレジームを維持する。それらの方法のいくつかはしばしば、公式的ルールの精神、すなわち民主的アカウンタビリティの精神に反することとなる。日本の官僚制の他に類を見ない強さは明らかに、日本の選挙的アカウンタビリティの程度が低いという事実から派生している。現行の官僚制は、人的金銭的資源をコントロールすることによって便益を得てきた支配的政治家の利益を反映している（Ramseyer and Rosenbluth 1994）。日本の「レジーム転換（Pempel 1998）」がより高いレベルの民主的アカウンタビリティをもたらすか否かは、日本が政党と官僚とビジネス界の関係をいかに再構築していくのかにかかっている。

五　結論

ソスキスの洗練された枠組みのおかげで我々は、各国の資本主義デモクラシーの性格を決定するうえで経営者が重要な鍵を握るアクターであることを知った。多くの政治経済学者が論じてきたように、市場調整は良好な経済実績に貢献している。しかし彼らは市場調整のネガティヴな副作用を、しばしば無視している。本稿は、分極化した政党システムと結びついた場合に調整型経済が貧しい民主的アカウンタビリティを生み出すかもしれないことを実証してきた。生まれたばかりの民主主義諸国でしばしば見られるように、政治経済が不安定かつ流動的なところでは、この「ネガティヴな」組み合わせは政府アカウンタビリティを阻害するものに大いになりうるだろう。

一九九〇年代までのイタリアと日本は、腐敗や金権政治に事欠かなかった。イタリアと日本の事例が示唆しているのは、歴史的に決定的な局面における政党リーダーの戦略的失敗がほぼ恒久的に自らの党を政権から遠ざけてしまいうるということである。顧みれば、ＰＣＩとＪＳＰは有意な政権交代を妨げ、政権現職者達によるカルテルの強化を助けることになってしまった。経済成長が「街で唯一のゲーム」となった。そのような状況のもと、有力な競争者の不在は、支配的カルテルに利己的目的のために国家諸制度を濫用させることとなった。良好な経済パフォーマンスは、体制反対派が巧妙に周辺化されるという特別な設定のもとにおいてのみ達成された。良い経済実績は必ずしもデモクラシーの質の高さを保証するものではない。

経済調整は当然、一定のリスクを内包している。ソスキスの枠組みは「民主主義の赤字」のリスクを明示的に組み込んでいるわけではない。先行していたコーポラティズム的政治経済学の枠組みと比較すると、資本主義デモクラシー諸国における経営者の決定的役割を強調する枠組みは、経済行動の政治的帰結および政治と経済の相互関係にもっと注目する必要があるだろう。

〔注〕

（1）これにはいくつかの理由がある。例えば、正確な情報を与えられていないために投票者は、いつも的確に現職者のパフォーマンスを評価できるとはかぎらない。Przeworski, Stokes, and Manin 1999 を参照されたい。

（2）日本とイタリアは政権交代が起こりにくい例外的な民主主義国であった。Pempel 1990 を参照。

（3）ＯＥＣＤの当該データは一九八〇年代と九〇年代をカバーしている。一九七〇年代の数値は筆者による推定である。

（4）パスクィーノは、それ以降、政治は単に制度的政治の域に留まったと論じている。北イタリアにおける社会変換の期待は、現行のシステムを制度化するというローマの政党代表者の意向に凌駕された。Pasquino 1986 を参照。

（5）レジーニはこのパターンを「労働の政治的疎外」と呼んでいる。Regini 1981 および 1982 を参照。

（6）買収された証券はイタリア株式資本全体の約二五％に相当した。Marafﬁ 1990 を参照。

（7）ＪＳＰを社会民主主義政党であるとみなすことはできないものの、自己破滅的であったのは事実であり、とりわけ内部対立に支配された政党であった。Kitschelt 1994 を参照。

（8）左派政党は戦後のごく短期間を除き（片山政権期）、政権に就くことはなかった。

（９）飯塚他1985を参照。最後には彼らは政党名を奇妙な方法で決定した。すなわち、日本語では日本社会党（ＪＳＰ）、英語では日本社会民主党と、二つの別の名前を用意したのである。石川真澄 1989 を参照。

（10）サムエルズは、イタリアと日本の相対的社会経済ハイアラーキーの重要性を指摘している。サムエルズにとっては、「もっとも目立った問題とはビジネスと労働の位置にかかわるもの」であった。Samuels 1997 を参照。

〔参考文献〕

Beccalli, Bianca. 1975. “La ricostruzione del sindacalismo italiano 1943-1950.” in Stuart J. Woolf, ed., *Italia 1943-1950: La ricostruzione*. Roma:Laterza: 319-388.

Bruno, M. and J. Sachs. 1985. *Economics of Worldwide Stagflation*. Oxford: Blackwell.

Calder, Kent E. 1993. *Strategic Capitalism: Private Business and Public Purpose in Japanese Industrial Finance*. Princeton: Princeton University Press.

Calmfors, L. and J. Driffill. 1988. “Bargaining Structure, Corporatism, and Macroeconomic Performance.” *Economic Policy* Vol. 3, No. 6: 14-61.

Cameron, David. 1984. “Social Democracy, Corporatism, Labour Quiescence, and the Representation of Economic Interest in Advanced Capitalist Society.” in J. Goldthorpe, ed., *Order and Conflict in Contemporary Capitalism*. Oxford: Oxford University Press.

Castles, Francis. 1987. “Neocorporatism and the ‘Happiness Index’ or What the Trade Unions Get for Their Cooperation.” *European Journal of Political Research* 15（4）: 381-393.

Cotta, Maurizio, and P. Isernia, ed. 1996. *Il gigante dei piedi di argilla: Le regioni della crisi della prima repubblica: partiti e politiche degli anni ’80 a mani pulite*. Bologna: Il Mulino.

Garrett, G. and P. Lange. 1986. “Performance in Hostile World: Economic Growth in Capitalist Democracies.” *World Politics* 18: 279-301.

Ginsborg, Paul. 1990. *A History of Contemporary Italy. Society and Politics 1943-1988*. London: Penguin Books.

Gordon, Andrew. 1998. *The Wages of Affluence:Labor and Management in Postwar Japan*. Cambridge MA: Harvard University Press.

Grassi, Davide. 1998. "Sindacato e consolidamento democratico." *Rivista italiana di scienza politica* 28 (2): 321-355.

Hicks, A. 1988. "Social Democratic Corporatism and Economic Growth." *Journal of Politics* 50: 677-704.

Johnson, Chalmers. 1982. *MITI and the Japanese Miracle*. Stanford: Stanford University Press. (邦訳 矢野俊比古監訳『通産省と日本の奇跡』TBSブリタニカ、一九八二年)

Kitschelt, Herbert. 1994. *The Transformation of European Social Democracy*. Cambridge: Cambridge University Press.

Kitschelt, H. & Steven Wilkinson, eds. 2007. *Patrons, Clients and Policies: Patterns of Democratic Accountability and Political Competition*. Cambridge University Press.

Korpi, Walter. 1991. "Political and Economic Explanations for Unemployment: A Cross-National and Long-Term Analysis." *British Journal of Political Science* 21: 315-348.

Knutsen, Oddbjorn. 1998. "The Strength of the Partisan Component of Left-Right Identity: A Comparative Longitudinal Study of Left-Right Party Polarization in Eight West European Countries." *Party Politics*, vol. 4. no. 1: 5-31.

Lange, Peter, G. Ross and M. Vanicelli. 1982. *Unions, Change and Crisis: French and Italian Union Strategy and the Political Economy 1945-1980*. London: Allen and Unwin.

Lanzalaco, Luca. 1995. "Istitutioni, interessi organizzati e partiti politici: Ipotesi a partire dal caso italiano." *Quaderni di scienza politica*, Anno II, no. 1 (April).

Mainwaring, Scott & Christoper Welna, eds. 2003. *Democratic Accountability in Latin America*. Oxford University Press.

Maraffi, Marco. 1980. "State/Economy Relationships: The Case of Italian Public Enterprise." *British Journal of Sociology*, Vol. 31 No. 4: 507-524.

Maraffi, Marco. 1990. *Politica ed economia in Italia: La vicenda dell'impresa pubblica dagli anni trenta agli anni cinquanta*. Bologna: Il Mulino.

Marks, Gary. 1986. "Neocorporatism and Income Policy in Western Europe and North America." *Comparative Politics* 18:

253-277.

Martinelli, Alberto, ed. 1994. *L'azione colletiva degli imprenditori italiani: Le organizzazioni di rappresentanza degli interessi industriali in prospettiva comparata.* Milano: Edizioni di Comunita.

Mattina, Liborio. 1991. "La Confindustria oltre la simbiosi." in L. Morlino, ed., *Costituire la democrazia: Gruppi e partiti in Italia* (Bologna: Il Mulino), 272-4.

Mattina, Liborio. 1991b. *Gli industriali e la democrazia: La Confindustria nella formazione dell'Italia repubblicana.* Bologna: Il Mulino.

Morlino, Leonardo. 1998. *Democracy between Consolidation and Crisis.* Oxford: Oxford University Press.

Nakamura, Takafusa. 1981. *The Postwar Japanese Economy: Its Development and Structure.* Tokyo: University of Tokyo Press.

O'Donnell, Guillermo, and Philippe Schmitter. 1986. *Transitions from Authoritarian Rule: Tentative Conclusions about Uncertain Democracies.* Baltimore: Johns Hopkins University Press.

Organization for Economic Cooperation and Development (OECD). 1997. "Economic Performance and the Structure of Collective Bargaining." *Employment Outlook.* Paris: OECD.

Panebianco, Angelo. 1988. *Political Parties: Organization and Power.* Cambridge: Cambridge University Press.

Pasquino, Gianfranco. 1986. "The Demise of the First Fascist Regime and Italy's Transition to Democracy: 1943-1948." In G. O'Donnell, P. Schmitter, L. Whitehead, eds., *Transition from Authoritarian Rule: Southern Europe.* Johns Hopkins University Press.

Pempel, T. J. ed. 1990. *Uncommon Democracies: The One-Party Dominant Regimes.* Cornell University Press.

Pempel, T. J. 1998. *Regime Shift: Comparative Dynamics of the Japanese Political Economy.* Cornell University Press.

Pizzorno, Alessandro. 1977. "Scambio politico e identità colletiva nel conflitto di classe." in C. Crouch and A. Pizzorno, eds., *Conflitto in Europa: Lotta di classe, sindacati e stato dopo il '68.* Milano: Etas Libri.

Przeworski, Adam, Susan Stoke, and Bernard Manin, eds. 1999. *Democracy, Accountability, and Representation.* Cambridge: Cambridge University Press.

Ramseyer, Mark, and Frances Rosenbluth. 1994. *Japan's Political Marketplace.* Cambridge: Harvard University Press.

Regalia, Ida, and Marino Regini. 1998. "Sindacati, istituzioni, sistema politico." in G. P. Cella and T. Treu, eds., *Le nuove relazioni industriali: L'esperienza Italiana nella prospettiva europea.* Bologna: Il Mulino, 467-494.

Regini, Marino. 1981. *I dilemmi del sindacato: Conflitto e partecipazine negli anni settanta e ottanta.* Bologna: Il Mulino.

Regini, Marino. 1982. "Changing Relationships between Labour and the State in Italy: Towards a Neo-Corporatist System?" in G. Lehmbruch and P. Schmitter, eds., *Patterns of Corporatist Policy-Making.* London: Sage.

Salvadori, Massimo. 1994. *Storia d'Italia e crisi di regime*, Bologna: Il Mulino.

Salvati, Mariuccia. 1982. *Stato e industria nella ricostruzione: Alle origini del potere democristiano 1944-1949.* Milano: Feltrinelli.

Salvati, Michele. 1984. *Economia e politica in Italia dal dopoguerra a oggi.* Milano: Garzanti.

Samuels, Richard. 1997. "Tracking Democracies: Italy and Japan in Historical Perspective." *The Journal of Modern Italian Studies.*

Sassoon, Donald. 1997. *Contemporary Italy: Economy, Society and Politics since 1945. Second Edition.* London: Longman.

Schmitter, P. C. 1992. "The Consolidation of Democracy and Representation of Social Groups." *American Behavioral Scientist*, Vol. 35, No. 4/5, 422-449.

Schmitter, P. C. 2004. "The Ambiguous Virtues of Accountability." *Journal of Democracy*, Vol. 15. No. 4. pp. 47-60.

Silberman, Bernard. 1993. *Cages of Reason: The Rise of the Rational State in France, Japan, the Unites States, and Great Britain.* Chicago: The University of Chicago Press.

Soskice, David. 1999. "Divergent Production Regimes: Coordinated and Uncoordinated Market Economies in the 1980s and 1990s." in H. Kitchelt, L. Pange, G. Marks, and J. Stephens, eds., *Continuity and Change in Contemporary Capitalism.* Cambridge: Cambridge University Press.

Stokes, Susan. 2001. *Mandates and Democracy: Neoliberalism by Surprise in Latin America.* New York: Cambridge University Press.

Stokman, Frans N., Rolf Ziegler, and John Scott, eds. 1985. *Networks of Corporate Power: A Comparative Analysis of Ten*

Countries. New York: Blackwell.

Van Loenen, Gerbert. "Weimar or Byzantium: Two opposing approaches to the Italian Party System." *European Journal of Political Research* 18 (1990): 241-256.

Wolferen, Karel van. 1990. *The Enigma of Japanese Power*. New York: Vintage Books.

井戸正伸（1998）『経済危機の比較政治学——日本とイタリアの制度と戦略』新評論。

飯塚繁太郎、宇治敏彦、羽原清雅（1985）『結党四十年・日本社会党』行政問題研究所出版局。

石川真澄（1989）「社会党四十四年の歩み——結党から土井人気まで」高畠通敏編『社会党——万年野党から抜け出せるか』岩波書店。

森嶋通夫（1999）『なぜ日本は没落するか』岩波書店。

野口悠紀雄（1995）『１９４０年体制——さらば「戦時経済」』東洋経済新報社。

岡崎哲二、奥野正寛編（1993）『現代日本経済システムの源流』日本経済新聞社。

奥野正寛（1993）「現代日本の経済システム——その構造と変革の可能性」岡崎哲二、奥野正寛編『現代日本経済システムの源流』日本経済新聞社。

高畠通敏（1994）『日本政治の構造転換』三一書房。

渡辺治（1991）「現代日本社会と社会民主主義」東京大学社会科学研究所編『現代日本社会　第5巻　構造』東京大学出版会。

第三章　地域化する発展指向型国家

――北東アジアにおける政治的経済的アカウンタビリティ

T・J・ペンペル
（東島雅昌 訳）

日本・韓国・台湾において達せられた経済生産性の高さは、これら三カ国が「発展指向型国家」と位置づけられることで、説明されることが多い。程度の差はあれ、三カ国それぞれの政府やビジネス界は、国家全体の生産水準を高め、それによって「経済上の国益」を促進させるために、競争的にというよりもむしろ協調的にふるまった。これら発展指向型国家において、政府はおもに国内における経済上の支持者たちに応責的であった。もっとはっきりと言えば、政府はもっぱら、国家を急速に発展させるためのアジェンダを共同で推進する際に不可欠となるパートナーであったビジネス界・財界にアカウンタビリティを担保する必要があったのである。注目すべきは、そのような「経済共同体」にたいするアカウンタビリティは、ごく一部のエリートによる国家資源の収奪をともなうものではなかった、ということである。統治エリートのためにスイス銀行の予算高をふくらませたり、経済上実際的な意味をほとんどもたないような大袈裟なモニュメントを建設したりすることなく、GNPをもっと高めること、そして国家の経済生産性を共同で洗練させていくことが、彼らのあいだで共有された目標であった。

ゆえに日本、韓国、そして台湾はマルコスのフィリピンやモブトのザイールのような収奪政治とは類似性をほとんどもたない。発展指向型のアジア諸国において、経済エリートや政治指導者が協調した結果として、国民が経済的損失を被ることはほとんどなかった。彼らが享受した利益は、国家経済全体の利益に付随するものだったといってよい。

くわえて、戦後の早い時期においてもっとも顕著で、二一世紀に入ってもかなりの程度持続しているのは、これら三カ国の政府が安全保障・経済の両面でアメリカと密接な相互依存関係を有しているという点である。特に三カ国はいずれも、自らの経済上の活力をやしなうために、自国企業にとっての製品輸出先であるアメリカ市場に対するオープンなアクセスに深く依存していた。同時に、これら三カ国の安全保障は、米軍基地とアメリカの軍事保障に頼るところが大きかった。三国は事実上アメリカの手先であるという批判もあったが、(実際に)アメリカとの密接なつながりを支持する人たちでも、これら三国による(外交上の)決定がアメリカの外交政策目標と著しく異なるような事例を多く引き合いに出すのは困難を極めるだろう。そして、互恵的な貿易と通貨に関する議論が定期的になされたにもかかわらず、たいていの場合経済上・安全保障上のつながりは互いに補強しあい、一方では自国とアメリカとの関係を強めながら、他方において国内のビジネス界・財界と政府とのつながりを密接なものにしてきたのである。

かつて日本・韓国・台湾に存在した発展指向型国家は、本質的には過去のものとなってしまった。一九八〇年代の終わりから、そして特に一九九七－一九九八年のアジア金融危機からはそのスピードを加速させるように、これら三カ国はみな国内政策・外交政策の実質的変化を経験することになった。そしてそれらの変化は過去の発展指向型国家の構造を突き崩すことになった。本稿で私は、発展指向型国家の終焉がもたらすものは、国内の民主化と地域経済の統合化の組み合わせであることを主張する。同時に、この組み合わせによって発展指向型モデルの持続が政治的に不可能なものになった、ということを論じる。

本稿は、国内の経済成長とアメリカとの緊密な軍事・経済上のつながりを極めて重視する発展指向型モデルがここ一〇年ほどで劇的に変化した、その過程を論じる。一方において、これら三カ国はすべて、国内の製造業とアメリカ市場とのあいだの高い相互依存から、アジア地域とのはるかに密接なつながりへと、その経済的つながりをシフトさせた。そしてこの経済上の地域化へのシフトの中で、その結果はまちまちなものであったが、三カ国は自国の安全保障政策をもシフトさせることとなった。日本と韓国は総じてアジアとの安全保障上の関係を強化した。ただし日本は、そうしながらも同時にアメリカとのつながりを強めたのであるが。台湾はその間、よりあいまいな状況に直面していた。つまり、台湾はアメリカからの援助をうけることが他の二国よりも容易ではなかったとともに、アジア地域から自国の安全保障上のニーズを満たすための強力な援護を受けることもかなわなかった。はっきりしているのは、現状がかつてよりもはるかに複雑でまったく異なるということである。安全保障政策と経済政策はもはや以前のようなレベルで相互に強化しあうようなものではなくなっている。それぞれの安全保障政策ははるかに多様なものとなりつつあり、経済はより地域化しつつある。そして、これらの変化に伴い、各政府のアカウンタビリティの捉え方も変容しているのである。

くわえて、国内の政治的開放性がより促進されたことにより、三カ国すべてにおいて、従来特権化されていた緒利益がより広範な社会経済グループと妥協せざるをえなくなってきている。もはや経済政策は、隔絶された官僚機構と密接に結びついて機能する金融諸制度やごく一部のビジネス・カルテルに支配されているわけではない。

経済政策はいまでも、透明性が高く民主的に決定されているとはとても言えないままではあるが、そのようになりつつあるのである。この点においてもやはり、アカウンタビリティは調整されざるをえなくなってきているといえる。

本稿は、六つの節からなる。最初に、「アカウンタビリティ」概念のもっとも重要な要素のいくつかについて再検討する。つぎに、「発展指向型モデル」の概念を簡単にまとめる。第三節では、九七－九八年の経済危機以前の台湾・日本・韓国経済の経済的地域化の背後に存在する推進力について検討する。この地域化は、政府がトップダウンにフォーマルな地域機構を創出したというより、むしろボトムアップ型の諸企業の手によるものであったといってよい。くわえて、拡大したのはオープンな地域化であったが、それはこれらの国々とアメリカとのあいだの経済上のつながりに挑戦するようなものではなかった。第四節では九七－九八年の経済危機を検証し、これら三カ国がアメリカ、ＩＭＦ、そしていわゆるワシントン・コンセンサスとの無制限の経済統合をおこなうことのメリットにたいして懐疑的になっていくなかで、この経済危機が国内の政治的開放性の高まりと重なり合いながら、いかにしてさらなる地域的つながりを促進していったのかを示していく。このことは、アジア諸国のみからなる諸機構を強め、環太平洋の経済上のつながりを弱めることになった。これら両方の地域化への動きのプロセスのなかで、中央政府のアカウンタビリティ概念は、国内経済アクターと従来型のアメリカ支配を超えて広がりをもつようになった。しかし、この節では、経済政策はより地域化されつつあるが三カ国の安全保障にたいする姿勢がもはや経済と自動的につながるものではなくなっていることを示しながら、経済と安全保障の方向付けがいかなるかたちで分岐しつつあるかについても検討する。そして最後に結論を簡単に述べる。

一　アカウンタビリティ――複数の構成員（constituencies）にたいして

本稿の中心をなす主張の一つは、政府の指導者たちにとってアカウンタビリティとはトレード・オフを内包したものであるということである。このトレード・オフは、一般的に受け入れられている通念を乗り越えるものである。つまり、デモクラシー下において選出された公職者は、選挙民の要求にたいし常に注意を払わなければならず、アクターのある組が有している要求にたいする「アカウンタビリティ」がもうひとつの組のアクターからの報いをどれほどうけるのかについていかほどの注意を払わなければならないのか、そして政権にとどまりたいのであれば流動的な多数の投票者にたいしてどれほど応責的にふるまおうと努めなければならないのか、といったトレード・オフにたいする既存の理解を乗り越えるものである。プシェヴォスキ、ストークス&マーニン（1999: 8）が論じるように、「……政府があらゆる多数派に打ち破られるような行動指針を追求するとするならば、つまり自らをもふくめた少数派の利益のために行動するものであるかぎり、それは代表的であるとはいえない」。

しかし、多くの政治指導者にとって、アカウンタビリティとはそれ以上のことを含むような概念である。少なくとも、三つの構成員が、政府の顧慮をもとめ競争している。これらのうちの一つ目はもっとも代表性を有する選挙民主主義においてのみにしか存在していない、市民と投票者を中心としたものである。二つ目は、ビジネス界に対するアカウンタビリティを含んでいる。これら両方のケースでは、アカウンタビリティの問題をもっぱら国内の問題として考えることができる。しかし、世界の政府指導者のほとんどが常に注意を払わなければならない第三の支持層がある。それはすなわち、強力な諸外国の政府である（あるいはもっと広範にとらえると外的環境であるともいえよう）。第三の支持層はただ一つの強力かつ中心的な国家であることもあるだろうし、あるいは隣国の集まりを考慮に入れなければならない場合もあろう。外部の諸アクターによる制約をほとんどまたはまったく認識することなく意思決定をおこなうことができるのは、もっとも孤立した、あるいはもっとも強力な政府のみである。

政治的アカウンタビリティにかんする研究のほとんどが、外国政府による政治指導者の政策選択に対する制約が恒常的に存在するというよりむしろ最小限でたまにしか起こらない数少ない国の一つであるアメリカで生み出されているというのは、皮肉で奇異なことである。市民が投票箱を用いて不人気の政治指導者に制裁を加えるということが、事実上、権力のもっとも忌むべき濫用にたいする制約となりえているのも、アメリカにおいてである（同時に、市民へのアカウンタビリティという勝利のラッパがアメリカ政府によって吹き鳴らされる前の段階において、アメリカ下院では過度に議席がゲリマンダリングされていたため、二年ごとにおこなわれる選挙でも四三五議席のうち他の政党からの挑戦者が現職に取って代わる現実的な機会は、せいぜい二五議席から三五議席のあいだでのみ存在していたにすぎないことを思い起こしておいてもよいだろう）。いずれにせよ、ここでいいたいのは、アメリカにおける「アカウンタビリティ」はほぼ間違いなく、他の国々で機能しているような「アカウンタビリティ」とはかなり異なっているのである。

一九七〇年代に、開発途上国の政府のほとんどは自らの政治選択が、軍事的、経済的にはるかに強力な諸政府の選好と圧力によって厳しく制約されていることを認識しており、そのような圧力は様々な側面に存在していた。その様々な側面を探求するのに注目されたのが、従属理論と世界システム論であった。これら初期の研究の結論に対する賛意は衰えてきたが、西アフリカの多くの政府がいかにパリの選好に広範な注意を払い続けているのかということを認め、東欧諸国やソヴィエト連邦の政治指導者たちが長らくモスクワの移り気に服していたことに注意し、カリブ諸国からイスラエルそしてイラクにいたる国々の多くの政府公職者が自らの選択の基盤はワシントンによって構造化されていることに気づいていることを強調するために、世界システム論に依拠する必要はない。そして、西欧の高度に産業化されたデモクラシーの国々でさえ、個々の政府は自らの金融、社会福祉、規制政策がブリュッセルのEUの公職者によって形作られていることを認識しており、その影響力は少なくともそれぞれの首都で選出された政治家たちの行動と同じくらいの重みを有している。

しかし、アカウンタビリティにかんする論文では、驚くべきことにこの外的要因に関して注意が払われることがほとんどなかった。アカウンタビリティは国内の政治行動のみを条件として取り扱われることのほうが多かったのである。とくに、民主的アカウンタビリティに焦点を当てるような論じ方になると、どのように「エージェント」（政府公職者）が「プリンシパル」（市民）に対し応責的であったりそうでなかったりするのか、という点を強調している。結果的に、重きがおかれるのはアカウンタビリティの選挙的な解釈ということになる（例えば、Fearon: 1999）。外交政策や国際活動がアカウンタビリティのアジェンダの一部として考慮されるようになると、外交政策をおこなうにあたって国内の投票者の支持をどの程度得る必要があるのかについて検討されることが多くなった。ただし、国内の投票者と彼らの選好が、強力な外国勢力に対する政府のアカウンタビリティの認識に従属しているかもしれず、そのあり方にかんしては注意がほとんど払われていない。フスとアレー（Huth and Allee, 2003）によるアカウンタビリティと外交政策に関する議論の出発点もその例外ではない。彼らの定式化によれば（255）、「……国家の指導者は対外的に国家の安全保障上の利益の保護・促進をはかりながら、自国における政治権力の座とその保持を確かなものにしようとする」と述べられている。しかしながら、あまり検証されていないのは、国家指導者の大半が自国においてみずからの政治権力の座とその保持を確かなものにしようとするために、どの程度自国の市民よりも外国政府にたいして自らと自らの政策を応責的なものにしつづけようとするのかについてなのである。

市民へのアカウンタビリティとかなりの程度両立しうるのが、ビジネス界・経済界へのアカウンタビリティ概念であり、これについては頻繁に論じられている。疑うべくもなく、いかなるデモクラシーにおいても政治指導者たちは投票者の選好のみならず、ビジネス界の選好にも敏感である必要がある（O'Connor, 1973）。思慮ある政治指導者ならば、その構成員の投資、経済成長、企業利益に資するような条件を創り出そうとするだろう。そのようにすることで得票を増やすことになるかもしれないが、（投資家に対する税控除、緊縮的な金融政策、社会扶助の削減など）一般的には国家の経済利益、より狭くいえばビジネス界の利益が、短期的な市民の選好と衝突するような状況も数多くある。

重要なのは、政府の指導者たちは競合しあう諸力に直面しており、さまざまな「構成員」へのアカウンタビリティについてバランスをとらなければならない、ということである。デモクラシー下において、指導者たちは多かれ少なかれ自らの再選を考慮し、市民にたいするアカウンタビリティに多大な注意を払わなければならない。このことは、選挙規則、政党組織、現職の力、偏向したメディアなどによって、市民の直接的な権力が多くの制約を受けることを認めてもなお当てはまる。結局、現職と支持者のあいだの交換関係は政治的デモクラシーにおける国家の行動の本質なのである。現職者は生き残るために政治的支持を必要とするし、翻って支持者は自らの支持を政権党になりうるオルタナティヴへと移すことがないように十分なインセンティヴが与えられなければならないのである。

しかし、ほとんどすべての国々においては、デモクラシーであってもそうでなくても、政治指導者たちは経済上のニーズに注意を払わねばならない。そしてほとんどの国に対して外国政府は権力と選好を有しており、外国政府にたいしアカウンタビリティを担保しないのは、もっとも怖いもの知らずであるかもっとも思慮に欠けた政治家ぐらいのものであろう。

これら三つの異なる軸におけるアカウンタビリティは、ロバート・パットナムの有名な2レベル・ゲームの概念（1988）と親和性があるといえるだろう。2レベル・ゲームは、政治家にとって国内政治と国際政治のあいだに継続的なトレード・オフが存在することに焦点が当てられている。どちらかのゲームからの資源は他方のゲームの戦略に影響を及ぼすことがある。そしてこれら二つのゲームのいずれかの層における成功と失敗はその後の能力と戦略に効果をもつのである。もしくは、ジョージ・ツェベリス（1990）が論じたように、政治家たちは常に「入れ子ゲーム」のなかにいるということもできる。「入れ子ゲーム」の中では、例えば、国内選挙的な政治「ゲーム」、経済界との政治「ゲーム」、国際的な政治「ゲーム」を同時に考慮に入れられなくてはならず、ある政治ゲームからのコンフリクトとペイオフは他の政治ゲームにおける考慮に影響をあたえる。この影響力の同時性は単線的なアカウンタビリティ・モデルに大きな問題を提起する。なぜなら、三つのゲームはほとんどの場合において思慮深い政府公職者の考慮のもとにあるからである。公職者と市民のあいだの関係のみに着目したアカウンタビリティ概念はあらゆる政権担当者に影響を及ぼしている複雑なアカウンタビリティの行列のかなりの部分を捨象している。そして、本稿で論じる発展指向型国家において、これらすべての要素はたしかな影響を及ぼしていたのである。

二　発展指向型モデル

日本・韓国・台湾は「発展指向型国家」として知られる政治経済モデルのもっとも傑出し一貫した特徴を示している（Johnson, 1982; Pempel, 1999; Woo-Cumings, 1999）。このモデルはつとに知られるようになったが、その主要な特徴を概観しておいてもいいだろう。これら三つの国々は、国家経済を形作るのに主要な役割を演じることのできる「強い国家」をもち、選挙によって選出されない政府のテクノクラートに高い社会的威信を与えていた。これらの国々の政府公職者は一連の規制権力を有しており、その規制権力には、とりわけ目標となる産業に資本を移転したり割り当てたりする権限が含まれている。国家経済も高度に重商主義的であった。つまり、国家政策と大多数の民間セクターの経済活動の最優先目標は、国家産業、市場シェア、そして最終的には純国民生産の相対的地位を改善することであった。この点において、これら三カ国の国内経済は海外の競合的な販売や外国直接投資からはおおいに保護されていた。ゆえに政府と国内の経済セクターは、非国家アクターからの干渉を受けることはほとんどなく、思うがままに協力関係を築いていた。民間経済に対する国家介入は恒常的であり、しばしば恣意的におこなわれた。特に日本と韓国において、国内のビジネス界は高度に寡頭的であった。経済コングロマリット、日本における系列、韓国におけるチェボルは国内生産と輸出市場を支配し、下請け、技術共有、株式保有、その他多数の専門技術によって国内の中小企業に多大な影響力を有していた。保護は不釣合いに大製造業に向けられた。保護された国内市場への販売は企業の成功にとって重要であったが、同様に重要だったのは国外への輸出で、その大部分は西欧の先進諸国、とりわけアメリカ合衆国に向けられた。

同様に、これら三カ国にとって重要だったのはアメリカ合衆国との安全保障上のつながりである。ソ連、中国、そして共産主義に対処する戦略の一環として、アメリカはアジアに入念な同盟の弧、すなわちアラスカから日本、韓国、台湾そしてフィリピンをとおり南東アジアを経由してオーストラリア、ニュージーランドにいたるグレート・クレッセント（Great Crescent）を形成した（Cumings, 1984）。アメリカの冷戦戦略は、アメリカを支持し、反共主義的な政府の国内での地位を高め、日本、韓国そして台湾本土にアメリカ軍の駐留権を確保することを目指したものであった。そして見返りとして、これら三カ国からの輸出品のアメリカ市場へのアクセスは非常に優遇された。その最終的な結果として、これら三カ国ではいずれも外相が特権化された。とりわけ韓国と台湾では、軍部と安全保障機関がアメリカの同機関の戦略形成に協力したため、それらも同様に特権化されることとなった。

日本の場合、第二次世界大戦後にアメリカにより制度化されたシステムは「特異な民主主義」（uncommon democracies）のかたちをとった。すなわち、保守的で親米的な自由民主党（ＬＤＰ）が議会の多数をもち、一九五五年の結党から一九九三年の政党分裂にいたるまでほぼすべての閣僚ポストを支配した一党支配体制だったのである（Pempel, 1990, 1998）。台湾と韓国では、そのような選挙民主主義が存在しないのはあきらかであった。台湾は一九八〇年代の末までデモクラシーをほとんど享受しておらず、共産主義が権力を握ったときに中国本土から逃れてきた外省人を代表するネオ・レーニン主義政党である国民党（ＫＭＴ）によって一九九六年にいたるまで支配されていた。国民党支配は、治安機構と軍部に依存し、それらに特権を与えていたが、台湾は年約八％に及ぶＧＮＰの急成長を達成することとなった。韓国は台湾のような単一の支配政党は欠いていたものの、同様に軍部と韓国中央情報部（ＫＣＩＡ）とよばれる治安機構の支配下にあった。

これら三カ国にとって同様に重要であり、かつアメリカとの安全保障上の密接なつながりを維持することを余儀なくさせていたのは、これら三つの体制がさまざまな形態の「輸出主導型成長」に経済的に依存していたという事実である。国内市場は、優遇している国内の製造業への深刻な競争相手となるかもしれない輸入品のほとんどを制限しただけではなく、外国直接投資をも締め出しつづけた。これらの国々の閉鎖的な国内経済は規制的な政府の一連の政策や非公式の協調や寡頭的なビジネス界の同盟に資するような、深く制度化された企業行動によって維持され続けた。同時に、これら三カ国はすべてアメリカ市場における販売に深く依存しており、三カ国にとってアメリカ市場は、ずば抜けて大きな輸出市場であった。これら三カ国は、輸出の約三〇パーセントから三五パーセントをアメリカへと向けていた。対照的に、日本の二番目に大きな輸出市場は（たいていドイツもしくは韓国であったが）、その輸出の六パーセントほどしか占めていなかった。一九九〇年になっても、韓国は輸出の三〇パーセントをアメリカに向けており、二番目に大きな市場である日本に対しては一九パーセントしか向けていなかった。台湾の二番目に大きな市場はその全商品高の一三パーセントを占めるにすぎなかった。つまり、アメリカはこれら三カ国すべてにとってぬきんでて大きな比率を占める商品目的地であり、ナンバー２の目的地のいずれともきわめて大きな差がついているのである。カナダとメキシコだけがアメリカ市場に（三カ国より）大きな依存を示していた。そしてこれら二つの国とソヴィエト連邦との貿易依存の高かった東欧諸国においてのみ、単一の輸出市場にそのような依存を有していたのである（Pempel, 1997b: 79-81）。

これら三カ国において、経済政策と安全保障政策は結果として相互に補完しあっていた。国内において、政府エリートと経済エリートはほとんど同じアジェンダを追求していた。アメリカとの密接な安全保障上のつながりは、安全保障政策と経済政策による便益が相互にとって資することがわかった両グループによって支持されていたのである。

これらの政治経済的取り決めがもたらしたもっとも重要な結果は、これら三つの発展指向型国家における政府が、先に挙げた三つの重要な構成員のうちの二つ、すなわち一方で国内のもっとも強力な経済・金融セクター、他方においてアメリカとアメリカの安全保障上の目標に対し、主たるアカウンタビリティを保持していたという点である。もちろん重大な差異はあった。たとえば、発展指向型国家としての時代（だいたい一九五五年から八五年くらいまで）の大半において、日本は「特異な民主主義」（Pempel, 1990）であった。日本は選挙民主主義や自由な言論と出版を保持する相対に純粋な政治諸制度をもち、そして日本政府は、台湾政府や韓国政府よりも広範な市民に対してより多くのアカウンタビリティをもつようにするような他の諸機関を有していた。しかし、自由民主党（ＬＤＰ）の圧倒的な力と選挙における多数は、多数の固定化された選挙民から相対的にいって自動的に与えられる選挙支持によって約四〇年ものあいだ一党支配を可能にし、それによって選挙アカウンタビリティというもっとも明確なテスト、すなわち他政党への政権交代、に欠陥を生じさせていた。そして日本経済が猛烈な勢いで成長するにつれて、日本の輸出業者とアメリカとのあいだの二国間の貿易摩擦は徐々に大きなものとなり、韓国・台湾とアメリカとの間よりも大きな貿易上の緊張関係を創り出していくこととなったのである。

政府のアカウンタビリティが、マクロ経済成長とビジネス界の受諾可能性、そしてアメリカとの密接な安全保障のつながりに向くという傾向は、韓国や台湾においても標準的なものであった。そして両政府は、日本と比べ選挙上の正統性について憂慮する必要があまりなかった。一九八〇年代の中盤から末にいたるまでどちらも自らが選挙民主主義であることを自負してはおらず、あからさまな独裁制、つまりアメリカが両国内の厳格な支配に強い支持を与える官僚的権威主義体制であった。日本と同様に両国は「強い国家」を有していた。国家経済をかたちづくるなかで、主要な意思決定の役割と高い社会的威信が政府のテクノクラートたちに与えられ、警察と軍部の権力は日本よりもずっと大きなものであった。両国の国家経済も高度に重商主義的であった。つまり、国家政策と民間セクターの経済活動の多くがもつ最優先の目標は、国家産業、市場シェア、そして最終的には純国民生産の相対的地位を改善することであった。この点で、これら三カ国の国内経済は海外の競合する販売業者や外国直接投資からはおおいに保護されていた。民間経済に対する国家介入は恒常的であり、しばしば恣意的におこなわれた。しかしながら、両国の経済戦略が異なっていたのは、韓国が日本のように大きなコングロマリット（チェボル）を特権化していたのに対し、台湾経済は中小企業によって牽引されていたという点であった。

ゆえに、これら三つの体制は、選挙上のアカウンタビリティがせいぜいほんのわずかしか存在せず、悪くいえばそのほとんどが欠如しているといえるような「発展指向型国家」モデルによって、その大部分を稼動させていた。しかし、このモデルにおいて、政府とビジネス界の関係は相互に「応責的」であり、これら三つの体制下において国家制度とビジネス界の相互浸透と互いの影響力は著しい経済的伸張をもたらした。その結果として、国家と社会（の重要な部分）が相互に埋め込まれることとなり、相互合意に基づき、相互にとって利益をあたえ、国家経済の改善を最優先する国家的アジェンダが生まれることとなった（Evans, 1995: 12-13）。同様に、これら三カ国の外交政策は非常に密接でときに従属的なアメリカとの関係に基づいており、この関係が政府の諸政策の大半にとってあらかじめ決められた出発点となっていたのである。

このパターンは変容することになった。この変容には複数の対外的・国内的な要因が寄与しているが、もっとも重要な要因のひとつは、アジア地域のつながりをより密接なものにしようとする動きであり、その結果として従来緊密であった国内ビジネス界と政府機関とのあいだのつながりが侵食されつつある。発展指向型国家として、これら三つの体制は、国内に存在するビジネス界によって稼動する国内生産によってそのほとんどが特徴づけられていた。国内の企業が海外で生産をおこなうことは最小限にとどめられていた。非国内企業とそれらによる生産は国内市場からほとんど締め出されていた。三国はみな、国家経済を発展させるため、重商主義的アプローチに非常に依存していた。このことは、アジアの地域的つながりが経済の領域において、（アジア特定の）排他的なものではないにせよ、広がりや深まりをみせるにつれ、もはや当てはまらなくなった。その結果、非国内経済アクターが国内市場へ進出しただけではなく、以前は相互に緊密に埋め込まれていた国家と社会のあり方が侵食され、国内にとどまっていたビジネスが海外にたいしてより大きな自律性を獲得した。アカウンタビリティの方程式は、以前は相対的に単純なものであったが、結果としてはるかに複雑なものとなっているのである。

三　アジアの地域化

一九世紀と二〇世紀初頭までのほとんどのあいだ、アジアの国々は互いに明確に隔絶されていた。当初、これは西欧列強による植民地主義の結果であった。イギリス、アメリカ、フランス、ドイツ、オランダ、ポルトガル、そして日本が帝国主義としての能力を発揮することにより、この地域の分断を可能たらしめたのである。第二次大戦後の早い段階でアジア諸国は独立することができたが、国家建設の困難さや冷戦、東南アジア・朝鮮半島・台湾海峡で打ち続く内戦のために、アジア地域は断片的なものであり続けた。東南アジアの五つの主要国によって一九六七年に結成されたＡＳＥＡＮとヴェトナムでの敗北に伴うインドシナからの米軍撤退をもってはじめてアジア地域はより密接なつながりをもつ方向へと歩み始めたのである。ただし、北東アジアは南と比べると地域化をもたらす推進力をずっと欠いていたのであるが。

このような地域的つながりのいくつかにかんしていえば、とりわけＡＳＥＡＮ、ＡＲＦ（アセアン地域フォーラム)、ＰＢＥＣ（太平洋経済委員会)、アジア開発銀行、ＡＦＴＡ（アセアン自由貿易協定）などを含む制度的な形態をとった。一九八九年にはもっとも包括的な組織であるＡＰＥＣ（アジア太平洋経済協力会議）がつくられ、東アジアの大半の国々にとどまらず、アメリカ、オーストラリア、ニュージーランド、カナダそしてメキシコがＡＰＥＣに加盟することとなった。

成長しつづける多国間制度のネットワークは、安全保障上の問題についても発達した（Mack & Kerr, 1995)。これには、関連する高級実務者会合を含み一九九三年に発足したＡＲＦ、アジア太平洋安全保障協力会議（ＣＳＣＡＰ)、そして官民を呼び集めたさまざまなシンクタンクなどが含まれる。より最近では、六者協議が朝鮮半島の核兵器問題に対処するための重要な会合となり、二〇〇三年五月には「拡散に対する安全保障構想」(Proliferation Security Initiative）が七カ国の呼びかけによって創設され、テロリストや核兵器原料の違法売買に関与する国々の外洋の利用を防止することが目指された。

これらフォーマル組織の大半は、閉鎖的であるというよりもむしろオープンな地域主義を掲げていた。つまり、アメリカとカナダやオーストラリアといった他の非アジア諸国が、いわゆる「核となる」アジア諸国に加わっていたのである。

たしかに地域化は進展していたが、一九七〇年代から一九九七－一九九八年のアジア経済危機までのほとんどの期間において、国家主権を喪失するかもしれないという懸念に加えアジアの国々の政治経済のあり方があまりに多様であるという事実が、地域的つながりのフォーマルなかたちでの制度化の本格的進展を妨げていた。アジアがより密接な統合に向かうための主たる推進力は、ＡＳＥＡＮやＡＰＥＣといった明示的なフォーマル組織から生まれたのではなく、むしろ経済的統合のボトムアップともいえるプロセスから生じた。そのプロセスは、より密接に経済が統合されることで経済上のアドバンテージをつくりだすことのできる多くの民間企業のリーダーたちがおこなった決定と活動にほとんど依拠していたのである。

日本企業によるアジア諸地域への本格的な投資は、一九七〇年代のはじめごろにはじまっていたが、それがドラスティックに加速したのは、一九八〇年代後半のことであった。一番初めのころの日本の投資は北東アジアとりわけ台湾と韓国にたいし行われ、その後東南アジアに拡大された。かくして、国境を越えた生産ネットワークは繊維業、軽工業、素材工業といった分野の生産を生み出すためにつくりだされたのである。

アジア内の投資と貿易の力強い波は、一九八五年のプラザ合意とその二年後のルーブル合意にともなう通貨再編の結果として生み出されたものであった。日系企業はふたたび先頭に立って東南アジアのあちこちに大規模で洗練された生産設備を設けた（Doner, 1991; Hatch and Yamamura, 1996; Hatch, 2000; Pempel, 1997b）。かつて日本の四つの島々に存在していた企業において機能した日本の生産方法が「地域化」されたというわけである。アジアの安価な労働力に日本の洗練された技術と製造方法が吹き込まれた。日本による投資金は、自動車産業や電気産業の複雑なネットワークなどをはじめとした日本の主要産業の生産設備とネットワークをトランスナショナルに展開させた。日本を基盤としない諸企業は通常、日系の企業の世界規模の戦略に不可欠であった複雑な生産プロセスの諸要素を与えていた（Hatch, 2000）。

台湾と韓国の通貨もプラザ合意の結果、かなりの強さをもつにいたった。このことは日本に関しても同様であった。つまりこれらの国々の企業による本格的な国外への投資が実施されるようになったのである。香港を本拠とする企業もまた投資を盛んにおこないはじめた。新台湾ドルに四〇パーセントの平価切り上げがおこなわれたことは、軽工業の分野における輸出の競争性を台湾が失う恐れがあることを意味していた。（ゆえに）香港企業と同様、台湾の多くの企業も中国国内に低賃金の生産設備を設けることを望むようになった。しかしながら、政府は平価切り上げが避けられないということを受け入れ、諸政策をとくに中国のほうへとドラスティックに転換した。

一方の中国は、同じ時期に約五〇％の通貨切り下げをおこない、それによって台湾の潜在的投資家たちは中国を非常に魅力的なターゲットであると考えるようになった。経済上の合同関係もいわゆる沿岸域開発戦略（ＣＤＳ）として知られる政策を推し進めるために趙紫陽首相によって強化された。そして台湾のほうはといえば、より反中的な政策の多くを緩めることによって台湾企業の中国本土での経営を可能なものとした（Naughton, 1997a: 81-110）。台湾と香港の投資の大半は中国へと向かっており、一連の「チャイナ・サークル」を拡大しながら、独自の国家横断的な中国の生産ネットワークがつくりだされていくこととなった。その結果、「大中華圏」（greater China）の各構成要素のあいだのつながりが増したのである。

一九八九年に、七〇億ドルあった台湾の外国直接投資総額のうちのほぼ半分が中国へと向けられ、一九九一年までに台湾の投資は中国へ流れる総投資額の一一％を占めるようになった。その絶対量は一九九三年まで着実な伸びをみせ、その後やや低下した（Sung, 1997: 48）。二〇〇三年までに中国における台湾の投資は八〇〇億から一〇〇〇億ドルに及んだと推定され、これは中国のＧＮＰの一％に相当する。台湾による投資は（現在も）急上昇し続けている。台湾による中国への投資は通常、家族や民族的コネクションを基礎にしているため、日系企業がアジアに展開した生産設備よりも柔軟性や俊敏性に富んでいた（Hamilton, 1999）。韓国を本拠とする企業からの他の国々に対する追加的な通貨の流出は、アジア経済のボトムアップなつながりをさらに深化させることになった。新世紀をむかえるまでに、さまざまな部門における濃密な生産ネットワークの網の目がアジアに張り巡らされるようになった。日本・韓国・台湾の企業は、それぞれがかなり異なるタイプの脱国境的な組織をもち、製造の柔軟性の度合いもさまざまなものがあった。

これらの投資フローに刺激されるかたちで、アジア内貿易も実質的に急増し、より多次元的となってアジア内のつながりに新たな層をつけ加えることとなった。一九七〇年にはアジアの総輸出のうちの約三〇%がアジア内貿易によるものであったが、それが二〇〇一年までに四七%になった。アジア内輸入は三〇%から五三%にまで増大した（Guerrieri, 1998: 68-69; Mckinnon and Schnable, 2003: 4）。もちろんそのかなりの部分はさまざまな国々の卸売商たちのあいだで取引された既製品の貿易であったが、それよりも多くの部分を占めていたのが生産ネットワークのいたるところで特定の企業が（生産）諸要素を移動させることにより生まれた企業内貿易であった。経済によって推進された地域化はアジアの政治的境界を越えて拡がるビジネスのつながりを創出し、アジア地域のボトムアップの統合を大いに高めた。

しかしながらアジア内の経済的連携の深まりは、北東（そして南東）アジアの拡大する市場のほとんどの部分がアメリカに継続的に依存していたことで相殺されていた。発展を続けるアジア地域は経済的な自給自足をほとんどおこなっていなかった。アメリカ市場はこれらアジア内の生産過程から生み出された商品の多くにとっての最終的な目的地のままであった。時期によって多少の差異はあるものの、アメリカはアジアによる輸出の二五%から三三%をたえず吸収していた。そしてより重要なことに、二国間ベースでみると、アメリカは以前発展指向型国家であった三カ国の輸出にとって、一九九〇年代の初期まで、あるいはほとんどの場合それ以降も、第一もしくは第二に巨大な市場のままであった。

アジアにとってアメリカ合衆国の経済が重要であるという事実は、とくに一九九〇年代のはじめから中盤にかけて短期債や有価証券投資のかたちでアジアに流入するアメリカ資本の量が莫大であったという点を考えても明らかなことであった。一九九〇年以前は、有価証券資本のフローは微々たるものであったが、一九九六年までには年間三〇〇億ドルを超えるようになった。そのうち半分は韓国に向かっていた。アジア経済が急速に拡大していくなかで、この短期の「ホット・マネー」はそのかなりの量が株式市場や資産市場に流れていた。かくして、市場と資本両方の供給者として、アメリカはアジアの経済発展にとっての主たる貢献者としてとどまりつづけていたのである。

一九九七－一九九八年のアジア経済危機以前の段階では、日本・韓国・台湾を含むアジア経済は、これらの国々が発展指向型のアジェンダを追求していたときよりもずっと深く地域化されていた。これら三カ国に本拠地をおく企業の貿易と投資のパターンははるかに大きな地域的拡がりをもつようになっていた。その結果、海外で投資をおこなっていた企業は自国の政府の規制当局にあまり依存しないようになり、政府も、自国に本社を置くもののいまや地域化されグローバル化された企業と政府とのあいだに存在するアカウンタビリティを確保することが以前ほどはできなくなってきていた。同時に、ＡＰＥＣといった貿易グループもしくはＡＲＦといった安全保障組織におけるフォーマル制度による取り決めは「アジア・オンリー」であるというよりも著しく汎太平洋的であった。冷戦がやわらぐにつれて三国は安全保障上の関心よりも経済的なアカウンタビリティにより多くの注意を払うようになったが、フォーマルな制度による取り決めが三つの政府のアメリカに対するアカウンタビリティをいくばくか担保させていた。これらのパターンが変わることによるプラス面とマイナス面が一九九七年から一九九八年の危機によって如実にもたらされることになったのである。

四　経済危機と過去のモデルの衰退

一九九七年から一九九八年のあいだにアジアを襲った経済危機は、もっとも深刻にその影響を受けた国々、すなわちタイ・インドネシア・韓国において支配的であった政治経済モデルを粉砕するにいたった。台湾では、有価証券や他の資本の移動をより制限する規制を政府がかけたため、危機勃発後、資本市場からの衝撃をより効果的に和らげることができた（Chu, 1999）。この危機は、従来優先的にコミットしてきたグローバリゼーションのプロセス、つまり「オープンな地域主義」について、アジアのいたるところで根本的な見直しを生みだすことになった。同様に、韓国、日本そして台湾が半ば自動的にアメリカにたいしアカウンタビリティを担保するという考え方も再考に付されることとなった。こうした考えのかわりにやってきたのが、経済と金融に対応することを目的とした、アジアに特化した地域機構に向けての実質的な動きの数々であり、結果的にアメリカのアジェンダに対するアカウンタビリティの認識をアジアは減じさせることとなった。

危機の原因について、多くの学者や専門家が広範な検討を加えてきた。一九九七年から一九九八年の出来事に関する研究もすでにかなり蓄積されている（Haggard, 2000; Pempel, 1999）。この出来事じたいにかんしてはおおむね一致があり、特定された経済要因は数多くある。しかし、危機がもつもっと大きな意義に関しては、特にアジアのなかで激しい議論が交わされている途中である。北アメリカやヨーロッパの政策集団では、危機で起こったこととは、「アジアの伝染病」（Asian Contagion）であり、「アジアン・クローニズム」であり、「アジア型経済危機」だといわれる。西欧にとって、問題の根源は、危機の影響を受けた国々じたいにあり、アジア諸国がアメリカ式の市場経済に適応しアメリカの意味するようなより広範なグローバル経済への統合に失敗したことにそのほとんどが見いだせるのである。対照的に、同じ出来事はアメリカ、ＩＭＦ、世界銀行が追求した鈍感できわめて厳格な諸政策、つまりそれらがこぞってコミットしている「ワシントン・コンセンサス」の結果であると、アジアの政策集団の多くは考えていた。この「ワシントン・コンセンサス」という目標に対し、東アジアのメンバーの大半は支持を与えたというより、むしろこぞって挑戦した。彼らにとって、アジアに起こった危機とは「アジア型危機」ではなく、「ＩＭＦ危機」だったのである（Higgott and Breslin, 2000）。『エコノミスト』（*The Economist*）が書いているように、「国際通貨基金は東アジアにおいてたいそう不人気なので、いまやその名にちなんだ経済危機があるほどである」。

危機以前のアジア諸国の驚くべき経済成長率とアジア諸国の外国直接投資に対するオープンな姿勢の結果、多くのアジア諸国は九〇年代中盤までに債券と有価証券の両形態で大量の外国直接投資を受け入れていた。この資金の大半は、民間からのものであり、政府から拠出されたものではなかった。この事実は、国境をまたいで流れるカネが主に政府から政府へ、もしくは銀行から政府へと取引されていた、開発途上緒国における初期段階の投資パターンと著しい対照をなしていた。工場、道路、港湾、病院、学校などといった長期資本や外国援助プロジェクトが従来の投資パターンの結果生み出されるものであった。新しいカネの場合は対照的に、民間資本によってその多くが構成されるようになっている。そしてそのような資本はすばやく自律的に移動することがますます可能になっており、受け入れ先の政府や自国の政府からの政治的制約はますます小さなものとなっている。

一九九五年に、開発途上国における民間資本は投資資源全体のうち四分の三を占めていた。さらに、この新しい投資マネーの大半は短期債や有価証券投資を含む短期の「ホット・マネー」から成っていた。一九九〇年代末の純グローバル外国為替取引の八〇％の満期は七日間もしくはそれ以下であった（Wade, 1998: 3）。

一九九〇年代から、日本はそのようなホット・マネーの重要な出所のひとつであった。日本国内の金融政策の結果流入した新しいカネの大部分が目的としてきたのは、「バブル経済」時に蓄積した一兆ドルにもおよぶ不良債権から日本の銀行と金融制度を救済することであった（Asher, 1996; Asher and Smithers, 1998; Pempel, 1998）。日本政府はほとんど〇％まで公定歩合を下げ、そうすることで安価に円を借り、それをアジア各地でひたむきに拡大をつづける企業と銀行により高いレートで貸し付けるようなインセンティヴを日本の銀行に与えていた。一九九七年の中ごろまでに、日本の銀行はＡＳＥＡＮ５における主要な商業銀行の債権の三分の一以上を保有していた（タイにおいては貸し付けの五四％）。さらに、日本の銀行はそのような低いレートで貸し付けていたが、アメリカとヨーロッパの銀行は日本で円を借り、それをいわゆる「キャリー・トレード」として知られるかたちでアジアその他において貸し付けることができ、このことが対外投資のもうひとつのエンジンをつくりだすこととなった。

「ホット・マネー」と並んで重要なのが、新しい有価証券投資資本であり、それはアメリカ一国によって投下されるような資本ではなかった。ウィンターズが指摘しているように（Winters, 1999）、有価証券資本は一九八七年の段階で開発途上国へと向けられる純金融資本フロー総額のわずか二％を占めるにすぎなかったが、一九九六年までにほぼ五〇％を占めるまで上昇した。この驚くべき総額は一〇〇に満たない新興市場のファンド経営者によって握られ、彼らはアジア圏内、そして世界中で金融の中心を動かしていた。

有価証券を取り扱うものたちの大半は、その勝ち馬本能によって、成長するアジア市場で有価証券投資と短期貸し付けの量をさらに拡大させ、過去の成長（そしてそれはまったく「クローニズム」ではない）が新たなカネを安全なものとし、種を根付かせ、一様に高い見返りと拡大する株式収益率を生み出すと確信していた。結局、このカネの大半は生産過剰を生み出したが、そのほかの多くの部分はバブル的な資産市場や弱い貿易ストックへと流れていった。

アジア伝染病の重要な点は、資産バブルがはじけ貿易が鈍り通貨価値が急落すると、このカネの大半が撤退したことであった。この危機は、それが始まったとき、アジア地域内の多くの国々をまたたくまに包み込む伝染をもたらした。どれかひとつの国で最初の経済問題の気配が高まると、海外の投資家たちは隣国の経済的な土台を疑うようになった。かくして、タイにたいし投資家が信頼を失うと、（各国それぞれに）さまざまな構造的理由が挙げられるとはいえ、インドネシアにたいしても同様の懸念をもたらすようになり、ついには、マレーシアや韓国に対する認識もぐらつくようになった。

一九九七年から一九九八年に困難に直面した経済の多くは、たいていの場合アメリカドル建てで未払いの短期ローンの巨大なプールを有していた。また、多くは自国通貨をアメリカドルにペッグしていた。この戦略は、一九九〇年代のほとんどにおいて日本円に対しドルがその価値を低めていたので、これらの国々にとって有利に運んだ。日本の投資資金と発展プロジェクトのローンはアジア諸国へと流れつづける一方、（アメリカドルに）ペッグされたアジア諸国が輸出をおこなうことは、アメリカ市場のなかにおいて名目的により安く済んだ。しかしながら、ドルが価値をもちはじめてくると、地域の通貨によるローン返済がより割高となり、アジア輸出が費用のかかるものとなるにつれて、従来これらのファンドに資金を提供していた貿易収入は衰えていくこととなった。くわえて、中国政府が一九九四年に人民元を切り下げると、中国の輸出業者はアジアの他の同業者に対する有力な競争相手となった。最終的な通貨再編の必要性を見込んで、投機家たちは、タイ政府がバーツをドルにペッグしつづける能力にたいし当初、正しく賭けていた。タイ・バーツが一九九七年六月に結局崩れると、タイ政府は巨大な債権返済問題に直面することとなる。

しかしながら、多くのラテンアメリカ諸国における危機とは異なり、アジア経済の予算バランスはたいていが赤字ではなく黒字であったし、良好なGNP成長率を享受していた。アジア各国の政府は極端に無責任な浪費政策を採らなかった。苦境のほとんどは、通貨投機家、アメリカのヘッジファンドそして投資信託会社による投資が可能で即座に大量の短期の「ホット・マネー」を引き出すことができた、そのような資本統制の欠如に帰することができたのである。アジア各国が危機のなかで必要としたのは、多くの論者が同意するように、短期の流動性問題を乗り切るための貸し付けであり、またおそらく高速で移動する資本に対する長期的な統制であった。アジア諸国には、きわめて厳しいＩＭＦのコンディショナリティも政府プログラムの大幅な削減も必要なかったのである。

日本は、アジア地域における自らの優位を保ちたいと考えていただけではなく、苦境に陥ったアジア諸国で経営をおこなう日系企業を救済したいと考えていたので、一九九七年九月に香港で行われた世界銀行とＩＭＦの年次総会において、一〇〇〇億ドルのアジア通貨基金（ＡＭＦ）創設を提案した。そのうちの半分は日本によって資本化されたものであった。この提案はもっと以前、一九九六年四月八日に、大蔵官僚の榊原英資によって開かれ、元大蔵省財務官である行天豊雄の指導のもと、東京でおこなわれたアジア中央銀行非公式会談で生まれたものである。ここに招聘された人々の多くはアメリカの経済政策の方向付けに反感を抱いており、この事実は太平洋の両岸にいるプレイヤーたちにとって徐々に明らかとなっていった。アメリカが日本によるＡＭＦの提案にすぐに反対したのは驚くべきことではなかった。アメリカとＩＭＦの側からすればもっとも重要なことであったが、この基金はＩＭＦの構造からは独立していた。つまり、ＡＭＦはもっとも狭い意味での「アジア」のなかでのアジア基金であったのである。アメリカは強硬に反対した。中国も同様の姿勢を見せた。なぜなら中国は東アジアのなかで日本の影響力が増すことをまったく望まなかったからである（Amyx, 2004）。

アメリカは地域的な機構よりも、むしろもっとグローバルな機構を、そしてあまり公式的ではなく地域的に限定された組織体よりも、よく制度化されルールにのっとった機構を望んでいた。そのようなシステムのほうがアメリカにかなりの権力と影響力を与えてくれたからである。加えて、ＮＡＴＯやＥＵの経済面での前身といった地域機構に協力的であったヨーロッパの同盟者へのアプローチと異なり、アジアにおけるアメリカのつながりはほとんど二国間だけのもので、日本、韓国、タイ、フィリピンなどといった同盟国との個別の同盟と貿易交渉であった。さらに、ＩＭＦはその構造上、アメリカの強い影響下にあった。ゆえにアジア通貨基金に対する反対はそれほど驚くべきことではなかったのである。しかし、制度的なバイアスは別として、アメリカはまたアジア諸国がアメリカに反して集団的な行動をとり、自らの経済を自らでコントロールする可能性を認識していた。アメリカは莫大な経常収支赤字を抱え、米国国債の二大保有国である日本や中国といった巨大な資金を有する国に米国中期国債の買い付けを依存していた。一九九五年に日本、台湾、中国、シンガポール、タイ、マレーシア、韓国、そしてインドネシアの外国為替の貯蔵量の総額は五六六五億ドルにものぼった。かくして、アジア通貨基金の提案は、アメリカの金融専門家にとってはアメリカにたいするアジアの経済調整の不安材料だったのである。

アメリカと中国の両方に強く反対されると、ＡＭＦはすぐに撤回されることとなった。結果的に、タイ、インドネシア、韓国（そしてもっと低いレベルではフィリピン）はＩＭＦの援助を申請し自らの経済をＩＭＦのコンディショナリティと監視下におくほかなかった。ＩＭＦによって課された条件は、それまで存在していた金融面での規制と貿易保護政策の核心部分にまで達するものであった。ＩＭＦは、レッセ・フェール、つまりはネオリベラル経済学のお決まりの観点から処置を施し、主な被援助国にたいし効率的な政治経済に関する独自の見解を押し付けるために、アメリカの強力な支援に支えられて貸し付けをおこなった。とりわけ、銀行システムには規制緩和がおこなわれた。金融制度もふくめて、不況下であえぐ諸企業は倒産することが認められた。政府予算は大幅に削減された。消費者への補助金も同様であった。社会的セーフティネットといった考え方はいずれも消滅した。安定的な為替レートを保証するようにデザインされた諸政策も廃された。これらの非常に幅広い施策が経済的に正当化されようがされまいが、それら諸政策は、レッセ・フェール経済とこれらの国々の長期的な経済的成功にかつて重要であった要素の多くを解体させるという政治的目標をもつアメリカの大枠のイデオロギーとたしかに一致するものであった。数カ月で、危機の影響を受けた国々における経済的発展の成功は破壊されてしまったのである。

リストラクチャリングはとくに韓国で激しく、そこでは金大中大統領がさまざまなチェボル・グループの産業に大規模な「ビッグ・ディール」を実行し、広範な企業リストラクチャリングに取り組んだ。実際、財務副次官ラリー・サマーズがブレトン・ウッズ委員会の会議で述べたように、「ＩＭＦは、三〇年間の二国間貿易交渉よりも多くのことをやって、東アジアにおけるアメリカの貿易と投資にかんするアジェンダを促進した」（Hale に引用，1998: 25)。

経済危機は日本と台湾の両国ではそれほど厳しく感じられなかったが、両国は独自に自らの金融構造の実質的なオープン化を経験していた。特に日本は、イギリスをモデルとした「ビッグ・バン」を経験した。「ビッグ・バン」は一九九八年に施行され、「発展指向型国家」にとって中心的な存在であった、金融に対する国家統制をおこなう重要な補助部門の多くを解体した。このことと平行しておこなわれたのが、二〇〇一年に施行された一連の行政改革であり、行政改革は政府機関のほとんどの組織と規制力に変化をもたらした。

ここで重要なのは、投資と貿易を通じた初期の地域化が、それまで発展指向型国家をまとめあげ政府と主要な金融・経済関係の構成員とのあいだに存在した相互アカウンタビリティへの認識を補強していた国内のつながりを緩め始めたということである。一九九七年から一九九八年の危機までつづいたグローバル金融とアメリカとの密接なつながりは、アメリカの政策目的に対する政府のアカウンタビリティという考え方を強化した。しかし危機のあとには、アジアのもつ深い不満が、そのような密接な依存のもつ便益への実質的な見直しをもたらすこととなり、アジアの地域化とアジアの金融上のつながりの再検討が持ち上がることとなった。概して、アジア地域の国々は互いにつながりを強くする方向へと動きながら、ＩＭＦやアメリカによる金融面での監督と自らとのあいだに緩衝材をつくりあげようとしていた。その結果として、それまで高いレベルを示していた発展指向型国家によるアメリカへのアカウンタビリティが減じられることとなったのである。

五　アジアの制度を見直す

発展指向型国家の古いモデルは、日本、台湾、韓国において一九八〇年代の中盤から末までに崩れはじめた。三カ国はすべて、従来の重商主義的な国家経済から劇的なかたちで離れていったのである。くわえて、日本の金融は先に述べたような「ビッグ・バン」を経験した。「ビッグ・バン」は金融面で「発展指向型国家モデル」のもつさまざまな要素を絶ち、外国直接投資に関する諸条件を自由化した。さらには、与党であったＬＤＰが一九九四年に断片化したことは、日本の選挙政治、政党政治を二か二分の一政党制とでもいえるようなものへ変え、そこでは、野党である民主党（ＤＰＪ）がオルタナティヴな政府として考えられるようになった。台湾と韓国は一九八〇年代の末に選挙面での民主化を体験し、うまくいきそうで健全だがときおり暴力的な二党制もしくは多党制を生み出すこととなった。そして、これら三つの体制では、国内の政治的開放と増大する地域的な経済連携が組み合わさることで従来の政府のアカウンタビリティの考え方を変容させることになるのである。

とくに、一九九七年から一九九八年にかけての経済危機は、ポスト発展指向型の日本・韓国・台湾が地域経済・グローバル経済の諸問題にいかに対処していくのかについて、きわめて新しい考え方をもたらすきっかけを与えた。一九九〇年代のあいだ、これら三カ国は地域的パターンを重視しながら、ほとんど国家的事象として経済に着目する当初の見方から離れていっているかのように思える。地域の生産ネットワークや増大したアジア内投資・貿易はある程度新しいものではあったが、それでも三カ国はＩＭＦとＷＴＯがつくったグローバルな金融・貿易のアーキテクチャに依存しつづけるばかりではなく、アメリカ市場への輸出をつづけた。オープンな地域主義にむけての従来の方向付けは、アメリカの外交政策目標に対するアカウンタビリティが付随するわけであるが、一九九七年から一九九八年にかけての危機の勃発を前に疑義を呈せられるようになった。

先に述べたように、日本は危機のあいだ、閉鎖的なアジア地域の通貨基金をはじめようとし、短期のアジアの通貨ニーズに対処するためにアジア資本を用いようとした。これは、アメリカと中国の反対で失敗した。しかし、危機を前にして、より閉鎖的なアジア地域主義に向けての、そしてその結果としてアメリカよりも地域へのアカウンタビリティの考え方に向けて、少なくとも二つの重要な動きがなされるようになった。一つ目は、多くの金融制度が設立され、そのメンバーがアジア諸国のみであった点である。二つ目は、一つ目よりもすこし複雑だが、日本と韓国がアジア諸国とのみとまではいえないまでもアジア諸国を重視するかたちで二国間貿易協定の交渉へと踏み出したことである。中国は、地域もしくはグローバルな組織へ台湾が参加することに反対していたために、台湾政府は日本や韓国のあとに続いていくことに非常な努力を要することがわかっていた。この二つの動きの結果、三カ国のアメリカ市場やアメリカの強い影響下にあるグローバル金融機構に対する極めて大きな依存は減じられつつある。

これら両方を結びつけることで、アジア諸国はアメリカや西欧の資本主義のビジョンと、完全な金融自由化、自由貿易、消費者購買力、供給者と生産者のあいだの長期的な関係を切り離すスポット取引的な価格市場の取り決め、といったアメリカのネオリベラル・アジェンダに根拠を置く「グローバリゼーション」を遠ざけ否定するようにつとめた。そして大半の場合、アジアのあちこちで抑制のない外国直接投資、とくに短期の有価証券投資の形態でのそれに対する抵抗感が高まっていた。

一九九七年から一九九八年の危機が疑いなく示したのは、既存の地域組織がその目標とアジェンダにかんし内部で著しい不一致を抱えていて、アジアの指導者たちを満足させるようなやり方で地域内部あるいは地域にかかわる経済問題に対処するのに必要な政治ツールをまったく欠いていたということであった。このことは、ＡＰＥＣやＡＳＥＡＮには経済危機を防ぐ能力、もしくは経済危機によってダメージを受けた国々を救済する能力がないことを明らかにしていた。同様に、ＩＭＦを中心とするグローバルな金融アーキテクチャは、アジアの多くの人々にとって、それが「問題」よりも粗悪な「解決策」を課したことを証明したように思えた。

一九九七年から一九九八年の経験に鑑みて、多くのアジアの指導者たちがより慎重にグローバルな金融アーキテクチャの検討をはじめ、またべつの経済危機がおこったときに特定のニーズを満たしてくれる地理的にもっと狭い諸機構をつくりだすことのアドバンテージを見直したことは驚くべきことではない。この文脈のなかで、アジア地域の集団的な経済目標は貿易や投資から通貨フローや金融政策へとシフトしていった。

現代のグローバル制度は最近のアジアの相対的な経済的重要性の高まりを最小限にしか反映しておらず、既存の国際経済制度は東アジアにその経済的進歩に見合った役割を与え損なっていた。アメリカとEUはIMFやIBRDだけでなく、GATTやWTOを牛耳っていた。対照的に、アジアの大国も小国も、純粋に過小代表されていた。日本は、アメリカ経済やヨーロッパ経済の二分の一程度の経済であったが、特別引き出し権（SDR）の割り当てはアメリカの三分の一、ヨーロッパの二〇％であった。中国は購買力の点でいまや世界で二番目に大きな経済であり、市場交換率では七番目に大きいにもかかわらず、割り当てのラインナップでは、一一番目にランク付けされているに過ぎない。韓国の割り当てはとても小さいもので一九九八年から一九九九年における救済パッケージは、引き出し権に関する同国の割り当ての一九〇〇％にならざるを得なかった。

くわえて、アジアの注目が集まったのは、アジア地域のすべての国々が同程度に通貨の大暴落を被ったわけではないという事実にたいしてであった。台湾、シンガポール、中国はみな大規模な外貨準備を有していた。台湾と中国は経済危機で困難をきたした経済よりも通貨の兌換性の点ではるかに厳しい制約を課していた。重要なことに、これら三国はすべて、相対に損害のない経済危機から身を起こした。そしてのちにこれらすべての国々にとって明らかとなったのは、アジア全体の外貨準備は、それらが一挙に利用可能であったならば、IMFに依存する必要を取り除くほどに十分なほど保有されていたということであった。

制度面では、危機後、すくなくとも四つの重要な地域的発展がおこった。これらはすべて内向きのアジア地域主義に寄与した。まず一つ目は、二〇〇〇年までに、APECがほとんど抜け殻ともいえるほどまでに形骸化したことである。APECはもはや太平洋を貫く重要な経済アジェンダを推し進めるための制度的能力を有してはいなかった。この有名無実化は言い換えれば、ＡＰＥＣのメンバーがみな組織の能力に関する信頼を喪失してしまったことの結果であった。アメリカの指導者たちは、ＡＰＥＣをいわゆる「グローバルな脅威」との戦いにおけるフォーラムとして利用しようとした。しかし、組織の経済力は一九九〇年代中盤のシアトル、大阪、もしくはボゴールでの会談から低下していた。環太平洋経済地域主義は、この地域に対するアメリカの影響力と同様に、強力なショックに苦しんだといえる。

第二に、日本はアジア地域にたいする指導的な投資家になりうる国として再びたち現れた。日本は、大蔵大臣の名前にちなんだ三〇〇億ドルの「宮澤イニシアティヴ」のかたちで、以前公にして不首尾に終わったＡＭＦプランの修正版を発展させた。このプランのもとで、日本は市場価格以下でほとんど無条件でローンを提示した。宮澤イニシアティヴの第二段階は円を準備通貨としてもっと多く用いるよう促進することであった。二〇〇億ドルの基金がアジア太平洋の諸政府によって発行された円表示の債券を保障するためにつくりだされた。この基金は、一九九九年一〇月に日本輸出入銀行と海外経済協力銀行の合併により新しく設立された日本国際協力銀行によって管理された。さらに、緊急支援機関として、アジア通貨危機支援資金とよばれる機関が三七億円の資本でアジア開発銀行につくられた。これらの施策は通貨にかかわる問題と金融にかんし日本の威信を高めるものであった。それらが与えているように思えるのは、困難な状況に陥った東南アジアの諸政府が、長らくＩＭＦに求めてかなわなかったような援助であった。

第三に、一九九九年一一月にマニラでアセアン＋３（ＡＰＴ、10のＡＳＥＡＮ加盟国と中国、日本、韓国）プロセスが始まった。ごく初期の定式化とは異なり、ＡＰＴは当初から中国と日本の熱心な支持を受けた。ほとんどインフォーマルなものにとどまってはいたものの、ＡＰＴプロセスは二〇〇〇年にチェンマイで通貨スワップににしようとするものであった。

第四に、アジアの主要国がアジアの債券市場を発展させる方向に動き出したということである。二〇〇五年六月二日に東アジア・太平洋中央銀行（ＥＭＥＡＰ）役員会議は一〇億ドルのアジア債券基金の創設を発表し、七月六日におこなわれたＡＳＥＭの財務相会議では、アジアの地域通貨の債券市場を発展させるためにとられるべき必要な措置について宣言がなされた。アジア債券基金（ＡＢＦ）は総額で一兆アメリカドルにも及ぶアメリカ国債証券の保有を昔からおこないそれにかなりの投資をしてきたアジア諸国の中央銀行にとってオルタナティヴとなる投資チャネルを与えている。ＡＢＦの発展は、諸地域通貨で優位を占める債券の発行を含んでおり、アジア地域内での投資と貯蓄のフローを促進し、地域の金融上の発展と統合を高めるだろう。

活発なアジア債券市場を設立するという考え方の核にあるのは、ニューヨークやロンドンを通じてカネが流れるような、現行の資本の「逆フロー」に対する懸念である。アジア諸国は、一般的に過度の貯蓄を有しているので、この地域の制度的投資家たちはふつう自らの資産をアメリカ財務相やアメリカドルが支配した利益へと投資する。もし、アジアの借り手が地域の諸通貨で借りることができれば、逆フローにともなう交換や流動性のリスクは避けられうる。アジア債券の発想は、銀行システムを迂回してローカルな投資家からローカルな産業へと直接的に基金が流れるようなチャネルをつくりだすことにあるのである。現在の段階で、ＡＢＦはかなり小さく、民間資本に対するアジアのニーズ以下のものである。しかし、それがアメリカやＩＭＦの影響力から相対に独立した、新しく明白にアジアの市場を形成しているという点では、ＡＢＦはアメリカに対するアジアの金融上の依存という初期の段階のパターンからの逸脱を示しており、政府の「アカウンタビリティ」の新たな概念化を示唆しているといえる。

要するに、東アジアの国々は企業による投資、貿易、生産ネットワークをもっぱら基礎としていた初期の地域的なつながりよりも、東アジアの諸政府に明らかなアカウンタビリティを示し、フォーマルに制度化されるような諸制度に向けて動いたのである。くわえて、これらの新たな諸制度はＡＰＥＣよりもそのメンバーシップは狭いものであり、貿易や投資よりも通貨フローに焦点を合わせたようなものであった。また、ＩＭＦによって課されたような貸し付けに関するコンディショナリティからアジア経済を保護しようと努めたものであったといえる。

多くのアジアのエリートや統治者にとって、経済上の安全保障は少なくとも国境の安全保障と同じくらい問題を孕むようになってきており、彼らの一様な反応は、外側からのありうべき敵対勢力に対抗してアジア内で一致団結するということを意味していた。皮肉なことにＡＰＴは、やがて創設された「オープンな地域の」組織体であるＡＰＥＣに対する「閉鎖的な地域の」オルタナティヴとしてマハティール首相によって提起されたが、以前拒絶されてしまった東アジア経済コーカス（ＥＡＥＣ）の、ちがったかたちでの再現を意味している。

アジア地域主義が閉鎖的であまり汎太平洋的でないとする最後の例は、アジア諸国の限定された国々で構成されたさまざまな自由貿易協定の出現に見出すことができる。二国間ＦＴＡは一九九〇年代に多くの国々のあいだでその数が増大した。かつて発展指向型国家であった三カ国は例外であった。二〇〇二年一〇月一日の時点で、世界のトップ三〇の経済のうち、五カ国、つまり日本、中国、韓国、台湾そして香港だけがＦＴＡのメンバーとなっていなかった（Pempel and Urata, 2005）。それ以来、日本の二国間協定はタイやフィリピンとのあいだだけでなく（メキシコとのあいだだけでもなく）、シンガポールとのあいだでも交渉が始まるようになったのである。韓国はシンガポールと協定を結んでいる。同様の協定は韓国と日本のあいだで提案されている（そして韓国－アメリカ間協定に関する交渉も進行中である〔訳者注：二〇〇七年四月三日に締結〕）。台湾は主要な貿易パートナーに対しいくつか提案をおこなってきたが（Bureau of Foreign Trade, Taiwan, 2005）、合意に至る政治的な可能性は低い。さらに、中国やＡＳＥＡＮを含むより大枠の協定に関する本格的な提案もなされており、日本とＡＳＥＡＮのあいだにもその可能性が示唆されている。

アジア地域は経済上内向きに転換した、という見方を誇張すべきではない。それに、アメリカの影響力、そしてそれに必然的にともなうアジアの諸政府によるアメリカの要求に対する敏感さがなくなるという期待を過剰に抱くべきではない。ＡＴＰは、それがアジアに焦点を合わせているとはいえ、金融上のコミットメントは相対に小さなものであり、組織の原則はＩＭＦの条件とほとんどが一致したままである。さらに二〇〇二年のはじめに中国と台湾が世界貿易機構（ＷＴＯ）へ接近したことは、アジアの主要な輸出国のほとんどすべてが非アジア市場にまぎれもなく依存していることとあいまって、地域的な孤立化は唯一の長期的戦略でも、実行可能な長期的戦略でもないということを明らかにしたはずである。経済上の実行可能性という点において、アジア諸国の大半にとりある種の「オープンな地域主義」以外に選択肢がないことは明らかであろうし、そうすることでアメリカにプライオリティをおくことに敏感でありつづけた。同時に、「オープンな」地域主義と「閉鎖的な」地域主義のあいだのバランスは、将来直面する諸問題の多くに重要な解決策を与えるために、アジアの政治指導者たちが西洋よりもお互いをひとまとまりとしてみる多くの見方を含む方向に明確にシフトしてきたのである。

海外での生産の拡大は、かつて強く閉ざされていた国内市場が外国製品にたいする浸透力を増していくことと組み合わさった。また外国直接投資は従来発展指向型国家であった三カ国の国内経済をつくりかえはじめた。その結果、国内のビジネス界の政府に対する「アカウンタビリティ」、政府のビジネス界に対する「アカウンタビリティ」は両方とも実質的に変容していった。今日、「日系」「韓国系」「台湾系」として知られる企業の多くは地域的な（あるいはグローバルとさえいえる）生産センターとなっており、それらの経済活動全体と産出量のうちのかなりの部分は海外で生み出されている。

六　対照的な安全保障

日本・韓国・台湾はみな貿易や投資そして新たな地域機構を通じてアジアにより深く関与していくようになったといえるが、安全保障上の諸関係は同様のパターンを容易にたどってはいない。前節で述べたように、日本・台湾・韓国はすべて経済・金融の面でより密接な地域的つながりを強める方向へと向かっている。その結果、これら三カ国の政府は国内の財界やビジネス界に対するアカウンタビリティをそれほど中心的に据えるようにならなくなっただけではなく、アメリカやアメリカが多大な影響力を及ぼすグローバルな金融・貿易アーキテクチャによる決定にあまり依存しなくなった。しかし、皮肉なことに、伝統的な安全保障上の関係は、これら新たな経済的つながりのあとに続くものではまったくなかった。

むしろ、三国はそれぞれ違う方向に向かうこととなった。この問題について詳しく検討する時間も紙幅もないが、最近の動きの手短な要約が示すのは、かつて三つの発展指向型国家にとって中心的なものであったアメリカとの安全保障上のつながりは、それぞれまったく異なる方向に変化しているということである。一方の極端な例は日本である。安全保障上の問題について、日本はアメリカと密接であり日本は戦後の大部分において国内の政治勢力によって安全保障と防衛でまったく目立たない態度をとりつづけるよう制約をかけられていた。しかし、とくに二〇〇〇年以降、日本は過去の制約を打ち破るために積極的に動き、アフガニスタンやイラクでのアメリカの軍事行動を支援するために自衛隊を派遣した。また、アメリカが推進するミサイル防衛システムに調印し、二〇〇四年一二月には中国と北朝鮮を日本に対する潜在的な軍事的脅威として特定した新たな防衛大綱を発行し、さまざまな点で安全保障政策の焦点を変更し、そのすべてはアメリカに急接近するようなものであった。日本はまた、とくに中国・韓国の両国との関係においてよりナショナリスティックになり、六カ国協議においてはブッシュ政権の密接で積極的な支持者となっている。

むしろ対照的に、韓国とアメリカの関係はかなりぎくしゃくしている。国内の政治的対立をほぼ反映するかたちで、最近の金大中と盧武鉉の二つの政権は、北朝鮮との関係を改善するための一連の政策を追求しているが、これは北朝鮮の「体制転換」にコミットしているブッシュ政権としては非常に遺憾なことである。二〇〇一年三月の金大統領の公式訪問を含む何度かの折に、ブッシュは韓国に対し明らかに侮辱的な態度をとった。非武装地域から米軍を撤退させることのみならず、イラクに展開するために韓国から何千人かの米軍を移動させることに関しても、両政府のあいだにかなりの軋轢をもたらした。そしてもっとも最近では、盧武鉉大統領は、自国と中国との密接なつながりを考慮し、韓国が将来、北東アジアにおいて「バランサー」の役割を担うよう努めることを宣言した。これは、韓国がかつて疑いもなく演じていた忠実な同盟者としての役割とはまったく異なるものであった。

台湾はまったく独特の事例である。熱心ではあるが報われない恋人のそれのようである。中国からの絶え間ない圧力のためにほとんどすべての地域機構から公式には孤立しているので、台湾は武器販売と安全保障にかんしアメリカに深く依存しつづけている。いまや例外的なほど密接な貿易関係が存在していたにもかかわらず、中国と台湾のあいだの緊張は徐々に強いものとなっていった。韓国と同様に、台湾はいまや国内が汎ブルーと汎グリーンの二つの陣営とに政治的に分断されていた。汎グリーンの党首（かつ大統領でもある）陳水扁は、より自律的で独立した台湾をほのめかす宣言をさまざまにおこなってきたので、中国に激しく非難されていた。しかし皮肉なことに、アメリカが「テロとの戦い」と六カ国協議に専念するようになったので、アメリカの中国への依存は高まっている。そして、このことは、二〇〇三年の中国の温家宝首相が訪問したときのように、しばしばアメリカが陳大統領を公式に叱咤するという結果をもたらすことになった。

そして皮肉なことに、中国と台湾のあいだの政治的緊張は高まりつづけているが、経済的つながりに関しても同様であった。台湾は台湾沖に配備された中国のミサイルに脅かされていると感じているけれども、汎グリーンの政府はゆっくりとではあるが明らかに台湾の軍事予算と軍の規模を減らしている。つまり多くの面で、国民党の支持基盤と国民党の「アカウンタビリティ」の主要なターゲットとなるような重要な要素を切り取っている。

ゆえに、徐々に明らかになっているのは、三国の経済と安全保障の問題は、これらの国々が発展指向型国家であったときにはないやり方で、切り離されているということである。三カ国はみな経済的にアジア地域と密接になってきてはいるが、アメリカとの安全保障上のつながりはきわめて個別化されてきており、共通のパターンはまったくみられない。

七　結論

本稿が示そうと試みてきたのは、日本、韓国そして台湾が世界そして地域で変容する経済状況に近年どのように対応してきたのか、ということであった。発展指向型国家の全盛期に、これら三カ国において政府と経済リーダーは密接な協力関係にあった。国内経済では、外国製品や外国投資が浸透することを大いに制限していた。三カ国とアメリカとのあいだの経済と安全保障の密接なつながりはこれら三カ国の政府がアメリカの指導者たちに従属的であり、応答的であることを意味していた。

この状況は変化した。通貨価値の上昇は、特に一九八〇年代の末ごろからこれら三カ国すべてからの投資資本の多大な流出をもたらし、国内の政治経済エリートのあいだの自動的かつ密接なつながりを大幅に減らすことになった。しかし、アメリカとの密接な経済的つながりは、アジアの大規模な経済危機によって、アジアのいたるところで強力で閉鎖的な地域機構の潜在的な価値が見直されるようになる一九九〇年代の末まで維持された。これらは試験的にではあるが、現在機能している。しかし、安全保障上のつながりは経済のあとにつづくものではなかった。アジアは概して安全保障上の問題よりも経済面での包括的な統合をはるかに強く保持している。そして、とくに北東アジアにおいて、歴史的なコンフリクトと深く埋め込まれたナショナリズムの残滓は、これら三つの政府がより密接な地域安全保障のつながりをもつことを阻んできたのである。

〔参考文献〕

Amyx, Jennifer（2004）"Japan and the Evolution of Regional Financial Arrangements in East Asia," in Krauss and Pempel（2004）.

Asher, David（1996）"Economic Myths Explained: What Became of the 'Japanese Miracle'," *Orbis*（Spring）: 1-21.

Asher, David and Andrew Smithers（1998）*Japan's Key Challenges for the 21st Century: Debt, Deflation, Default, Demography, and Deregulation,* Washington, D.C.: SAIS Policy Forum Series.

Bernard, Mitchell（1994）"Post-Fordism, Transnational Production, and the Changing Global Political Economy," in Richard Stubbs and Geoffrey R.D. Underhill（eds.）, *Political Economy and the Changing Global Order,* London: MacMillan, pp. 216-229.

Bureau of Foreign Trade, Ministry of Economic Affairs, Republic of China（Taiwan）（2005）*Turning Friendship into Partnership — A Proposed Free Trade Agreement between Taiwan and the United States,* Taipei: Taiwan.

Cheng, Tun-jen（1980）"Democratizing the Quasi-Leninist Regime in Taiwan," *World Politics* 41, 4（July）: 10-16.

Chu Yun-han（1999）"Surviving the East Asian Financial Storm: The Political Foundation of Taiwan's Economic Resilience," in Pempel, 1999: 184-202.

Cumings, Bruce（1984）"The Origins and Development of the Northeast Asian Political Economy," *International Organization* 38, 1:1-40.

Doner, Richard（1991）*Driving a Bargain: Automotive Industrialization and Japanese Firms in Southeast Asia,* Berkeley: University of California Press.

Evans, Peter（1995）*Embedded Autonomy: State and Industrial Transformation,* New Jersey: Princeton University Press.

Evans, Peter B., Harold K. Jacobson and Robert D. Putnam（eds.）（1993）*Double-Edged Diplomacy: International Bargaining and Domestic Politics,* Berkeley: University of California Press.

Evans, Peter（1992）"The State as Problem and Solution: Predation, Embedded Autonomy, and Structural Change," in Stephan Haggard and Robert R. Kaufman（eds.）, *The Politics of Economic Adjustment,* Princeton: Princeton University Press.

Fearon, James D. (1999) "Electoral Accountability and the Control of Politician: Selecting Good Types versus Sanctioning Poor Performance," in Przeworski et.al.

Guirrieri, Paolo (1998) "Trade Patterns and Regimes in Asia and the Pacific," in Vinod K. Aggarwal and Charles E. Morrison (eds.), *Asia-Pacific Crossroads: Regime Creation and the Future* of APEC, New York: St. Martin's: pp. 65-86.

Haggard, Stephan (2000) *The Political Economy of the Asian Financial Crisis,* Washington, D.C.: Institute for International Economics.

Hale, David D. (1998) "Dodging the Bullet — This Time," *Brookings Review* (Summer): 22-25.

Hamilton, Gary G. (1999) "What Alan Greenspan Doesn't Know about Asia," in T.J. Pempel (ed.), The *Politics of the Asian Economic Crisis,* Ithaca: Cornell University Press.

Hatch, Walter (2000) *Rearguard Regionalism: Protecting Core Networks in Japan's Political Economy.* Unpublished Ph.D. dissertation, University of Washington.

Hatch, Walter and Kozo Yamamura (1996) *Asia in Japan's Embrace: Building a Regional Production Alliance,* Cambridge: Cambridge University Press.

Higgott, Richard A. and Shaun Breslin (2000) "Studying Region: Learning from the Old, Constructing the New," *New Political Economy* 3: 1 (November): 333-352.

Huth, Paul and Todd Allee (2003) *The Democratic Peace and Territorial Conflicts in the Twentieth Century,* New York: Cambridge University Press.

Ito, Takatoshi (2003) "New Ideas Needed to Foster Asian Bond Market" Japanese Institute of Global Communications, GLOCOM at http://www.glocom.org/opinions/essays/20030717_ito_new/

Johnson, Chalmers (1982) *MITI and the Japanese Miracle,* Stanford: Stanford University Press.

Keliher, Macabe and Craig Meer (2003) "Taiwan and China: Too Close for Comfort?" *Asia Times Online,* October 24. at http://www.atimes.com/atimes/China/EJ24Ad01.html

Krauss, Ellis S. and T. J. Pempel (eds.) (2004) *Beyond Bilateralism: US-Japan Relations in the New Asia Pacific,* Stanford,

Stanford University Press.

Lincoln, Edward (1999) *Troubled Times: US-Japan Trade Relations in the 1990s*, Washington, D.C.: Brookings Institution.

Mack, Andrew and Pauline Kerr (1995) "The Evolving Security Discourse in the Asia-Pacific," *The Washington Quarterly* 18, 1: 123-140.

McKinnon, Ronald and Gunther Schnable (2003) "Synchronized Business Cycles in East Asia and Fluctuations in the Yen/Dollar Exchange Rate." Available at http://www.stanford.edu/~mckinnon/papers/BusinessCycles_EastAsia.pdf.

Naughton, Barry (ed.) (1997a) *The China Circle: Economics and Technology in the PRC, Taiwan, and Hong Kong*, Washington: The Brookings Institution.

_______ (1997b) "Economic Policy Reform in the PRC and Taiwan," in Naughton, *The China Circle: Economics and Technology in the PRC, Taiwan, and Hong Kong*, Washington: The Brookings Institution.

O'Connor, James (1973) *The Fiscal Crisis of the State*, New York: St. Martin's.

Pempel, T. J. (1990) *Uncommon Democracies: The One-Party Dominant Regimes*, Ithaca: Cornell University Press.

_______ (1997a) "Regime Shift: Japanese Politics in a Changing World Economy," *Journal of Japanese Studies* (Summer,): 333-361.

_______ (1997b) "Transpacific Torii: Japan and the Emerging Asian Regionalism," in Peter J. Katzenstein and Takashi Shiraishi (eds.), *Network Power: Japan and Asia*, Ithaca: Cornell University Press.

_______ (1998) *Regime Shift: Comparative Dynamics of the Japanese Political Economy*, Ithaca: Cornell University Press.

_______ (1999) (ed.) *The Politics of the Asian Economic Crisis*, Ithaca: Cornell University Press.

Pempel, T. J. and Urata (2005) "Japan: A New Move Toward Bilateral Trade Agreements," in Vinod Aggarwal (ed.), *Bilateral Trade Arrangements in the Asia-Pacific: Origins, Evolution, and Implications*, London: Routledge.

Przeworski, Adam, Susan Stokes and Bernard Manin, eds. (1999) *Democracy, Accountability, and Representation*, Cambridge, Cambridge University Press.

Putnam, Robert D. (1988), "Diplomacy and Domestic Politics: The Logic of Two-Level Games," *International Organization* 42, 4

(Autumn).

Pyle, Kenneth (ed.) (1987) *The Trade Crisis: How Will Japan Respond?,* Seattle: Society for Japanese Studies.

Sung, Yun-wing (1997) "Hong Kong and the Economic Integration of the China Circle" in *The China Circle: Economics and Technology in the PRC, Taiwan, and Hong Kong,* ed. Barry Naughton, Washington, D.C., Brookings Institution, pp. 41-80.

Tsebelis, George (1990) *Nested Games: Rational Choice in Comparative Politics,* Berkeley and Los Angeles, University of California Press.

Wade, Robert (1998) "The Asian Crisis and the Global Economy: Causes, Consequences, and Cure," *Current History* (October) : 1-15.

Winters, Jeffrey A. (1999) "The Determinants of Financial Crisis in Asia," in Pempel, 1999.

Woo-Cumings, Meredith (1999) *The Developmental State,* Ithaca: Cornell University Press.

第四章　後期近代国家と民主主義的アカウンタビリティ
――正統性の危機と戦争責任の問題

千葉　眞

一　序――アカウンタビリティの概念

今日、アカウンタビリティの概念は、実際の民主政治においても、また政治理論においても、重要性を増し加えてきている。というのも、いわゆる「民主主義の欠損」の問題は、民主主義の長い歴史を有する世界各国の市民によって鋭く感得され指摘されている現実がみられるからである。同時に、近年、アカウンタビリティの概念について使用頻度の急速の高まりがみられるが、その背景には一般民衆が、民主主義の視点から政治の明晰性と責任性を以前よりも強く要請するようになった経緯がある。こうしたアカウンタビリティの要求の高まりが示唆しているのは、支配権力の行使と運用に対する一定の透明性と責任性への要求であるが、これは当然のことながら民主政治が本性上要請してくる当のものであると言うこともできよう。これを逆方向から言い換えるならば、近年のアカウンタビリティの要求の動きの背後に見られるものは、支配権力を保持する人々および諸組織、すなわち、自分たちの代表者として共通善および公共的利益を追求する立場にあると見なされている一連の行為主体に対して、一般民衆が漠然と感じている透明性の欠如、腐敗の増加、距離感の拡大といった問題である。これらの問題や関心は、「先進的な民主主義諸国」と呼ばれている国々の市民たちによって共通に保持されているといえよう。これらの国々の一般民衆は、すでに数十年にわたって観察されてきた政治主体としての自分たちと権力諸機構とのあいだの漸増していく乖離について憂慮を表現してきたのである。しかし、リチャード・マルガンが指摘したように、アカウンタビリティへの要請は、こうした長年の歴史を有する「先進的な民主主義諸国」に限定されているわけではない。数多くの途上国においても、民衆はアカウンタビリティを欠如した政府権力、多国籍企業権力、伝統的な権威主義的諸機構の権力の問題を批判的に提起し始めたのである(1)。

たしかに世界各地における近年のアカウンタビリティへの期待の高まりは、公共的信頼の失墜、教育の普及、伝達手段の改善といったいくつかの傾向や事実に照らして部分的には説明可能であろう。けれども、いわゆる「先進諸国」におけるアカウンタビリティの重要性が広く認識されるようになった最大の理由の一つは、おそらく現今の「巨大国家」(the megastate)——つまり、「経済政体」(Economic Polity)——の下でのとどまることをしらない腐敗の増大にあるといえるのではなかろうか。

すでに日本の戦後政治において、政治的腐敗の問題は四〇年も前から中枢的な問題として受け止められてきた。一九七〇年代初めまでに戦後日本は、奇跡的な経済復興を成し遂げたのであるが、その後、政治的腐敗と疑惑の出来事や事件——ロッキード事件、リクルート事件、一連のゼネコン疑惑など——が続出するようになった。さらにまた一九九〇年代半ば以降、バブル経済が破綻した後に、日本の「経済政体」は厳しい批判に曝されるようになる。当時、公共事業における投資の増大こそ、経済を刺激し活性化する最高の施策であるとする、長年、国策として受容されてきた信条と基本政策を基礎に、日本政府も地方自治体もこぞって、莫大な公共資金を借金（国債）でまかない、各種の道路港湾工事・土木建設工事を基軸とする大規模な公共投資と公共事業を推進していた。その結果、政府と各地方自治体が抱え込んだ負債総額は、国民総生産（ＧＤＰ）総額を超えるまでになっていった。こうした公的セクター（政府と地方自治体）の金融危機に直面して政府は、各種の行政改革に着手するようになるが、憂慮する各種市民団体や市民層は、政府にこれら一連の行動と政策遂行とその帰結について、当然のことながら、国民への説明責任を要求するようになった。この時点で政府の行政改革は新自由主義的な政策に大きく転換していくことになるのだが、その方向性は、公的セクターの役割に関する再定義と再吟味、規制緩和とそれに随伴する公的セクターから民間企業体への抜本的な権限移譲によって特徴づけられていた。同時に行政改革の一環として、脱中央集権化の要請がなされるようになった。その結果として、一九九五年の地方分権推進法の成立、一九九九年の地方分権関連法の成立を見ることになったが、これらの法制上の転換により、中央政府と地方自治体との伝統的関係は大きく変容し、地方自治体の自立性と権限強化に繋がっていった[2]。しかし、このことは中央政府の政策によって推進された各地方自治体の国債買いとりによる借金を元手にした公共事業の展開のつけは、各地方自治体が独自に返済する義務を負うことになるという意味合いを帯びていたわけであり、その後、北海道の夕張市に典型的にみられるように、地方都市や町の自壊が全国各地でみられるようになっていった。ここで批判的に吟味されるべきは、政府の説明責任の履行における不十分性の問題、さらには結果責任を自ら果たすことなく負の帰結をことごとく未来世代と地方自治体に押しつけてきた問題である。

戦争責任問題に関連する一連の問題群は、政府による結果責任およびアカウンタビリティの引責が十分に履行されず、政府それ自体が「無責任の組織」と化してしまったことのもう一つの深刻な事例である。この戦争責任問題は、まさに戦後日本の政府の側に一貫してみられた問題性、すなわち、十五年戦争において帝国日本の侵略を受け多大な人的犠牲と損失を被った被侵略諸国の諸国民に対する透明性、応答性、アカウンタビリティの欠如を物語る深刻かつ典型的な問題そのものであった。アカウンタビリティは、通常の政治学の言説では、専ら一国の政府とその国の市民との関係という文脈で議論されてきたわけであり、戦争責任問題のように、国家間の主題として取り上げられてきたわけではない。しかしながら、後に論じるように、アカウンタビリティの政治の概念をより広汎かつ包括的に再定義することによって、戦争責任のような国家間問題と取り組むことが可能となるであろうし、同時にまた戦争責任問題にも新たな角度から光を当てることが可能となろう。いずれにしても、本章においては、戦後日本の戦争責任の問題を、アカウンタビリティの政治が欠落した典型的かつ顕著な事例として位置づけることによって、この問題解明のための光を当ててみたいと考える。

広く知られているように、アカウンタビリティの概念は、会計学や財政学、会計監査や簿記の分野において使用されてきた経緯がある。しかし、一九八〇年代以降、アカウンタビリティの概念は、一般的監査、説明責任、応答責任、誤謬・過誤の修正という意味合いで、他の諸分野においても使用されるようになった。例えば、民主主義的政治理論は、アカウンタビリティの概念を、政治過程における政府と市民との関係性という文脈で使用し始めたのである。この民主主義的政治理論の文脈においては、アカウンタビリティの核心的意味は、後に取り上げるように、ジョン・ロックのいわゆる人民の「信託的権力」（fiduciary power）の概念に照らして理解することが可能である。[3] こうした民主主義的政治理論の文脈では、アカウンタビリティの概念は、透明性、委任され委託された権力や権限の行使に関する監査や吟味を意味すると同時に、こうした信託が裏切られた場合には有効な是正措置を講ずることなどを含意するようになる。本章の目的に鑑みていえば、アカウンタビリティの概念について、リチャード・マルガンによって提起された以下のような広汎かつ政治的な定義は、当面、出発点としては適切なものであるといえよう。

「こうしてアカウンタビリティの十全かつ核心的意味は、その調査者が行為主体の行動を調査し監査する際に、情報と説明を求める権限、是正措置や救済措置を講ずる権限を含むのである。逆にまた、説明責任の当事者、すなわち、行為主体にとって、アカウンタビリティとは、調査者に対して情報を伝達し説明する義務を含意し、さらにまた救済措置および是正措置を講ずることを受容する義務を含意する。このアカウンタビリティの過程においてその内容上の核心があるとすれば、それは調査者による調査と監査の優先権であり、さらにそれに対応する行為主体による情報伝達と説明の義務である。しかしながら、十全なアカウンタビリティの場合、それらに加えて救済措置や是正措置を講ずることも要求されるのである[4]」。

こうしたアカウンタビリティの保持する民主主義的意義については多言を要しないが、さまざまな説明が可能であろう。事実、アカウンタビリティの概念のもつ審議的民主主義（deliberative democracy）との親和性は、明らかであろう。政府が自らの権力の正統性の保持者かつ源泉である市民に対して応答的でありアカウンタブルでなければならないことは自明であるが、この事実は、政府の権力行使の是非について市民が積極的に関与しつつ熟議と討議を重ねていくことの重要性を提起するものといえよう。こうしてアカウンタビリティという考え方に基づくならば、市民は、代表者として権限行使に当たるすべての職階の権限行使者との批判的対話に入ることを奨励されていると述べることも可能である。市民は、共通善およびその追求――これこそ、民主政治の実質（sine qua non）を構成するところのものである――に関して、持続的な議論と審議を行うべき責任を帯びた政治的存在者であるといえるであろう。(5)

二　後期近代国家の正統性の危機と民主主義的アカウンタビリティ

現在、しばしば言及される「民主主義の欠損」、「民主主義的信頼性の欠損」、「民主主義の放物線」が、いわゆる「先進的な」消費者社会の正統性の危機から部分的に派生していることは確かである。既述したアカウンタビリティに対する期待の増大は、現代「民主主義」国家のこの正統性の危機と密接に関連している。後期資本主義の正統性の危機に関するユルゲン・ハーバーマスの議論は一九七〇年代になされたものであるが、この主題に関する一箇の古典的な理論的試図と言うことができる。それゆえに、この主題に関する彼の議論をまず取り上げてみたいと考える。

後期資本主義の正統性の危機に関するハーバーマスの立論は、現代のいわゆる「先進的」資本主義社会の問題性をえぐり出すという意味で、現時点から振り返ってみても重要な示唆に富んだ議論と言うことができる。彼の立論の前提的認識にしたがえば、後期資本主義の段階において国家は、市場経済の安定性を確保するために政治経済体制を維持発展させ、国家規模の財政維持の課題に取り組むことが要請されるようになった。その結果、市民的公共圏は半ば不可避的に制約され縮減されることになり、次第に政治経済体制による締めつけが強化されることになる。そうなると商品交換や生活必需品の流通といった市場の価値観と原理原則が次第に市民的公共圏にも反映され影響することになるが、こうして市場原理は、市民的公共圏の行為主体や分野を構成するジャーナリズム、新聞、学校、大学、研究所、職業団体、労働組合、文化的および市民的共同社会、普通の人々が織り成す日常の生活世界などにも浸透していくことになる。こうした政治経済体制のシステムと価値観による市民的公共圏の浸食は、現状の権力構造の布置に対して批判的かつ自立的な潜在的勢力である市民的討議と熟議の公共空間を次第に縮減していく作用を及ぼすようになる。(6)

ハーバーマスによれば、こうした市場原理による市民的公共圏の浸食は、まずもって後期資本主義国家の正統性に対して数多くの否定的な帰結をもたらすことになる。それらの危機は、彼の説明によれば、何よりもまず四つの危機連関（(1)経済の危機、(2)合理性の危機、(3)正統性の危機、(4)動機づけの危機）に分類されるが、そうした分析を通じていくつかの問題点が浮き彫りにされてくる。要するに、それらは、社会的生産と私的収奪との矛盾、「行為の動機づけの意味」の喪失、顧客型大衆の出現、市民層における私化傾向の増大などである。さらにまた、彼のそれ以前の諸著作で展開された、いくつかの議論や主題は、後期資本主義国家の批判の段階においては、既述した四つの危機との関連で再定義され整序化されていった。その中には、例えば、科学、技術、生産の漸次的な相互依存の高まり、市民的文化とシティズンシップの凋落、批判的な読書する市民層の縮減、システムによる生活世界の植民地化といった議論や主題が含まれている。さらにハーバーマスの危機現象の分析の中には、専門官僚や技術専門家よる国家と市民社会の管理専門化、社会的および経済的事象における行政者と技術者たちの役割の漸次的な増大と強化といった事柄も含まれている。この関連で政治の課題は、いわゆる「システム」の運営にかかわる諸種の機能上の阻害要因や問題の技術的除去ならびに管理と支配の合理化と同一視されるようになってくる。(7)

後期資本主義国家の正統性の危機に関するハーバーマスの議論の核心には、国家が生産管理と資本蓄積の管理およびその増大するコストの負担をも負うということになると、国家への国民の要求と期待値とが昂進の一途をたどり、もはや国家はその要求と期待の基準を満たすことができなくなるという認識が横たわっている。国家は当然のことながら、商品・製品・生活必需品の拡大再生産および資本蓄積の拡大という役割を十分に果たし得るわけではなく、そのことが広く認知されていく場合、国民の支持の調達が困難になるという意味で国家の正統性の危機が生じるといえよう。後期資本主義国家の場合、これらの役割における国家のパフォーマンスへの国民の期待は常に高いものとして存在することになるが、しかしこれは、国家に自ら実際に提供し実行できる以上の能力と機能を要求することを意味している。この問題について、ハーバーマスは次のように主張している。「もし政府による危機管理がうまくいかない場合には、国家は自らが自らに課した行動への要求と期待値を満足させることが不可能になる。そうした国家の役割遂行の失敗への処罰こそ、正統性の撤回である」[8]。このようにハーバーマスは、現代の行政国家の恒常的な正統性の危機について、以下のような突き放した言い方で説明している。「最終的な分析として言えることは、この階級構造こそ、正統性の欠損という問題の源泉そのものなのである」[9]。要するに、国家は、一方において現実には他の階級をすべて排除しながら、資本家階級という一階級の忠誠心を確保しなければならないのである。しかしながら、他方、市民層や家族生活および職業生活に浸透している私化傾向は一般大衆の意識と価値観とを支配し規定しており、そうした状況においては動機づけの危機が必然的に拡がっていくようになる。こうして市民的公共圏の動機づけの基盤は、市民層に浸透していった私化傾向によって体系的に浸食されていくことになる[10]。ハーバーマスにおいて正統性の危機と動機づけの危機との関連が十分な明確さをもって説明されてはいないとする、デイヴィッド・ヘルドの指摘は、おそらく適切であろう[11]。だがそれにもかかわらず、ハーバーマスの提示した、後期近代国家——彼の用語法では後期資本主義国家——の複合的危機構造に関する総じて説得的かつ印象的な分析は、それ自体、重要な理論的貢献であることに疑問の余地はないといえよう。

アメリカの政治理論家の一人、シェルドン・S・ウォリンは、過去三〇年以上にもわたり、いわゆる「先進」社会における「巨大国家」もしくは「経済政体」と彼が呼称するところのシステムにみられる脱政治化された反民主的な傾向について、批判的な考察を提示してきた。「経済政体」におけるシティズンシップの危機の主題は、例えば『アメリカ憲法の呪縛』（*The Presence of the Past: Essays on the State and the Constitution*, 1989./ 邦訳書、二〇〇六年）と題された彼の著作や他の諸論考において展開されている。[12] ここではこの著作ではなく、「ポストモダンの政治と神話の不在」（"Postmodern Politics and the Absence of Myth," 1985）と題された刺激的な論考でのウォリンの議論の一部を取り上げてみたい。この論考においてウォリンは、「ある特定の少数の制度によって占拠され、ごく少数の人々によって行使される……法外な権力」の行使に対して、それを制御する役割に関して普通の人々が抱いている「一般的な無力感」と「広汎に拡がっている自信の喪失」に言及している。[13] この関連で彼は、近代国家に関するマックス・ウェーバーの社会学的分析に注意を喚起し、その固有の手段、つまり、暴力の独占の問題を取り上げた。ウォリンは上述の脱政治化された一般民衆の無力感の深まりを説明する際に、その手がかりを、「単に暴力手段に対してだけでなく、すべての種類の権力と権限とを独占的に手中に収めようとする［現代国家の］着実な衝迫力」に求めた。[14] 彼はその消息を次のように説明している。

「国家が社会の共同生活に基礎づけられるのではなく、国家と社会の関係が危うい仕方で逆転し、国家がそれ自体の根拠となり、自動的正統性（auto-legitimacy）の条件を享受するようになる」[15]。

ここに見てとれるのは、国家の脱基礎づけならびに自動的正統化（autolegitimation）にほかならず、それはウォリンの後期近代国家批判論の一箇の中枢的概念となっている。ウォリンにしたがえば、こうした国家の「自動的正統化」とは、高度な科学技術の時代における権力のあり方を表現している。そしてこうした権力のあり方は、西欧政治理論の伝統と同じくらい古い伝統的な考え方、つまり、権力は人々の共同体から派生するという考え方を否認するものでもある。「政治権力はもはや共同体を必要とせず、それゆえにその修飾語の『政治』というものを必要としなくなるのである」[16]。ウォリンの理解にしたがえば、後期近代国家の問題は、詰まるところ、国家権力の自動的正統化の問題ということになるが、それは「正義・権利（right）なき権力、あるいは正統性なき権力」の問題と言うことができよう。というのも、その支配権力は、人々の存在論的権力および彼らの共同生活に基礎づけられることなく、また人々の合意に根拠づけられているわけでもないからである[17]。後期近代国家の支配権力はただ、その「経済政体」の効率よいパフォーマンスのみから自らの正統性を引き出し、経済成長、資本蓄積、国際的競争力の強化においてのみ正当化されるからである。

ハーバーマスとウォリンとは、相互に異なる前提とアプローチを示しているが、それでもいわゆる「先進的」資本主義諸社会にみられる後期近代国家の正統性の危機については類似した批判的な結論に行き着いている。彼らの議論は一九七〇年代および八〇年代の議論であり、今日では旧来のものと見なされても致し方ない面があるが、しかしその鋭利かつ洞察豊かな分析と考察は二一世紀初頭の現代国家の正統性の議論に不可欠なパースペクティヴを与えずにはおかないであろう。以下の行論において、ハーバーマスとウォリンの所説を基盤としつつ、デモクラシーの政治理論の視点から正統性の概念について新たな議論を試みておきたいと思う。正統性に関する新たな議論は、従来の議論の前提にみられたように、被統治者の合意ないし同意に基づくものというよりも、むしろ民主主義的アカウンタビリティの概念に依拠すべきものとして再提示できないであろうか。

言うまでもなく、現代世界の諸国でみられる自由民主主義は、理論においても実際においても代議制に依拠しているといえよう。代議制民主主義においては、政治のアカウンタビリティを保証するものとして、普通選挙制および権限代表制以上に重要な制度装置はないと言っても過言ではないであろう。より具体的にいえば、代議制民主主義においては政治的および法的決定はわれわれの代表者たちによってなされ、また任命された公務員たちによって具現化されるわけである。民衆によって選挙で選ばれた議員団は統治の課題を委任されるわけであるが、他方、具体的なガヴァナンスと行政の仕事は任命された公務員によって執行されるのである。したがって、現在の代議制民主主義の制度の下では、法的次元での正統性の手続きは、民衆の合意と賛意、選出された代表者である議員団への統治の仕事の委任、任命された公務員への統治の若干の仕事の委託によって保証されている。しかし、正統性の究極の源泉は国家の主権行使の主体である民衆に帰属していると理解されるわけである。こうした正統性の手続きを「委任型」正統性と呼ぶことも可能であろう。[18]

しかしながら、このような伝統的な「委任型」正統性は、民主主義的権力と正統性の究極の源泉として認識されている民衆に対して、必ずしも十全な応答性と責任性とを保証するものとはいえない。「経済政体」における権力の運用が明らかにしているのは、政府は、一群の多国籍企業体によって主として支配されているビジネス・セクターの利益に対する応答性の方を、一般民衆の意向に対する責任性よりも格段に優先視している事実である。すでにわれわれは、ハーバーマスとウォリンによって提示された後期近代国家に関するいくつかの批判的分析について検討した。そこで確認されたのは、経済成長、財の拡大再生産、資本蓄積とサービス提供といった経済的指令と利益が、国家的戦略の最優先課題として受け止められる「経済政体」の保持する非正統的な存在様式とその問題性であった。現行の伝統的な「委任型」正統性の概念は、民主主義的政治理論の観点からいえば、多種多様な正統性の欠損に見舞われている。ここに明らかなのは、民主主義的政治理論は正統性に関して伝統型とは異なる新たな理論構成を必要としているということである。

この関連で重要なのは、ベルナール・マナンほかによって提起された「代表のアカウンタビリティ概念」("Election and Representation," in *Democracy, Accountability, and Representation*, eds. Przeworski, Stokes, and Manin, 1999) である。この概念は、正統性に関する新たな理論化のための豊かな示唆と視点を与えてくれている。「選挙と代表制」と題された示唆的な章において、ベルナール・マナン、アダム・プルゼウォースキー、スーザン・C・ストークスは「代表の委任概念」を「そのアカウンタビリティ概念」と対比させて論じている。確かに読者は、彼らの議論の焦点が、余りにも狭く代表の問題に限定されてしまっている点、さらに代表の主要な制度として選挙制に着目している点に、留意する必要がある。しかし、重要なのは、彼らが上述の代表に関する二つの考え方を対比して、次のように述べている点である。

「一つの見方――つまり、委任概念――において、選挙制とは、よい政策およびよい政策を実行する政治家を選出するのに貢献する制度にほかならない。選挙戦の間、諸政党とそれらを代表する候補者たちは具体的な政策提言を行うのであり、これらの政策が市民の福利に対してどのような影響を与えるのかを、説明することになる。そして市民の方は、これらの政策提言のうちいずれが実行に移されるのがよいか、さらにはどの政治家にその政策の実現を任せたらよいのか、を決定するのである。……これに対して、第二の――アカウンタビリティの――概念によれば、選挙制とは、国家の政府であれ、自治体の政府であれ、過去の行動や措置の諸種の結果について、責任を果たさせる役割を帯びる。事後に投票者の判断を予測する必要があるので、政府は次期の選挙の時に市民から肯定的に評価されるであろう政策を自ずと選び取るように誘導されるのである[19]」。

著者たちの主張の要点は、委任された職務を着実に実行する課題を、選出された代表たちに義務づけるという市民が直面する大きな困難――不可能性と言ってもよい――に関連している。代表の委任概念のこうした欠陥に対して、アカウンタビリティ概念それ自体の利点は、現職の議員たちが、再選を果たすために自分たちの過去の行動に関して十分に説明責任を果たすのを促すその効果である。マナンたちの議論にしたがえば、「投票者が自分たちの利益のために政府が政策を適切に遂行しているかどうか、また市民の利益を最善の仕方で実現してくれる現職の議員が次の選挙で勝利し、そうでない議員は敗北するかどうか、を投票者が識別できる場合には、政府は説明責任を十分に果たしているといえよう[20]」。

ここで筆者が考察を加えてみたいのは、アカウンタビリティの概念を代表制と選挙制への固着と従属から解放し、正統性のアカウンタビリティ概念を紡ぎ出す可能性である。換言すれば、ここで検討してみたいのは、アカウンタビリティの政治が、正統性の究極の保持者である民衆のニーズと願望とに応答し、それらに関して説明責任を果たすことのできる民主政治を十分な形で具現化し得るものかどうか、という問題にほかならない。ここにおいて私は、前に触れた、透明性や救済措置ないし是正措置を強調するリチャード・マルガンのアカウンタビリティの概念に立ち戻りたいと考える。国家権力の正統性との関連で、マルガンのアカウンタビリティ理解は、以下のような仕方で再叙述することが可能となろう。国家の主権的権力の保持者である民衆は、国家のあらゆる問題ある統治行為について情報公開と説明責任とを求めることによって、調査し吟味検証していく権利を保持している。民衆はまた、必要であると判断する時には、国家に対して救済措置や是正措置を課す権利を行使することもできる。逆に国家にとっては、民主主義的アカウンタビリティは、政府の統治行為に関して、人民に情報の開示をなし説明する義務を果たすことを意味するわけであり、もしそれが問題のある統治行為であると判明すれば、救済措置や是正措置を果たす義務をも負うことを意味している。マルガンはその点については次のように議論している。

「アカウンタビリティは、有効な修正的行為を伴わない場合には十全であるとはいえない。制度ないし官吏の職務遂行に過誤が認められる場合、処罰を課したり、損害を受けた人々に補償したりして、何らかの救済措置を講ずる必要がある。……このようにアカウンタビリティには、有責者が自らの過誤の埋め合わせをする報償的正義の契機が介在している。当事者は、機関担当者に対して、救済措置や是正措置をとってもらうように要請することができる。これは、アカウンタビリティの関係性の中心に横たわっている権威ある措置権の一つである[21]」。

「アカウンタビリティ的正統性」というこの選択肢は、確かに司法審査や他の制度的および手続き的装置を必要としており、これらの制度装置の裏づけなくして、民主主義的なアカウンタビリティの政治を実現することは不可能である[22]。

この関連ではアリストテレスの「矯正的正義」の概念、さらには既述したロックの「信託的権力」の概念は重要であり、これらは「アカウンタビリティ的正統性」のより適切な概念を再構築するための一助となるであろう。初めにアリストテレスの「矯正的正義」の概念の方から見ておこう。アリストテレスの指摘するところによれば、正義には「一般的正義」と「個別的正義」という二つのカテゴリーがある。前者が一般的に「人間の徳性」を意味するのに対して、後者は「配分的正義」と「矯正的正義」（あるいは「交換的正義」）という二種の正義に分けることができる。「個別的正義」のうちの後者、つまり「矯正的正義」とは、人々の取引などにおける任意および非任意双方の行為に関連した正義概念である。アリストテレスによれば、この関連で「不正とは均衡を侵害するものである。しかし、人々の間の取引における正義とは、事実、一種の均等のことであり、不正とは一種の不均等にほかならない[23]」。こうして、アリストテレスは以下のように続けて主張している。「それゆえに、この種の不正は不均等であるので、裁判官はそれを均等にしようと試みる。というのも、一方が利益を受け、他方が傷を負うような場合、あるいはまた一方が殺害し、他方が殺害されるような場合、苦難と損傷行為とは不均等に分配されたことになる。しかし、その場合、裁判官は処罰することによって、加害者の得たものを取り去り、それによって結果を均等にしようとするのである[24]」。すなわち、アリストテレスは、「均等とはより多く持つものと少なく持つものの中間点」であり、それゆえにまた「矯正的正義とは利得と損失の中間点である」と指摘している[25]。

アリストテレスのこの「矯正的正義」の概念は、行為者が不当に引き受けた損失に対して、それに見合う補償を要求する一種のアカウンタビリティの政治を要請するものといえよう。損失の回復は同時に平等の復位ということであるが、これはアカウンタビリティの政治の sine qua non（実質そのもの）である。今日、アカウンタビリティの政治は、一国の市民社会内部においても、また一国の外交および国際関係においても「矯正的正義」を要請している。というのも、「矯正的正義」の概念は、現代のいかなる民主主義国家にも要請される民主主義的正統性の枢要な一要素だからである。今日、民主政治の正統な機能の一つは、国家内部の民衆はもとより、国家外部の民衆に対しても、国家が過去に犯した罪責や過誤について謝罪し、必要とされる賠償や補償を行い、また公正かつ平等な処遇を行うことを意味している。したがって、国家のいかなる種類の過去および現在の罪責や過誤についても、これらの賠償や補償を履行することが、正義と公正に裏づけられた平和構築と平和維持の外交を目指すいかなる国にとっても、出発点となるであろう。この関連で重要なのは、アリストテレスの「矯正的正義」の概念を国家内部の社会関係に適用するだけでなく、外交および国際関係の次元にも適用することである。こうしたアカウンタビリティの政治ならびに民主主義的正統性の観点からみるならば、戦争責任の履行の問題は、一箇の実践的な重要課題として理解できるであろう。

再考に付したいもう一つの概念は、ロックの「信託的権力」の概念である。立法部が最高権力を保持しているとの主張を立証した後、ロックは次のように論じている。

「しかし、立法権力は特定の目的のために行動する単なる信託権力にすぎないから、国民の手には、立法権力が与えられた信託に反して行動していると彼らが考える場合には、それを移転させたり変更したりする最高権力が残されている。なぜならば、ある目的を達成するために信託によって与えられたいかなる権力もその目的によって制約されるので、その目的があきらかに無視されたり、反対を受けたりするときにはいつでも、その信託は必然的に失効せざるをえず、その結果、その権力は再びそれを与えた者の手に戻り、彼らは、それを、自分たちの安全と保障とのためにもっともふさわしいと思われるところへ改めて委ねることができるからである。こうして、共同体は、それが誰であれ、従って、たとえ立法者であっても、臣民の自由と所有物とを害するような企図をいだき、またそれを実行するほどの愚考あるいは邪悪さを示すときはいつでも、彼らのそうした試みや企てから自分自身を防衛する最高権力を保持している」[26]。

これはロックによる古典的所説であるが、民主主義的なアカウンタビリティの政治に対する究極のラショナールを与えるものでもある。しかし、それだけにとどまらず、信託された権力が蹂躙されるというこの考え方は、人民が「天に訴える」[27]という意味での革命権を、ロックに着想させることになった。これはロックによる民主主義的な革命理論と呼ぶことが可能であり、これはマルクス＝レーニン主義的革命理論とはきわめて異質なものである。そしてこのロックの民主主義的革命理論は、民主主義的正統性の「存在理由」（raison d'être）を構成するものと解釈できるであろう。民主主義的統治が主権者である民衆の声に応答せず、説明責任を果たさない場合には、統治の権力は民衆の手に戻る。そして民衆は統治のための新しい権力を構成していくのである。こうしたロックの考え方には、一種のアカウンタビリティ論をかいま見ることができるであろう。というのも、ロックの民主主義的革命理論は、政府の変更に関するアカウンタビリティ論と理解することが可能だからである。このような政府変更のアカウンタビリティ論の枠組みにおいて制度的に重要なのは、言うまでもなくアカウンタビリティ評価を司る司法審査制である。これに加えて、政府変更に関する明快な適正手続き規程も必要になってくる。これらの制度装置による裏づけを得ることで、アカウンタビリティに根ざした民主主義的正統性の概念は、ロックによる「天への訴え」という考え方に欠如していた制度的形態と手続きとを取得することができる。

次節以降においてわれわれは、政治的アカウンタビリティのケース・スタディとして、戦後日本の戦争責任の履行の問題を取り上げてみたい。初めに行論は、戦後の日本政府による戦争責任、賠償、補償の行為が、政治的アカウンタビリティの視点からみた場合、余りにも不十分であったという問題を検討している。次に、「アカウンタビリティ的正統性」論の視座において見た場合、現時点ならびに将来にむけて、日本の戦争責任の再履行の問題は、どのような展望をもち得るのかを、検討課題としている。

三　戦後日本における戦争責任問題――民主主義的アカウンタビリティの失墜

1. 日本と東アジアの被害諸国との間の深刻な認識上のズレ――戦争責任問題

戦争責任をどのように定義するかという課題は、たしかに不可欠で重要な問題である。本節では、紙面上の余裕もなく、戦争責任の問題を再考し理論化することはできないが、以下の二点を簡単に述べておきたい。第一に、戦争責任には四つの重要な側面があるということである。すなわち、法的責任、政治的責任、道徳的責任、形而上学的責任である。第二点は戦争責任を引き受ける当事者問題であるが、処罰に値する行為、犯罪、罪責について責任のある国家、その政治的および軍事的指導者、兵士たち、特殊部隊や個別集団、国民全体といった具合に、さまざまな段階とグラデーションにおける戦争責任の引責者が想定できる。これらの多様な戦争責任の当事者は、戦争法規の破棄、侵犯、侵略、相手国の軍隊や兵士たちの不正な処遇の度合いに応じて、責任をとり、処罰を受けなければならないのである。(28)

結論的にみるならば、戦後日本の政府は、戦争謝罪、賠償、補償といった戦争責任に関しては、十分な履行をしてこなかったのであり、そこには戦後日本の歴史的課題の遂行における致命的な挫折がみられる。この日本政府の歴史的挫折は、戦争直後の西ドイツ政府の対応とは著しい対比を示している。(29)そしてこの歴史的挫折は、戦後の東アジアおよび東南アジアの歴史的文脈における良好な国際関係の樹立に大きな障害となったことは否定できない。

戦後日本の賠償および補償を含む戦争責任問題に関する曖昧さと不十全性とは、日本政府の政策に対する韓国や中国およびその他の被害諸国の国民の認識に、大きな陰をもたらすことになった。日本と東アジアの近隣諸国との間の緊張関係は、東アジアにおける冷戦構造によって強化されたわけであるが、この緊張関係は紆余曲折を経ながらも、今日に至るまで継続して見られる。この事実は、朝日新聞社やその他の報道機関各社による近年の世論調査によっても、浮き彫りにされている。この種の世論調査は、日本人、韓国人、中国人の一般的な相互認識および理解における分裂の深まりを立証している。例えば、朝日新聞の五年前の世論調査によれば、日本が嫌いという割合は韓国人においては六三パーセントであり、中国人の場合は六四パーセントに上る。(30)この数字は韓国人および中国人における日本に対する近年のネガティブな感情の高まりを示しているが、その主たる背景としては、当時の小泉首相による靖国神社参拝問題、ならびにそれが提起したいわゆる「歴史認識問題」があったことは明らかであろう。この問題はしばしば、日本の中等教育において過去の歴史がどのように教えられてきたのか、また現在どのように教えられているのか、さらには今後どのように教えられようとしているのか、というい わゆる「歴史教科書問題」として取り扱われている。しかしながら、こうした「歴史認識問題」や「歴史教科書問題」は、戦後日本が戦争責任の問題にどのように対応してきたか、という重要な問題とも触れ合うのである。

前述の朝日新聞社による世論調査では、東アジア諸国との関係を向上させるための施策に関して、諸国が対照的な態度をとっていることをも示している。すなわち、一方で日本人の大部分は、この不幸な分裂の克服には、東アジア諸国間における多様な形での人的交流が必要であると考える傾向にある。こうした人的交流のなかには、例えば経済協力や交易、人々の観光や訪問を通じての交流、市民社会レベルでの種々の協力や連携、三国の歴史家たちによる共通の歴史叙述のための共同研究プロジェクトの立ち上げなどが帰属するであろう。日本人の多くの見方にしたがえば、こうした多種多様なレベルでの人的交流は、懸案の「歴史認識問題」に対しても「重なりあう合意」を作り上げるのに重要な一里塚となりえるとされる。こうした日本人の一般的な見方に対して、六〇パーセントを上回る韓国人と大多数の中国人は、凄惨を極めた戦争犯罪に対する日本政府による公式かつ誠実な謝罪、ならびにより適切な戦争賠償と補償を早期に実現することが、最優先されるべき焦眉の課題であると考えている。中国と韓国の大多数の人々は、日本側からのこの重要な最初の一歩なくしては、どのような経済協力や人的交流や各方面における協働行為も、ほとんど無意味であり役に立たないと考えている。[31] まさにここにおいて、つまり、戦争責任問題において、日本と近隣の被害諸国との間に介在している認識上の最も深刻なズレが見出されるのである。

2. 日本政府がなしてきたこと、なさなかったこと

本章の目的は、戦争責任の履行において、日本政府と市民社会がなしてきたこと、ならびに十分にはなしてこなかったことに関して、厳密な歴史学的分析および経験科学的検証を試みることにあるのではない。そうではなくその目的は、日本政府による戦争責任の遂行に関連するいくつかの事実を考察することによって、その戦争責任の取り方における不十全性に光を当てつつ、それを検証することにある。

一五年戦争期における被害諸国に対する戦争謝罪については、日本政府は一九四五年のポツダム宣言受諾、一九四六年から四八年にまで及んだ極東軍事裁判（東京裁判）、一九五一年のサンフランシスコ講和条約の受諾と履行とによって十全に実行してきたという公式見解を採ってきている。さらに、吉田茂から現在にいたるまでの戦後日本の歴代の首相は、さまざまな場で、被害諸国の政府と戦争犠牲者に対する謝罪を表明してきた。これらの首相声明は、日本政府の観点からみれば、政府による公式の見解表明あるいは準公式の見解表明として見なされてきた。そのなかでも、日本政府というよりは日本の識者とジャーナリズムならびに近隣諸国の政府によってとりわけ重要な声明と位置づけられてきたのは、一九九三年夏の当時の細川護熙首相による一連の謝罪声明である。細川首相が表明した一連の声明は一歩踏み込んだものであり、満州事変から太平洋戦争にいたる帝国日本による一連の戦争は、基本的に侵略戦争であったことを認めるものであった。この細川首相のより徹底した立場は、周知の通り、一九九四年から一九九六年にかけて首相の座にあった社会党の村山富市首相によって引き継がれた。村山政権下で、「アジア女性基金」（一九九五年七月）の設置がみられ、かつての一部「従軍慰安婦」諸個人への市民社会の側からの補償が行われた。補償金の額面が不十分であるなど、いくつかの批判と反論がなされたが、それが貴重な補償行為であったことは、否定できない。しかしながら、アジア太平洋諸国の政府と民衆は、日本の首相によって折りに触れてなされた戦争謝罪に、必ずしも満足していたわけではなかった。彼らの大部分にとっては、これらの首相声明は、帝国日本による戦争行為の非人道的かつ侵略的性格を十分に明示するものとは受け止められず、また十全かつ具体的な戦争の賠償や補償行為を伴うものではなかったのである。

アジア太平洋諸国の国民に、日本政府による戦争責任、賠償、補償の遂行義務に関してとくに大きな失望と不満をもって認識されたのは、一九五一年のサンフランシスコ講和条約第一四条（a）項に記載されている以下の条文であった。

「日本国は、戦争中に生じさせた損害及び苦痛に対して、連合国に賠償を支払うべきことが承認される。しかし、また、存立可能な経済を維持すべきものとすれば、日本国の資源は、日本国がすべての前記の損害及び苦痛に対して完全な賠償を行い且つ同時に他の債務を履行するためには現在充分でないことが承認される。」

この条項およびこれに続く諸項は、日本の戦争責任と賠償と債務に関して、また被害諸国に対する戦争賠償一般について、日本に対して好意的な緩和された内容となっていた。日本政府に対して有利な処遇を求めた歴史的事由の決定的な要因としては、すでに勃発していた冷戦状況において、アメリカがソヴィエト陣営に対して有利な立場に立つために、日本を自由主義陣営に組み込もうとした政策上の意図があった。予想された通り、アジア太平洋諸国の多くは、講和条約第一四条に定式化された戦争賠償規定に深い失望感を表明した。ソヴィエト連邦と中華人民共和国は、講和会議それ自体に招かれることはなかった。さらにビルマ（現ミャンマー）とインドは欠席し、フィリピンとインドネシアの代表は第十四条（ａ）項に対する強い反対を表明し、条約の批准を拒否した。

こうした国際関係上の政治的な要因にも影響されて、日本の戦後政治は戦争責任の履行問題に関して政治的アカウンタビリティを大きく欠落するものとなり、アジア太平洋諸国にとっては受け容れがたいものとなったことは事実である。この政治的アカウンタビリティの欠如は、一面、冷戦の開始期における東アジアをめぐるアメリカの政策変更に由来していたともいえよう。そうしたアメリカ主導の権力政治の陰の下で、日本の戦争責任、賠償、被害者および家族への補償の問題が、取り上げられるべき政治の基盤が失われてしまったといえよう。そのことが、これら一連の喫緊の問題が棚上げにされた主たる歴史的要因の一つであったと言うこともできよう。

その後、日本政府が戦争責任の履行としてなしたことは、一九五二年四月二八日に中華民国（台湾政府）との間に講和条約を調印したことである。その際、台湾政府は戦争被害に対する賠償の権利を放棄した。これは、当時の中華民国初代総統であった蒋介石個人の日本に対する寛大な措置によるものであった。しかし中華民国は、戦争被害者諸個人に対する補償請求の問題は、後に決定すべき特別事項として留保した。しかしながら、一九七二年に日本政府が中華人民共和国を唯一の正統性を保持する中国政府であると公式に承認した際に、台湾との講和条約は実際に失効した。したがって、台湾の戦争被害者諸個人の補償請求権問題は、依然として未解決のまま放置されることとなったのである。中華人民共和国の場合は、当時の田中角栄首相が訪中して、一九七二年九月二九日に調印した日本との「共同宣言」を発表した際に、そのなかで戦争賠償権を放棄する旨を謳った。しかし、戦争被害者諸個人やその家族に対する補償問題は、解決を見ないままに棚上げにされたと言って間違いではないであろう。

大韓民国（韓国）との戦後日本の外交関係の場合、国交正常化の動きは一九六五年六月二二日にようやく始まった。その成果としては、「日韓請求権並びに経済協力協定」（財産及び請求権に関する問題の解決並びに経済協力に関する日本国と大韓民国との間の協定）が締結された。その第一条一項（ａ）によれば、日本政府は韓国に対して、一〇年間にわたり総額一〇八〇億円（当時の米ドルで三億ドル［以下、ドル表記はすべて当時の米ドル］）相当の「日本の生産物および日本人の役務」を供与するとした。さらに第一条一項（ｂ）によれば、日本政府は韓国に対し、七二〇億円（二億ドル相当）の額に達するまでの「長期低金利の貸付け」を提供することが義務づけられた。この協定にしたがえば、これらの措置は、財産賠償請求権の要求をすべて破棄するという目的のもとに導入されると規定されていた。後に検討するように、これらの条項は、戦時中に日本帝国政府によって戦争行為や強制労働に従事させるために強制的に移住させられた個々の韓国人被害者たちへの補償問題を提起するものではなかった。そのために、韓国人の戦争への強制徴用や強制労働、さらには「従軍慰安婦」といった問題が、一九九〇年代になって一気に浮上し、論争的問題として各方面から取り上げられることとなったことは記憶に新しい[32]。

日本政府となにがしかの戦争賠償の協定を結んだアジア諸国のなかには、ビルマ、フィリピン、インドネシア、そして南ベトナムがあった。日本はビルマとの間に一九五四年に賠償協定を結んだが、それによれば日本政府は、一〇年以内にあらゆる生産物や物資、さまざまなサービスや役務の供与によって、総額七二〇億円（二億ドル相当）を支払う約束をした。フィリピン政府は当初現金による賠償を要求したが、後にあらゆる物資や生産物、さまざまな役務やサービスや事業の供与、さらには円借款で妥協し、賠償協定を一九五六年に交わした。しかし、両政府間で実際に合意された賠償金額は一九八〇億円（五・五億ドル相当）であったが、これはフィリピン政府の当初の賠償請求額の一〇分の一以下であった。日本政府はさらに一九五八年にインドネシア政府との間に賠償協定を締結し、向こう一二年間で八〇三億八八〇〇万円（二億二三八〇万ドル相当）が、製品、建築事業、サービス供与、円借款を通じて支払われることとなった。インドネシア政府は当初一八〇億ドルを請求していたが、実際に合意され支払われた額面はその八〇分の一相当でしかなかった。日本政府はさらに南ベトナム政府との間に賠償協定を締結したが、それは建設事業とサービス供与を中心としたもので、総額一四〇億四〇〇〇万円（三九〇〇万ドル相当）の賠償がなされることになった。これらの賠償協定は適切に履行された。その他、日本政府との間に前述の賠償協定とは異なる措置を講じたアジア諸国もあった。カンボジア政府は一九五九年に、賠償請求権を放棄する一方、その代償として、総額一五〇億円（四一六万七〇〇〇ドル相当）の経済協力および技術協力を得ることで合意をした。ラオス、モンゴル、そしてその他のアジア太平洋諸国も、同様の経済協力および技術協力の取得の方式による協定を締結した。[33]

当時、こうした日本政府による円借款および経済・技術協力による戦争賠償の方式は、一種の偽装された「貿易」ないしは「商取引」として批判されることもあった。生産物や製品、事業やプロジェクト、役務やサービスの供与によってなされたこれらの賠償の方式は、日本が当時遂行できた方式であっただけでなく、そこから利益を得ることが可能な方法であった。言い換えれば、この賠償方式を採用することで、日本政府はできるだけドルを貯めて、戦後初期の経済復興と技術革新に活用し投資することができたのである。既述したように、この種の措置は、冷戦期のアメリカによる全面的支援の下で日本側には有利に作用した面がある。しかしその裏面として、アジア太平洋諸国の政府と国民にとって、戦後日本のこうした政策遂行は、公平性とアカウンタビリティと正義に欠けていると受け止められたのである。

冷戦が終結した一九九〇年代の初頭において、アジア太平洋諸国の政府と民衆に鬱積していた戦後日本への不満と憤りとが、噴出してきたことは疑問の余地がない。[34]その背景としては、とりわけ一九八〇年代に戦後日本がいわゆる「経済大国」としての地位を築いた事実があったのであり、一九九一年の湾岸戦争時に日本政府がアメリカを中心とした連合国側に一三〇億円にものぼる戦争支援金を提供した出来事があった。わが国の政界とメディアと世論においては、この出来事が「金は出すが血を流さない」国としての日本が世界各国から冷たい眼差しで見られた事例として受け止められたが、しかしかつてのアジア太平洋諸国（戦争被害諸国）においては、自国の利益ばかりを優先しアメリカに追随する日本政府に対する懐疑の念と憤りをさらに深める事件として記憶された。さらにまた、前述のような日本政府の戦後賠償の努力は、戦後のドイツと比較した時に、被害諸国に対する戦争謝罪の行為においても、具体的な賠償の額面においても、圧倒的に劣っていたことが指摘される。衆議院の主任調査員として日本の戦後賠償にあたった徳田力氏の指摘するところによれば、戦後ドイツが被害諸国と被害諸個人に対して、総額においても七兆円（一人当たりに換算すると八万七〇〇〇円相当）の賠償金を支払った一方、日本政府はその十分の一でしかない七一四八億円（一人当たり七〇〇〇円相当）を被害諸国と被害諸個人に対して支払った計算になるという[35]。

しかし、日本の市民社会の側からは、事例はそれほど多くないが、戦争への真摯な謝罪がなされ、被害者諸個人への補償が行われた場合もいくつかあった。上述の「アジア女性基金」は近年の一事例であるが、戦後日本のキリスト教指導者たちによる戦争謝罪と戦争責任の履行がなされた。また二〇年以上にもわたり、南京大虐殺事件への謝罪と贖罪と平和友好の象徴行為として、南京で植樹を行ったきた民間団体もある[36]。

四　結びにかえて

すでに指摘したように、戦後日本政府の戦争責任の履行は、とくにドイツと比較した場合、大いに問題含みであり不明瞭なものにとどまっている。とりわけ、それは、民主主義的アカウンタビリティの観点からみた場合、被害を受けた諸個人や諸集団への十全な補償を行っていない点で致命的な欠陥を有している。というのも、民主主義的アカウンタビリティの概念は、既述したように、アリストテレス的意味での「矯正的正義」を含意するものであり、過去の不正に対する適当な救済措置ないし是正措置を要請するものだからである。民主主義的アカウンタビリティの概念に依拠するならば、本来の戦争責任の履行とは、国家間の戦後賠償にとどまらず、不当な侵略や暴力や被害を受けた諸個人や諸集団ならびにその家族への補償行為を随伴するものでなければならないであろう。その意味では日本政府による戦争責任の履行は、個人補償、集団補償をほとんど認めていない点で致命的な欠陥を保持している。

一九九〇年にアメリカ政府は、太平洋戦争の期間中、多くの日系二世を収容所に収監した戦時行為に対して、大統領の書面を通じて謝罪をなし、犠牲者一人当たり二〇万ドルの戦後補償を開始した。一九九九年一月末までに、六万人にも及ぶ日系二世がこの補償を受けた。カナダ政府も同様の補償行為を行い、戦時中に不当な扱いを受けた日系二世に対し、謝罪文を出すとともに、一人当たり二一万カナダドルを支払った。さらにドイツ政府が、一九九〇年末までに、ナチス侵略の被害者諸個人に対して、八六四億二七〇〇万マルクの補償を行ったことは周知の事実である。二〇三〇年までにドイツ政府は、被害者諸個人と団体に対して、総額で一二〇億マルク（九兆六〇〇〇億円相当）を費やす予定であると報じられている。

民主主義的アカウンタビリティは、日本政府と市民社会双方にとって、時を失する前に、戦争責任の十全な再履行を、確固とした形で、また迅速に進めるべきことを、真剣に再考する必要性を要求する重要な概念である。すでにあまりにも遅れてしまったことは否定できないが、生存している戦争被害者諸個人が、近い将来、世を去ることが必至である現時点で、この問題を引き延ばしにすることはもはやできないところに来ていると言わねばならない。

〔注〕

(1) Richard Mulgan, *Holding Power to Account: Accountability in Modern Democracies* (London: Palgrave Macmillan, Ltd., 2003), p. 3.

(2) Shigeru Tamura, "The Emergence of NPOs: The Imlications for Local Governance," in *Japan's Road to Pluralism: Transforming Local Communities in the Global Era*, eds. S. Furukawa and T. Menju (Tokyo and New York: Japan Center for International Exchange, 2003), p. 162.

(3) Cf., John Locke, *Two Treatises of Government*, ed. Peter Laslett (Cambridge: Cambridge University Press, 1967), The Second Treatise, Ch. XIII. 149, pp. 384-385〔加藤節訳『統治二論』(岩波書店、二〇〇七年)、三一一頁〕.

(4) Richard Mulgan, *Holding Power to Account: Accountability in Modern Democracies*, p. 10.

(5) E.g., Philip Pettit, "Deliberative Democracy, the Discursive Dilemma, and Republican Theory," in *Debating Deliberative Democracy*, eds. James S. Fishkin and Peter Laslett (Oxford: Blackwell Publishing Ltd, 2003), pp. 138-140. Amy Gutmann and Dennis Thompson, *Why Deliberative Democracy?* (Princeton and Oxford: Princeton University Press, 2004), pp. 1-29. Richard Mulgan, *Holding Power to Account: Accountability in Modern Democracies*, pp. 10-11, 37. 千葉眞『ラディカル・デモクラシーの地平』(新評論、一九九五年)、一五五－二〇一頁。

(6) Cf., Jürgen Habermas, *Legitimation Crisis*, trans. Thomas McCarthy (London: Heinemann, 1976), pp. 17-41.

(7) E.g., Ibid., pp. 33-94. Jürgen Habermas, *Toward a Rational Society*, trans. J. J. Shapiro (London: Heinemann, 1971), pp. 101-105. Cf., David Held, *Political Theory and the Modern State* (Stanford: Stanford University Press, 1989), pp. 80-81.

(8) Jürgen Habermas, *Legitimation Crisis*, p. 69.

(9) Ibid., p. 73.

(10) Ibid., pp. 75-92.

(11) David Held, *Political Theory and the Modern State*, p. 87.

(12) Sheldon S. Wolin, *The Presence of the Past: Essays on the State and the Constitution* (Baltimore and London: The Johns Hopkins University Press, 1989)〔千葉眞・斎藤眞・山岡龍一・木部尚志訳『アメリカ憲法の呪縛』(みすず書房、二〇〇六

年)〕.

(13) Sheldon S. Wolin, "Postmodern Politics and the Absence of Myth," *Social Research*, Vol. 52. No. 2 (Summer 1985), p. 223.

(14) Ibid., p. 227.

(15) Loc. cit.

(16) Loc. cit.

(17) Ibid., pp. 226-232. 以下をも参照。千葉眞『ラディカル・デモクラシーの地平』、九一 - 九六頁。

(18) Cf. Bernard Manin, Adam Przeworski, and Susan C. Stokes, "Elections and Representation," in *Democracy, Accountability, and Representation*, eds. Adam Przeworski, Susan C. Stokes, and Bernard Manin (Cambridge: Cambridge University Press, 1999), pp. 29-40.

(19) Ibid., p. 29.

(20) Ibid., p. 40.

(21) Richard Mulgan, *Holding Power to Account: Accountability in Modern Democracies*, p. 9.

(22) Ibid., pp. 9-35.

(23) *Ethica Nichomachea*, 1132a, 1132b. Aristotle, *Nichomachean Ethic*, trans. W. D. Ross (Oxford: Oxford University Press, 1952), Book V. 4B, pp. 94-95〔高田三郎訳『ニコマコス倫理学(上)』(岩波文庫、一九七一年)、一八二頁〕. 訳語は一部変更して用いている。

(24) Ibid. 1132b〔邦訳書、一八二頁。訳語は一部変更して用いている〕.

(25) Ibid〔邦訳書、一八三頁。訳語は一部変更して用いている〕.

(26) John Locke, *Two Treatises of Government*, The Second Treatise, ed., Peter Laslett, Ch. XIII. 149, pp. 384-385〔邦訳書、三二一頁〕.

(27) Ibid., Ch. XIX. 221-232, pp. 460-469〔邦訳書、三六九 - 三七八頁〕.

(28) とくに以下を参照。家永三郎『戦争責任』(岩波書店、二〇〇二年)、一 - 三八頁。さらに戦後日本の戦争責任に関する論争や意味づけや問題に関しては、以下の啓発的な論文集を参照。安彦一恵ほか編『戦争責任と「われわれ」』(ナカニシヤ出版、一九九九年）。なお、本章三節の議論は、既発表の筆者の以下の論考にも一部使用されており、その点お断りし、読者の皆様のご寛慮をお願い申し上げたい。千葉眞「東アジアにおける和と共生の実現のために」（村上陽一郎・千葉眞編『平和と和解のグランドデザイン』風行社、二〇〇九年）、二節。

(29) 戦争責任の履行問題における西ドイツおよび統一ドイツの足跡は、戦後日本とは対照的な軌跡を描き上げている。西ドイツおよび統一ドイツは、第二次世界大戦の終結直後から、被害諸国の政府との外交的関係および賠償行為においてだけでなく、被害者諸個人やその家族に対する補償においても、誠実な対応を行ってきた。例えば、以下を参照。朝日新聞社調査班編『戦後補償とは何か』（朝日新聞社、一九九九年）、五－一八頁。仲正昌樹『日本とドイツの戦後思想』（光文社新書、二〇〇五年）、九－五一頁。

(30)『朝日新聞』二〇〇五年四月二七日朝刊、一頁を参照。

(31) 同右新聞、九頁。

(32) 朝日新聞取材班編『戦後補償とは何か』（朝日新聞社、一九九九年）、一六－一七、二五－三七、五九－六七頁を参照。

(33) 同右書、一五－一一六頁。

(34) 例えば以下を参照。内海愛子『戦後補償から考える日本とアジア』（山川出版社、二〇〇二年）、二四－二八頁。

(35) 同右書、二七頁。

(36) 千葉眞「東アジアにおける和と共生の実現のために」、二九九－三〇〇頁。

第五章　断片化するアカウンタビリティ

――日本におけるグローバル化と政治的責任概念の変化

押村　高

はじめに

グローバル化は、国民国家の経済・社会領域における政策決定能力を低下させたと言われる（Swank 2002）。実際に、グローバル化の過程で国家の経済的自立性は奪われ、政策決定には多くの制約が付け加わってゆく。自由化による競争力の強化と経済政策目標の効率的な達成を両立させるために、諸政府は、国内の政策意見や市民の選好より先に、グローバル経済という制約条件に目を向けねばならなくなった。

世界経済とリンクされた国民経済は、予測不可能な経済変動の波に晒され、その対応に追われる各国政府は、政治的意思を経済・金融政策に反映させる能力を失った。このことが、グローバル化の中で福祉国家のみでなく、発展型の国家もまた時代遅れとみなされる所以である（Talmud 1997）。

グローバル化の過程において、民主政治に対する信頼もまた急速に揺らいでいる。なぜならば、民主的な選挙を経た者たちが集う中央政府が、投票した人々のニーズに応える力を殺がれつつあるからである。このようにしてグローバル化は、政治的アカウンタビリティの仕組みを掘り崩すのみでなく、民主政治そのもののレベルを低下させている（Held 1999; Sassen 2003）。

かつて一国の政府は、世界全体の生産市場におけるシェアをめぐって他国政府と競合し、市民にアカウンタビリティを果たすため、国民経済の量的規模、質的水準の最大化を目指した。また、市場のグローバル化が始まる前に、有権者は選挙と選挙の間に政府が国民経済のパイの質や量をどれだけ増やしたかという基準、とくに景気動向などに照らして、政府の政治的アカウンタビリティを判定することもできた。

しかし今日、脱産業化やグローバル化にともなう政策アクターの多元化により、政策決定過程の「可視性」が損なわれている。政治家が有権者にアカウンタビリティを負うべき点は自明だとしても、有権者の側は、いわば決定権限を奪われた公職機関に代表を送り出し、しかも実際の決定を誰が下しているかをもはや明瞭には知ることが出来ないのである。

民主主義に対するグローバル化の影響は、有権者への応答能力のみに尽きるものではない。金融資本の動向が政府の政策の細部にまで指令を下すことはないにしても、それは諸政策が決定される絶対条件を設定する。政府が市場や通貨に対する国際的信頼を維持しなければならない以上、政策の優先順位は、インフレ抑制、収益率の維持に置かれ、雇用対策には置かれないし、さらに公共支出の減額に置かれ、国民の福利の向上には置かれない。要するに、グローバル化は、政府の政策を有権者の選好から切り離しつつある。

以上のような図式は、ネオリベラルなグローバル化が「民主性の不足」（democratic deficit）を引き起こすことの説明に用いられてきた。とはいえ、この分析はどの程度日本のグローバル化に妥当するのであろうか。また、グローバル化が引き起こす様々な変化は、日本の政治家のアカウンタビリティを低下させたのか。

日本にも民主性の不足という診断が当てはまり、一九九〇年代中半から後半に亘っての規制緩和政策は、国家の政策形成能力、政策遂行能力を減じさせたと論ずる政治学者がいる。なぜならば、それらが、一方における政府諸機関と他方における大企業や利益団体との協調関係を解体させ、経済成長のドライヴィング・フォースを奪ったからである（Neary 2002: 129）。

しかしこれとは反対に、グローバル化が、日本の政策決定過程の透明性を増加させたと見る政治学者もいる。市場自由化の結果として企業が政府の支援や保護にさほど依存しなくなったという点が、論拠として挙げられる。外国企業による日本企業の買収も、業界にアカウンタビリティや透明性の「新しい水準」を持ち込むと期待される。政治家と業者の「怪しい」結び付きが解体されるかわりに、市民的な利益を考えた政界‐業界関係が構築され、それは順に、消費者の声を反映する新しい経済体制をもたらすであろう（Maclachlan 2002: 243）。

さらに、規制緩和政策の中で、政治の側も「業界からの独立」を保つことができるようになり、それが政府の自立的な政策調整能力を大幅に改善するかもしれない、と主張する政治学者もいる。業界と政治の対話や協力は、双方が比較的対等な立場に立って、透明かつアカウンタビリティを果たすような仕方で運営されるからである。

そこでは、企業による過度な収益の追求が抑制させる一方で、結果としての政府と資本家の歩み寄りが、公益にプラスとなるよう働くであろう。ゴメスの分析に従えば、自由化のための諸改革は首相や内閣の政策実行力を増加させるかもしれない（Gomez 2002: 22）。このような角度からみると、「民主性の不足」の理論がわれわれに説くところとは逆に、日本における政治的アカウンタビリティは、グローバル化のプロセスの中で強化されている。

いずれにしても、これらの論争を一瞥してわかるのは、無垢な国家が経済的グローバル化の犠牲になるという図式では日本のグローバル化を説明できないという点である。実際に日本においては、政府が市場自由化のペースを政策的にコントロールしている。日本の金融制度改革は、効率的な市場メカニズムを導入し、公平で透明な規則を樹立するためのものというより、国家が主体となり、より国際環境に適した市場を形成するための防衛的な努力だったという側面が強い。

政策決定過程に対する外国からの圧力の増加について言えば、日本政府がG7やアメリカの改革提案に則った形で規制緩和や構造改革を行ったことのみに注目すれば、政策オプションが次第に制限され、政策決定過程が国民の選好と切り離されつつあると述べることもできる。[1] たとえば、内外の経済改革要求に応えなければならないという自覚は、小泉政権をして、不人気かつ非伝統的な改革政策を強行させ、したがって、伝統的な通貨・金融政策、景気刺激策を望む多くの有権者に背を向けさせたのである。このような外国由来の政策は、日本政府のアカウンタビリティを曖昧にしたと言うこともできよう。

本章の主題は、日本の政治的アカウンタビリティを、その変化する相において解釈してゆくことに置かれる。日本政治についての右で紹介した学説のいずれが、現実の変化をうまく説明しているのであろうか。そしてまた、グローバル化とアカウンタビリティの関連を扱った理論的分析が示唆するように、グローバル化がもたらす諸変化は日本政治のアカウンタビリティの水準を低下させたのであろうか。この一連の疑問に応えるためわれわれは、日本におけるグローバル化の過程とそのデモクラシーへの影響について検証してみなければならない。この課題を追究するため、本章の以下の部分は四つの節により構成される。

第一節においては、アカウンタビリティの理論的側面と、その理論の日本デモクラシーに対する適用可能性を検証する。その普遍的な適用可能性という装いにもかかわらず、いかなる理論も一定の社会、政治条件を前提として、そこから生み出された文化的バイアスを含んでいる。アカウンタビリティの理論も、その例外ではなかった。したがって、日本政治の文化的コンテクストにまず注意を払いながら、選挙中心型アカウンタビリティ理論の有用性と限界について考察してみたい。次に、日本におけるグローバル化がもたらした変化の「始点」を確定し、グローバル化される以前のアカウンタビリティの状態について検討する。変化を検知するには、変化以前の状態を知る必要があるからだ。

第二節においては、日本政府が諸外国とくにアメリカからの改革圧力にどのように対応していったかを検討し、民主的アカウンタビリティの観点から見れば問題を含むその対応が、市民の抱く「正当性概念」とはさほど隔っていなかった点を示してゆきたい。第三節では、一九九〇年代のグローバル化に対する「一貫性のない対応」が日本政治のアカウンタビリティの位相を変化させていったことを、事例に即して検討したい。

なお、終節においては、現在の日本のアカウンタビリティについて総合的な評価を試みる。日本政治はアカウンタビリティの既存のアプローチに、どのような修正をもたらしうるのであろうか。日本の事例を踏まえて、このような理論的な課題にも言及したみたい。

一　伝統的なアカウンタビリティ不足か、グローバル化による低下か

日本のグローバル化は、一九九〇年代に加速された。グローバル化とは、国際化に代わって冷戦終焉後の

一九九〇年代に政治意識に根づいた言葉である。グローバル化という言葉は、時代を示す流行語として白書や省令などにおいても頻繁に用いられ、さらにその用語の修辞的な効果を借りて、政府や企業、そして市民社会が行動パターンを変化させた。

さらに九〇年代は、自民党の下野、選挙制度改革、汚職による各省の信頼低下、無党派層の増大などによって特徴づけられる政治変動の開始時期にあたる。くわえて、バブル経済の崩壊、企業倒産件数の増大、失業率の上昇などによって象徴され「失われた一〇年」と呼ばれる九〇年代は、戦後の繁栄の後に日本が経験した最も困難な時期とみることができる。

このようにグローバル化による変化の「始点」を九〇年代に設定すると、グローバル化される以前の日本政治のアカウンタビリティの水準はどうであったのか、という疑問が生まれる。この疑問が決定的に重要であるのは、その解答が議論の方向を左右するからである。もしグローバル化以前の段階で、権力保持者たちが市民にアカウンタビリティを負っていたと考えれば、現下の政治的アカウンタビリティの断片化は、「変化」として記述することができる。

しかし、もし、権力保持者たちがグローバル化以前にそもそもアカウンタビリティを果たしていなかったと解するならば、変化は質の問題ではなく程度の問題に過ぎないことになる。同様に、もしアカウンタビリティの断片化が日本の政治システムに固有の欠陥であるとすれば、日本における政治的アカウンタビリティが、とくにグローバル化された今日の日本で機能不全に陥っているということにはならない。なぜならば、それは以前からずっと無機能状態に置かれていたからである。

日本におけるアカウンタビリティの状態についてはさまざまな解釈が競合しており、それらの論争に決着が付いていないという事実が、日本の伝統的デモクラシーを評価するための統一の基準がないことを暗示している。最も支配的な見解は、他の先進民主主義国と比べ日本の市民が政治や政治家にきわめて低い信頼しか与えていないという点に注目し、アカウンタビリティ概念の不在を指摘するものである。『世界六〇カ国価値観データブック』が示すところによれば、公職者の働きぶりに対する国民の満足度は、世紀の変わり目には嘆かわしいほど低かった（182）。「ほとんど満足していない」、「全く満足していない」と答えた人の合計は八五・四％に達している。この限りにおいて、グローバル化のプロセスとはかかわりなく、日本の政治家にはアカウンタビリティがなかったと論ずることもできるかもしれない。

ストックウィンは、日本政治に「無責任ゾーン」と呼ばれる領域が根強く存在することを指摘している。「日本は、民主的な形態と民主国に共通する慣習を身に纏ってはいるが、有権者に責任を負おうとせず、法的な精査に服そうとしない多くの活動領域が放置されている。さらに、巨額の資金で動かされる人間関係やそのネットワークが、その無責任ゾーンを生み出し、その中での行動の主な動機は、権力とその最大化である」（Stockwin 1999: 191）。

理論的観点から言うと、アカウンタビリティ概念が最も重視するのは選挙的なアカウンタビリティであり、それは次のようなメカニズムと考えられている。つまり、投票者が選挙の機会に、自分の好まない政策を掲げる公職者、その活動が自分の利益にならないと考える公職者を「退ける」のである。このメカニズムは、選挙期間中でなくとも、公職者に心理的な効果を及ぼすとされる。こうして、公職者はつねに、政策の結果に対する市民の予想される反応を背に感じて、世論に大きな注意を払うことになる。

しかしながら、このような定義が、自由かつ競争的な選挙といった自由民主主義的な文化に基づくものであることは明らかだ。日本の政治に適用されると、それは説明原理としてではなくむしろ「批判原理」もしくは「規範原理」として機能することになるであろう。たとえば日本の選挙の経験では、ある議員が汚職に関ったことが報ぜられても、それは直ちに、有権者が次回の選挙にその議員に投票することを妨げるわけではない（Bowen 2003: 116）。

マニン、プシェヴォスキ、ストークスが考案した基準（Manin, Przeworski, and Stokes 1999）についていえば、それを使って日本を分析する場合には、固有の困難が発生する。日本においては、公職に就く人々は必ずしも市民の反応だけを気にしているわけではない。他方で、市民も、自分と同じ利害や関心を候補者が持っていることを見極めた上で、かれに一票を投ずるわけでもない。鈴木宗男のような公共道徳からの逸脱者が容易に再選されるという事実は、アカウンタビリティの理論の拠って立つ前提が、日本の有権者の行動や価値観とは矛盾していることを示す。それでは、日本政治は、先進民主主義国の逸脱した事例とみなされるべきであろうか。

理論的観点から言えば、マニン、プシェヴォスキ、ストークスが展開したような選挙中心のアカウンタビリティは、以下の条件が満たされたときによく稼動する。まず、大衆の選好や関心が明確に表明され、主要政党によって代替的な政策プログラムが提示される場合である。このような条件のもとでなら、政府の過去の政策に不満を抱く有権者は、懐古的（retrospective）な深慮を巡らして「合理的に」反対政党に投票するように誘導される。選挙によって政権交代が実現すれば、その選挙は賞罰投票の機会だったと事後的に解釈されるであろう。言いかえると、民主主義のウェストミンスターモデルならば、高いレベルの選挙的なアカウンタビリティを保証することができる。

とはいえ、日本の場合、戦後憲法体制はイギリスの議院内閣制のイメージに基づいて作られてはいたが、政策中心型の民主主義が根付くことなく、選挙が政策論争の場となることもほとんどなかった。その結果、アカウンタビリティが機能するための前提条件とみなされる、異なった政策オプションを掲げる政党間の競合が制度化されることも少なかった。残念なことに、一九九〇年代半ばの選挙法改正や政党再編の結果として、民主党の政策を自民党の政策から区別しうる要素もまた、減少したのである。

カーティスは、このことを構造的要因に由来するものとみなして、次のように説明している。「一般に、国際（自由貿易）主義を擁護する一つの政党が、保護主義を支持する他の政党と争い合うといった例が示すように、政党間の違いは経済政策の方向性の根本的な違いにより生まれる。しかし、日本の政治政党が、どちらかの側に自らを同化させることはほとんどないだろう。日本のどの政党も、政治権力を握ろうとはするが、対抗軸のどちらの側に自らが立つかを曖昧にしておくのである」（Curtis 1999: 237）。

ある意味で、アカウンタビリティの断片化は、日本の民主主義に固有な問題かもしれない。野党は水平方向に林立しており、また与野党ともに、内部に分散的なモーメントを抱えている。しかも自由民主党の場合のように、党内反対勢力や反主流派が政府の自立性を弱めるために行動する場合さえある。

リチャードソンは、このことを次のように言い表している。「利害調整法それ自体が多元的であり、行政府の官僚はしばしば分断されている。そしてそれらは、政策が単一の構造を持つことを妨げているのである」（Richardson 1997: 240）。同様にムルガンも、日本の首相について言及し、日本という「非ウェストミンスター体制における首相は、かれが任命した閣僚さえあてにすることができず、内閣は政府の政策の最高の裁定者もしくは意思決定者ではなく、議院会派や官僚の言いなりになっている」と指摘した（Mulgan 2002: 194）。

しかし、日本の政党体制や政党組織の特質にも増して、アカウンタビリティ理論を日本にそのまま適用するさいの障害となっているのは、日本人の政策決定者によって用いられる「宿命」を連想させる政治的言説かもしれない。彼らは、しばしば外国からの経済圧力を非人格的なもの、したがって打ち勝ちがたい強制と捉える。政策決定者はそののち、意思決定の責任を、そのような外部的力に転嫁するのである。ヘイズが述べているように、「外界」は日本にとっては与件であり、そのもとで活動しなければならないフレームワークとなる（Hayes 2005: 290）。

グローバル化への政府の対応を見ても判るとおり、日本の政策課題とは、そのフレームワークを変えることではなく、それにうまく順応することであった。もとより日本人は、経済や貿易の成否が国外市場へのアクセスに依存しており、それらが世界経済の抑制不可能な変動の影響を受けやすいことを自覚している。市民にとって、経済変動期、金融危機時などの例外状況における政府の責任が平時の責任と異なるということは、容易に理解しうる。

もし、外的な経済環境が打ち勝ちがたい統御不可能な力を行使するとしたら、政策担当者は、彼らの政策を正当化する方法を一つ余計に持つことができる。彼らは「その政策を採用するように強いられた」と述べ、責任を外界や外圧に転嫁すればよいからである。もし政策決定が、自由市場における価格設定のような人間の力の及ばないプロセスとして語られるならば、たとえ、政府が失敗したとしても、市民がその責任は政府にあると考えることはないだろう。

市民にも共有されているこの（無）責任感覚ないし（無）責任哲学は、選挙的なアカウンタビリティ概念を日本の民主主義に適用するさいの大きな障害となっている。政治文化擁護論者ならば、日本人特有のこのような意識を、民主的アカウンタビリティ理論の文化的制約と捉えるかもしれない。

二　外圧政治のアカウンタビリティ

日本特有のこのような状況の中で、アメリカもしくは諸外国の私的あるいは公的な組織は、日本の政策決定過程への介入は容易だと感ずるに違いない。もちろんそれらのアクターは、介入にさいして日本の市民にアカウンタビリティを負おうとしているわけではない。

一九七〇年代半ばに日本は、円の再評価（切り上げ）を要求する激しい外圧を被った。さらに一九七〇年代後半に日本は、アメリカ、ヨーロッパ、ときにはアジア諸国から市場を開放し輸出を減らせという外圧を受けてきた。しかしながらこれらの外圧も、経済政策や貿易政策を独自に策定し執行するという日本政府の能力を奪うことは、少なくともいかに日本企業が海外に進出するかが課題であった一九八〇年代末まではなかった。

通産省（ＭＩＴＩ）の成功物語が暗示しているのは、日本の省庁が一九八〇年代半ばまで、アメリカから受ける圧力は別にしても、比較的フリーハンドを得ていたという事実である。自由民主党率いる政府は、経済的な国益を保護する責務と、その政策を外圧に適応させる必要性とのバランスを取る政党というイメージを、身に纏っていたのであった。

一九七〇年代から一九八〇年代にかけてのアメリカの圧力について言えば、国民へのアカウンタビリティとアメリカへの忠誠が、しばしば矛盾する関係に立ってはいた。とはいえ、この二つの方向は、融和し難いものでもなかった。政府がしばしば採った道は、国内的責任とアメリカへの従順を調和させるため、例えば繊維、自動車といったアメリカと競合関係にある幾つかの産業を選び、ワシントンからの要求に対し自主規制などで応ずることである。

国内市場を保護しつつ、しかも幾つかの産業部門をアメリカの脅威にならないように調整し、他の部門を国外において収益性の高いものに鍛えてゆくことの三つは、必ずしも鼎立し難いというわけではなかった。特定産業に補助金を与えそれを保護するという手法は、国民の全てを受益させることにはならないが、三つの政策の相互の融通により、政府は全体としてアカウンタビリティの問題をクリアーしているように思われた

このようなクライエンタリズムにおいて、特定の企業や産業の関係者のみが本人（principal）として、官僚や自民党などの代理人（agent）による政策立案に影響を及ぼしうる。したがって、民主的アカウンタビリティの基準からすれば、このような政策調整が公益に合致すると述べることはできない。もっとも、自民党、財界、業界、金融界など様々なアクターの利益は鈴なりになり、多くの関係者がそこに関与していたことからすれば、市民の眼に、自民党＝官僚という代理人たちが国益の増進に寄与しているように、したがって日本国民の利益に奉仕しているように映ったとしても不思議ではない。

同様なことはまた、日銀が円の再評価（円高）を避けるため大量のアメリカ国債を買い、保持していることにも当てはまる。ユーロ債を購入していれば一層の見返りがあったという意味で巨額の喪失を生んでいる以上、このような慣習を有権者の税金のアカウンタブルな使用法とみなすことはできない、と批判する者さえいる（相沢2005）。

しかしながら、日本国民の多くにとってアメリカとの良好な経済関係があらゆる考察を上回る至上課題であることに、注意を向けなければならない。市民たちは、安全保障の面で脆弱な日本が、アメリカからの安全供給の見返りとして何らかの経済的代価を支払ってもよいと考えている。

結果として、日本国政府が国益の増進と外圧への対応をうまく両立させている限りは、政府は全体として市民への責任を果たしているように思われた。実際、「日本叩き」のような激しい外圧が認知されると、市民は政府の政策パフォーマンスを評価する際に「より寛大になる」のである。

要するに、一九八〇年代後半に選挙で選ばれた公職者たちが十分にアカウンタブルだったわけではないが、自民党率いる政府への不満は、主に国際環境における日本の立場、外圧への対応における政府のパフォーマンスを考慮に入れると、市民の多数の許容範囲内にあった。自民党の政策の適否はともかくとして、市民の大半は、戦後の経済成長と一九七〇年代の第一次・第二次オイルショックからの奇跡的な立ち直りにより、戦後の政治経済体制が適切（正当）なものであったとの感触を得ていた。

三　「管理された自由化」から矛盾した政策対応まで

日本の政治経済体制の正当性の喪失、そして公職者のアカウンタビリティの深刻な危機は、経済の変調で始まった。一九九〇年代中半に、不良債権問題を抱える銀行、負債にあえぐ企業、失業と背中合わせの労働者などが連日メディアで特集され、さらに九〇年代後半には、消費者需要の停滞、不動産価格や株価の下落、金融機関の破綻が、体制そのものの機能不全を強く印象付けていた。

学派を問わず経済学者たちは、複合的な不況を、政府主導の利益再配分システムの限界の露呈と捉えた。金融システム開放の圧力が、体制や官僚の正当性に頼った金融システムの回復を不可能にしており、政府も金融・財政関連省庁も、国民や自民党議員がそれを期待しているからという口実を使って伝来の短期的景気浮揚策に頼ることは、もはやできなかった。

他方で、財界は、国内市場が外国投資家にとって魅力に乏しいもので、日本の金融機関がグローバルな競争の中で極めて低い収益性しか示さないことを憂慮していた。財界人たちは、もし自民党主導政府が選挙における人気取りのみを考えて伝統的政策にしがみつくようなことがあれば、日本経済は破局に向かうに違いないと考えた。

このような状況において、自民党主導政府が避けねばならなかったのは、自民党＝官僚主導体制の正当性の全面喪失である。大蔵省や大蔵官僚への信頼は、一九九〇年代中頃までにはすでに、慢性的な失敗や腐敗により深刻なまでに損なわれていた。もし、新たな銀行や証券会社の倒産が報ぜられれば、監督省庁としての大蔵省は窮地に立たされたであろう。なぜならば、どんなに不効率な金融機関でも保護し救済することが、この体制の正当性の源泉だったからである。

このようにして、監督下にある銀行や証券会社が大量倒産するという最悪の事態を避けようとした金融・財政当局は、金融自由化というネオリベラルな解決策の採用を余儀なくされた(2)。実際に、他国の後追いとはいえ、政府にとっては、普遍的なものとみなされるにいたった規制緩和モデルを採用する以外に、選択の余地がなかった。その政策転換の根本にある発想とは、次のようなものである。すなわち、ひとたび金融市場が開放されれば、構造調整の過程で企業倒産が発生しても、その責任は、監督官庁の無能にではなく、企業の経営管理ミスないし収益性の低さに帰することができる。

ネオリベラリズムは、市場自由化を、あらゆる政府が従うほかないような必然的法則であるかのように見せ掛ける。この意味で、G7の申し合わせやアメリカの基準に則った構造改革政策は、国際的な正当性を身に纏い、金融・財政当局も、それを梃子にして改革の必要性を市民に納得させることができた。このようにして、一九九六年一一月、橋本首相（当時）は二〇〇一年までに金融システム改革を断行する計画を発表した。ほどなく、保険会社が銀行業務を行うことが可能となり、銀行や証券会社もまた保険業務を行うことが可能となった。このようにして、経済立て直しの本格的な一歩が始まった。日本の市場の魅力や競争力は高まると思われた。日本の市民はその後、橋本首相とかれの後継者小渕首相による改革のアカウンタビリティを、どのように評価したのだろうか。改革プランとその結果との因果関係の分析は、マクロ経済学の専門知識を要求する。したがって、経済素人である市民が政策決定者のパフォーマンスを評価することには、大きな困難が伴う。くわえて、二〇〇〇年代に入ると、改革者に負わせるべきアカウンタビリティの回路を阻害し、寸断する次のような要因が生み出されていた。

第一に、二〇〇〇年の総選挙においては、経済問題、景気問題こそが有権者の最大の関心事であったが、どの政党も魅力ある、はっきりとした政策を打ち出すことが叶わず、結果として、改革の方向についての議論は、世論の集約・伝導媒体を欠き、有権者の選好と切り離されたままであった（Reed 2003: 55）。日本政治は、選挙的なアカウンタビリティ定着の大きなきっかけを逃したのである。

第二に、『世界六〇カ国価値観データブック』の示すところによれば、有権者もまた、規制を梃子にして経済の安定性を高める方法と、自己責任に基づく規制緩和経済に移行するという改革方法との選択について、明確な意思を表明する準備ができていなかった。政策プラットホームはそのどちらかであるべきだ、という自覚が乏しかったのである。改革についての国民の曖昧で移ろいやすい態度により、政府の推進している政策が有権者の多数が望む政策であるか否かという疑問には、解答が与えられなかった。[3]

第三に、ネオリベラルな政策が、右寄りあるいは中道右派の政党に擁護され、左寄り政党、あるいは社会運動により攻撃されているヨーロッパ各国とは異なり、日本におけるネオリベラルな政策イニシアティブは、むしろ金融・財政当局の抱く懸念より生じたといってよい。その懸念とは、いましがた述べたように、既存の体制と政策が完全に正当性を剥奪されることであった。このような危機を回避するための政府による防御的な政策イニシアティブは、政策に関する議論に「ねじれ」をもたらし、それをより捉えにくいものにしてしまった。

第四に、当時の野党もまた、アカウンタビリティの機能不全に対して責任を負っている。民主党は二〇〇〇年代に入ってもなお、内部に矛盾する政策意見を抱え、また自民党の改革に対抗する明確なプランを練り上げることに失敗し、他方で、有権者の選好が反ネオリベラルな方向へ振れてゆくという環境を活かすことができなかった。実に改革に反対する勢力は、民主党のお株を奪う形で与党自民党の中から生まれてきたのである。

四　首相の人気に置換されたアカウンタビリティ

二一世紀の開始時に、日本の有権者は改革プログラムに欠けているものが「政治的意思」だということに気付いていた。有権者の多くが政治家に期待したものは、日本を倒産、失業、不良債権、金融恐慌から救い上げてくれるリーダーシップであった。小泉純一郎こそ、そのような有権者の期待を代弁し、集約することができた。

小泉首相が、自民党員すべてが投票できる予備選を経た首相だったという点は重要である。かれはまた、妥協を好む人物としてではなく、決然たるリーダーとして自身をアピールしていた。さらに、官僚主導に対立する意味での官邸主導という小泉の考え方は、国民には斬新に映った。小泉就任直後の『読売新聞』の世論調査によれば、四六・四％の回答者が、たとえそれが市民にとって痛みを伴うものであっても、小泉政権は構造改革を推進すべきだと考えていた。当初、有権者の多くがいかに小泉の改革プランに熱狂したかが窺える。「構造改革なくして経済成長なし」という小泉の標語は、疑いようもなく大衆の支持という正当性を獲得したのである。そのうえ「日本を改革する手始めに自民党を改革する」と誓約することで、小泉は、自らを真の改革者だと有権者に印象付けることができた。経団連や日経連（現‐日本経済団体連合）の幹部たちも、小泉改革に儀礼的のみならず実質的な支持を表明したのである。

このような中で、ワシントン（アメリカ合衆国政府）は小泉首相に対し、改革を加速し、デフレや不良債権などとくにアメリカが憂慮する日本国内の問題について、優先的に取り組むよう躊躇いなく圧力をかけた。日本を訪れた米財務長官、大統領経済諮問委員、アメリカ商工会議所の日本駐在代表などが、小泉政権に詳細なアドバイスと改革の処方箋を提供したのである。ムルガンが指摘しているように、合衆国による政策要求は、いまや日本の諮問会議システムを通じて政策形成過程に組み込まれている（Mulgan 2002: 85-86）。二〇〇一年秋の行政改革関連「規制緩和小委員会」では、合衆国大使館の代表が意見を伺われる機会を得ていた。

過去の自民党政権も、個別の政策の遂行に困難が生じた場合、「アメリカのお墨付き」を正当化の引き合いに出すことがあった。しかし今回は、経済財政諮問会議を主な決定機関とみなすという小泉の政治スタイルのおかげで、合衆国は日本の政策過程にほぼダイレクトに介入する機会を与えられたのである。

もし「有権者の利益の保護」こそがアカウンタビリティであるとするならば、小泉によって提案された不良債権対策、公共セクターとくに特殊法人の統廃合、金融システムの安定化などの政策がそのまま実施されれば、失業増加のような痛みを伴う結果がもたらされることは明らかであった。小泉は二〇〇一年において早くも、失業や格差の増加につながる不人気な政策を手掛け始めていたのである。

小泉が政権に就くころには、既に前政権の改革の望ましくない効果が市民により感知されていた。二〇〇一年四月の『読売新聞』の世論調査によると、景気刺激策を優先すべきだと考える人は五一％に上り、構造改革を完遂すべきだと考える四三％を超えていた。理論的に言うと、デフレスパイラルを脱し力強い内需を生むために、社会保障関連支出の増加を必要としていたかもしれないし、これこそが市民の選好にマッチする政策だったのかもしれない（Neary 2002: 200）。

とはいえ、小泉改革プランへの試金石は、自民党内勢力からの抵抗であった。特殊法人改革や郵政改革などの課題において、官僚と結びあった橋本派から異論を提起されると、小泉首相は、自民党議員の支持が目減りし、政権基盤が掘り崩されてゆくのを感じた[4]。

ここでまた、日本政治の伝統的力学が復活の機会をうかがっていた。通例、日本の「改革」文化では、誰をもルーザーに追い込まないような妥協的イメージを持つ政策形成者こそが、国民の支持を得ることができる。これに反し、改革を徹底しようとするものは、無慈悲な人物という評判を背負うことになり、党内でも国民によっても敬遠される。日本政治の伝統において、ショック療法は、反対勢力を取り込むための苦痛を緩和するような治療法によりカバーされる必要があった。

市民に対するアカウンタビリティと、自民党議員に対する責任を調和させるのに苦慮した小泉首相がまず採用したのは、改革の効率を犠牲にして、改革の速度や手順について反対勢力に譲歩を繰り返すという方法である。多くの日本人は、頑強に抵抗する反対勢力に対しても、耳を傾けざるを得ないと感じている。移ろいやすい世論も、国会や自民党内で繰り広げられる議論に影響され始めたのである。二〇〇五年七月二六日掲載の『朝日新聞』世論調査によると、「改革者より反対勢力に共感を持つ」という回答者は三二％で、「改革者を支持し続ける」と回答した三四％にほぼ並んだ。

不徹底な規制緩和や構造改革は、改革プランそのものに悪影響を及ぼしかねない。しかしながら、日本の政治文化では、政治家が中庸を貫くことはかれに対する市民の信頼を損ないはしない。かわりに、反対勢力に相談や譲歩もせずに改革を口にすることは、また、ルーザーに何の補償も与えずに改革を進めることは、改革プランそのものの正当性を損ないかねない。このまま小泉が譲歩を繰り返していたならば、日本のアカウンタビリティの水準は伝統的な政治文化の水準を上回ることがなかったであろう。

しかしながら、小泉改革には第二幕があった。小泉首相は、政治改革の旗印としての郵政民営化関連法案が参議院で自民党議員の造反により否決されたのを受け、ショック・テラピーとショック・アブソービングの両者を渡り歩く方法を諦めて、国民に対するアカウンタビリティをダイレクトに選挙で果たす途を選んだ。いくつかの幸運も重なって、この方法は見事に成功し、小泉首相は以後、改革プランについてさらなる正当性を調達することに成功した[5]。

この一連の出来事が、日本における政治的アカウンタビリティの改善に寄与したと言えるか。たしかに、自民党の内紛に決着を付けるための解散は、政党間に政策論争を定着させるためというにはなお遠い。しかも、参議院における法案否決を衆議院解散で清算するという変則的な方法は、模範的なアカウンタビリティの果たし方とは言えないであろう。しかしながら、小泉が政策と選挙を戦略的に結びつけたことを、選挙的なアカウンタビリティの萌芽とみることもできないわけではない。いずれにしても、小泉政権の正当性の多くがかれ個人の異常な人気に由来していたからこそ罷り通った「無理」であった。

結論──選挙アカウンタビリティか、伝統的正当性か

選挙的なアカウンタビリティの理論は、市民を、明確に選択意思を表示する「開明された」投票者とみなしている。この理論を成り立たせているのは、民主政治の普遍的基準としての「投票者主権」、また一国の政治が不透明から透明へ、無責任から責任へと単線的に移行するというイメージである。しかしながら、日本のデモクラシーの真のダイナミクスを分析するさいに、政治理論家はより長いタイムスパンをもった説明理論を開拓しなくてはならないだろう。

むしろ伝統的な正当性概念に精緻化を施したもののほうが、日本の政治過程を理解する多産なアプローチになりうるように思われる。なぜならば、政府のパフォーマンスが選挙と選挙の間ではなく「長期間の成果」によって評価されるという日本の政治文化は、選挙的なアカウンタビリティのメカニズムよりも、いうなれば上位の空間で稼動するからである。言いかえると、選ばれた公職者たちのアカウンタビリティ不足は、日本の政治システムそれ自体の機能不全を直ちに引き起こすわけではない[6]。

もっとも、グローバル化の影響により生まれた政策決定権限の垂直的な移動や水平的なずれは、国外の政治的、経済的、金融的なアクターたちが国内の政策決定過程に入り込むための余地を広げた。抵抗勢力や現状維持勢力を打ち負かすため、政府、官僚が国際市場のトレンドや外国からのお墨付きを引き合いに出す以上、国家による決定権限の分散は、より多くのアカウンタブルでないアクター、例えば「格付け会社」などの影響力を増大させるかもしれない。

しかしながら、現在のところ、日本デモクラシーがグローバル化批判論や民主性の不足の理論が想定するほど

深刻に、世界市場が課す強制によって掘り崩されているという明確な証拠は見当たらない。自由化や規制緩和は、国家のコントロール能力にダメージを与えるほど追求されることはなく、政府や官僚の手中から規制緩和のイニシアティブ自体が奪われるという事態には至っていない。

アカウンタビリティを選挙アカウンタビリティの意味で解するならば、その断片化は、日本の戦後政治の慣行に深く根ざしたものであるように思われる。もしグローバル化が生み出した変化が、アカウンタビリティを損なう要因を一つ余計に生み出したとしたら、それは、有権者が構造改革のような複雑な問題で政府の政策パフォーマンスを評価するさいに直面する困難が、増したことであろう。実際、選ばれた公職者のパフォーマンスを評価する市民やジャーナリスト、政策分析家には、ますます高度な国際政治経済学の専門知識が要求されている。それはまた、外圧という政策イニシアティブ、そして国外からの正当性の調達が、政策過程をより捉えにくくしていることとも関連がある。

結論として言えば、日本政府の政策プライオリティーは、官僚の力が衰え、政治主導が軌道に乗っているにもかかわらず、有権者のニーズを満足させることよりも、むしろ政治経済の体制を世界の政策トレンドに従わせ、外圧に応えていくことに置かれるであろう。かつて一九八〇年代まで、官僚主導体制と呼ばれるものの下にあった日本の市民は、少なくとも「誰がアカウンタブルでないか」をはっきりと突き止めることができた。しかし、官僚の権力や権限が減少し、他方でデ・ファクトな政策決定者の数が増加したので、市民にとっては、もはや政策過程で「誰が何を言ったのか」さえ掴むことが容易でなくなった。

このような中で、政策過程の断片化そのものを前提として、政策決定者の相互監視、相互抑制のメカニズムを稼動させ、政策担当者間に競争的アカウンタビリティを導入するという新しいアイデアが生まれるかもしれない。

しかしこの点については、場所を改めて論ずることとしたい。

（注記）

本稿は、二〇〇五年のアメリカ政治学会の年次大会（ワシントンＤＣ）で行った報告に加筆、修正を施したものである。Philippe Schmitter、T. J. Pempel の両氏からは、本稿の英文草稿に対して詳細かつ有益なコメントをお寄せいただいた。記して感謝を申し上げる。

〔注〕

（１）Ｇ７の参加国が日本に加えた経済改革圧力については、Hugo Dobson, *Japan and the G7/8: 1975-2002*（London: Routledge Curzon, 2004）が詳しい。

（２）官僚が改革に対して強いインセンティヴを持ったのとは対照的に、財界、業界が改革を比較的冷めた眼で眺めていた点については、以下を参照せよ。Mark C. Tilson, "Regulatory Reform and Market Opening in Japan," in Lonny E. Carlile and Tilson（eds.）, *Is Japan Really Changing Its Ways?*（Washington: Brookings Institution Press, 1998）, pp. 163-196.

（３）『世界六〇カ国価値観データブック』*The Japanese Edition of The World Values Survey*, 2000, p. 155 によると、三六・二％が規制派と見られるのに対し、三二・三％が規制緩和派とみられ、三一・六％はなおどちらでもないと回答している。

（４）小泉首相にとって構造改革の旗印がなぜ郵政改革と特殊法人改革でなければならなかったのかの説明としては、Susan Carpenter, *Special Corporations and the Bureaucracy: Why Japan Can't Reform*（New York: Palgrave Macmillan, 2003）を参照せよ。

（５）小泉首相が所属していた自民党派閥の領袖である森喜朗元首相は、二〇〇五年八月の小泉による衆議院解散を「日本人の感性に合わないもの」と批評している。『朝日新聞』二〇〇五年八月一六日付朝刊。

（６）日本や東アジアの有権者が政治家に期待する「倫理」と法の支配やアカウンタビリティのメカニズムが保障する政治家の「質」との乖離については、以下を参照せよ。Takashi Oshimura, "In defense of Asian Colors," *Asia Perspectives*, Vol. 2, Issue 2（Dec.1999）.

〔引用・参考文献〕

Bowen, Roger W. 2003. *Japan's Dysfunctional Democracy: the Liberal Democratic Party and Structural Corruption*. New York: Armonk.

Carpenter, Susan. 2003. *Special Corporations and the Bureaucracy: Why Japan Can't Reform*. New York: Palgrave Macmillan.

Christensen, Ray. 2000. *Ending the LDP Hegemony: Party Cooperation in Japan*. Honolulu: University of Hawaii Press.

Curtis, Gerald. L. 1999. *The Logic of Japanese Politics: Leaders, Institutions, and the Limits of Change*. New York: Columbia University Press.

Dobson, Hugo. 2004. *Japan and G7/8: 1975-2002*. London: Routledge Curzon.

Dryzek, John S. 2000. *Deliberative Democracy and Beyond: Liberals, Critics, Contestations*. Oxford: Oxford University Press.

Feldman, Ofer. 2004. *Talking Politics in Japan Today*. Brighton: Sussex Academic Press.

Gomez, Edmund Terence. 2002. "Introduction." In Gomez ed., *Political Business in East Asia*. London: Routledge.

Goodman, Carl F. 2003. *The Rule of Law in Japan: a Comparative Analysis*. The Hague: Kluwer Law International.

Green, Michael J. 2003. *Japan's Reluctant Realism: Foreign Policy Challenges in an Era of Uncertain Power*. New York: Palgrave Macmillan.

Hayes, Louis D. 2005. *Introduction to Japanese Politics*. 4th ed. New York: Armonk.

Held, David. 1999. "The Transformation of Political Community: Rethinking Democracy in the Context of Globalization." In Ian Shapiro and Casiano Hacker-Cordon eds., *Democracy's Edges*. Cambridge: Cambridge University Press.

Ito, Makoto. 2005. "Assessing Neoliberalism in Japan." In Alfredo Saad-Filho and Deborah Johnston eds., *Neoliberalism: a Critical Reader*. London: Pluto Press.

Kingston, Jeffrey. 2001. *Japan in Transformation: 1952-2000*. Essex: Person Education Limited.

Klien, Susanne. 2002. *Rethinking Japan's Identity and International Role: an Intercultural Perspective*. New York: Routledge.

Maclachlam, Patricia L. 2002. *Consumer Politics in Postwar Japan: the Institutional Boundaries of Citizens Activism*. New York: Columbia University Press.

Manin, Bernard. Adam Przeworski, and Susan Stokes. 1999. *Democracy, Accountability, and Representation*. Cambridge: Cambridge University Press.

McCormick, Gavan. 2001. *The Emptiveness of Japanese Affluence*. revised. ed. New York: Armonk.

Mulgan, Aurelia George. 2002. *Japan's Failed Revolution: Koizumi and the Politics of Economic Reform*. Asia Pacific Press.

Neary, Ian. 2002. *The State and Politics in Japan*. Cambridge: Polity Press.

Norville, Elizabeth. 1998. "The Illiberal Roots of Japanese Financial Regulatory Reform." In Lonny E. Carlile and Mark C. Tilton eds., *Is Japan Really Changing Its Ways? Regulatory Reform and the Japanese Economy*. Washington, D.C.: The Brookings Institution.

Pempel, T. J. 1998. *Regime Shift: Comparative Dynamics of Japanese Political Economy*. Ithaca, N.Y.: Cornell University Press.

Reed, Steven R. 2003. "Realignment between the 1996 and 2000 Election." In Reed ed., *Japanese Electoral Politics: Creating a New Party System*. London: Routledge Curzon.

Richardson, Bradley. 1997. *Japanese Democracy: Power, Coordination, and Performance*. New Haven: Yale University Press.

Sassen, Saskia. 2003. "Economic Globalization and the Redrawing of Citizenship." In Jonathan Friedman ed., *Globalization. the State, and Violence*. Walnut Creek: Altamira Press.

Sheingate, Adam D. 2001. *The Rise of the Agricultural Welfare State: Institutions and Interest Group Power in the United States, France, and Japan*. Princeton: Princeton University Press.

Stockwin, J. A. A. 1999. *Governing Japan*. 3rd ed. Oxford: Blackwell Publishers.

——— 2003. *Dictionary of the Modern Politics of Japan*. London: Routledge Curzon.

Swank, Duane. 2002. *Global Capital, Political Institutions and Policy Change in Developed Welfare States*. Oxford: Oxford University Press.

Talmud, Ilan. 1997. "The Democratic State, Globalization and Privatization." In Yossi Shain and Aharon Klieman ed., *Democracy: the Challenges Ahead*. London: Macmillan Press.

Whitehead, Laurence. 2002. *Democratization*. Oxford: Oxford University Press.

相沢幸悦『アメリカ依存経済からの脱却』日本放送出版協会、二〇〇五年。

金子勝「小泉構造改革の帰結」『世界』第七四三号、岩波書店、二〇〇五年九月。

吉川洋『構造改革と日本経済』岩波書店、二〇〇三年。

佐々木毅『政治学は何を考えてきたか』筑摩書房、二〇〇六年。

電通総研・日本リサーチセンター編『世界六〇カ国価値観データブック』同友館、二〇〇四年。

読売新聞社世論調査部『日本の世論』弘文堂、二〇〇二年。

第六章　アカウンタビリティと生産レジーム
――イタリアと日本におけるコーポレート・ガバナンスの非民主的起源

井戸　正伸

一　はじめに

今日の政治学では、経済成長と社会的安定を同じく達成してきた先進国が、これらの目標を達成してきた方法については異なる点が、重要な関心の対象となっている。とくに、「資本主義の多様性（varieties of capitalism）」に関する文献では、先進各国の資本主義経済は、異なる性格を持つ社会に埋め込まれた企業が、対極的な行動原理にもとづき活動している「自由主義的市場経済（Liberal Market Economies, LMEs）」と「調整型市場経済（Coordinated Market Economies, CMEs）」に二分され、これらの異なる資本主義モデルにおいては産業構造が異なり、グローバリゼーションへの対応も異なると論じられている。これら異なる資本主義モデルは、金融制度、コーポレート・ガバナンス、企業間関係、労使関係、職業訓練制度、福祉国家などの各領域から構成され、これらが相互補完的であることによって、システムとしてのまとまりを維持し、外的ショックにも耐える能力を有しているとされる（Hall, Soskice, 2001）。そして現在、大きな研究関心を呼んでいるのが、グローバリゼーションは、先進国の資本主義を単一の資本主義モデル（大抵、それはアメリカ型モデルと想定されている）に収斂させるのか、あるいは、これら資本主義の異なるモデルが維持されるのか、という論点である（Hancke, Rhodes and Thatcher, 2007; Crouch, 2005）。本稿では、この制度変化の問題を考える前提として、そもそも戦後の「黄金時代」の成長を実現した各国の「資本主義のモデル」の核心であるコーポレート・ガバナンスがいかにつくられたか、その政治的構築について、イタリアと日本の事例を検討する。

本稿では、コーポレート・ガバナンスを、たんに企業が誰から資金を得て、事業を行うかを指すものとしてではなく、企業の経営を誰にアカウンタブルなものとするかを定める基本的な枠組みとして捉える。今日、コーポレート・ガバナンスは、企業経営を株主のみにアカウンタブルなものとするアングロ・サクソン的な株主中心のシステムと、企業経営を、株主に対してだけではなく、株主以外のさまざまなアクター（従業員集団、取引先企業、銀行、政府——いわゆるステイクホルダー）に対してもアカウンタブルなものとするステイクホルダー中心のシステムに二分することができる。（日本も、ステイクホルダー中心のコーポレート・ガバナンスであるとされる。）ヨーロッパ諸国において当初は、所有者家族が経営を独占的に掌握していたが、労働組合が発展し、社会民主主義政党が長期間にわたり政権を掌握するようになった結果、ドイツの従業員参加制度がその典型であるが、企業の経営において、従業員集団などの株主以外のアクターの影響力が制度化されることとなった。他方、今日のアメリカでは、巨大企業の経営は、専門的知識を有する経営者によって、分散した数多くの株主の株式市場における短期的利潤追求を充たすべく行われているとされる。

このようにコーポレート・ガバナンスは、企業経営を誰に対してアカウンタブルとしているかの点で、英米の株主中心のシステムとヨーロッパ諸国のステイクホルダー中心のシステムに分けられる。コーポレート・ガバナンスの歴史的起源については、経済的、政治的説明が存在する。ガーシェンクロンは、後発国は、大規模な資本を最初から必要としたために、国家主導型経済発展の道を辿り、その金融システムは、国家主導、銀行主導となったと論じた（Gerschenkron, 1962）。他方、ロー（Roe）によれば、北欧諸国のように社会民主主義政権が強い国では、資本家は株式の大量保有による企業経営のコントロールが必要となり、集中的コーポレート・ガバナンス・システム（Concentrated Corporate Governance）を採用することとなった（Roe, 2003）。さらにシュトレーク（Streeck）は、次のように論じる。政治的民主主義が導入される以前に資本主義が発達したドイツ、日本では、国家エリート（国家官僚）が、社会集団からの抵抗をうけることなく、特権的な社会集団と特殊な関係を形作っていった。日本では、強力な国家が、大企業を社会的コミュニティーとして位置づけ、これに適合的な経済システムを作り上げてきたのである（Streeck, 2001）。これにたいし本稿では、第二次大戦後のイタリアと日本のコーポレート・ガバナンス構造が、異なるプロジェクトをもつアクター（非民主的アクターを含む）の戦略的行動の意図せざる帰結として、登場してきたと論じる。

戦後イタリアと日本のめざましい経済成長を実現する大きな原動力となったのは、両国の独特のコーポレート・ガバナンス構造であった。戦後、イタリアのＩＲＩ（Istituto per la Ricostruzione Industriale 産業復興公社）を中心とする公企業が国際的注目を浴びた。また「発展志向型国家」である日本の「国家主導型発展」において、政府は、金融を通じた民間製造業の投資行動に影響を与え、経済発展を主導した。そこでは、銀行を中心とした産業金融、企業の株式相互持合いという諸特徴からなるメインバンク・システムが重要な役割を果たした。

第6章　アカウンタビリティと生産レジーム
——イタリアと日本におけるコーポレート・ガバナンスの非民主的起源

世界資本主義の中で、後発資本主義として世界市場に参入せざるを得なかったイタリアと日本の両国は、世界経済が大恐慌に直面するなかで、アウタルキーと自国の重工業育成による経済成長を選択し、さらにファシズム政権の下、戦争に突入していく。大恐慌により引き起こされた金融危機と戦争遂行のための経済的動員の必要性は、両国のリーダーに、製造業企業にいかに資金を供給するか、という問題を提起した。両国のリーダーは、この問題を解決するために、両国のコーポレート・ガバナンス構造を転換した。しかし、その転換のあり方、そして結果として誕生したコーポレート・ガバナンス構造は、両国において大きく異なっていた。

本稿では、このようにイタリアと日本のコーポレート・ガバナンス構造が、ファシズムを契機として異なる経路を辿って出現してきたのに、政治的要因が大きな役割を果たしたと論ずる。イタリアと日本両国においてファシズムを指導したリーダーシップの相違——より具体的には、両国のリーダーシップを構成した政治リーダー（政党）、官僚リーダー（官僚組織およびその一部）、経済リーダー（財界）のイデオロギーおよび組織的能力の異なる組合せ——が、イタリアと日本のコーポレート・ガバナンスの異なる変化の経路、およびその帰結として登場してきたコーポレート・ガバナンス構造の相違をもたらしたのである。本稿ではまず第二節で、最近の政治経済研究における生産の社会システム（SSP）、生産レジーム、「資本主義の類型」論を紹介し、これらとコーポレート・ガバナンスとの関連について論じ、第三節では、戦後イタリアと日本のコーポレート・ガバナンス構造を国際比較の見地から検討する。そして第四、五節では、イタリアと日本のコーポレート・ガバナンスの歴史的起源を検討し、最後に結論を述べる。

二 「資本主義の類型」とコーポレート・ガバナンス

生産の社会システム（SSP)、生産レジーム、コーポレート・ガバナンス

ホリングスワース（J. Roger Hollingsworth）とボワイエ（Robert Boyer）は、「生産の社会システム（social system of production, SSP）」が各国の経済パフォーマンスを決定すると論じている。各国において企業が活動している社会環境が、企業の生産テクノロジーに影響を与えており、同じ産業部門をみても、各国で生産設備はまったく異なったやり方で使用されているのである（Hollingsworth and Boyer, 1997）。また、ソスキス（Soskice, 2000）も、従来のコーポラティズム論が政治経済システムの一部である労使関係システムのみに焦点を当てていたことを批判し、一国の政治経済システム全体を「生産レジーム（production regime）」と呼び、一国の経済パフォーマンスを決定するのはこの生産レジームの調整度によるとし、先進国の政治経済システムを「調整された生産レジーム」と「調整されていない生産レジーム」の二類型に分類したうえで、その論理と経済パフォーマンスとの関係を研究している。これらいずれの研究においても強調されているのは、各国の政治経済システムと経済パフォーマンスを研究するうえで、それを構成する部分（たとえば、コーポラティズム論者にとっての労使関係システム）を分析するのみでは十分ではない、という点である。

では、国家の強弱、コーポレート・ガバナンス、労使関係などが主な「生産レジーム」あるいは「生産の社会システム」の構成要素であるが、これまでの政治学では、これらについていかなる研究蓄積が存在しているのだろうか？　これまで政治学において、国家の経済パフォーマンスへの影響については、カッツェンシュタイン、スコッチポル、ウィーアらの国家主義的アプローチ、労使関係システムについては、シュミッター、シュトレー

クらのコーポラティズム論による研究などそれぞれ枚挙に暇がない状況である。他方、生産レジームの重要要素のひとつであるコーポレート・ガバナンスについては、政治学の中では、Ｐ・ホールのイギリスとフランスの比較のなかで大きな役割を果たしていること（Hall, 1986）、そして、Ａ・コックス（Cox, 1986）の先駆的な国際比較研究を除けば、これまで研究業績の蓄積は少ない。そしてそもそも、これらの政治経済システムを構成する部分と他の構成部分との関係については、おそらくは先述のＰ・ホールを唯一の例外として、これまで十分に研究されてこなかった。

コーポレート・ガバナンスと「資本主義の類型」との関連

しかし、いかなる方法で、コーポレート・ガバナンスは、各国の資本主義の類型（variety of capitalism）を決定づけるうえで大きな役割を果たしているのだろうか？

各国のコーポレート・ガバナンスには、大きく分けて、「インサイダー・モデル」と「アウトサイダー・モデル」があるとされる（OECD, 1996; Berglof, 1997）。企業が主に株式市場をつうじて、一般投資家から資金を調達している「アウトサイダー・モデル」のコーポレート・ガバナンスが支配的な国では、株式配当や企業利潤に注目して投資している投資家の意向に配慮して経営を行うため、企業は短期的視野に立った経営を行う。他方、企業が主に銀行からの長期融資により資金を調達している「インサイダー・モデル」のコーポレート・ガバナンスが支配的な国では、企業の成長を期待して投資している銀行の意向を考慮して企業が経営を行うために、企業経営は長期的視野に立ったものとなる。このように企業経営が短期的視野に立つか、あるいは長期的視野に立つかは、各国の資本主義を短期的視野に立つものか、長期的視野に立つものかを決定する（Soskice, 2000）。レスター・サロー（Thurrow, 1992）も、銀行中心のヨーロッパと株式市場中心のアメリカの資本主義を対置させ、前者を共同体型資本主義、後者をアングロ・サクソン資本主義と呼んでいる。そして、短期利潤に突き動かされ、長期的視点に立った投資を行わないアングロ・サクソン資本主義とは異なり、ヨーロッパの共同体型資本主義では、長期的投資が行われるとして賞賛している。

しかしながら、これらの見解に共通する問題点は、自律的なアクターとしての国家が一国の「コーポレート・ガバナンス」構造で果たしている役割への視点が欠落している点にある。本稿では、イタリアと日本のケースについて、国家がコーポレート・ガバナンス構造においていかなる役割を果たしているかが、一国のコーポレート・ガバナンス構造を決定すると論じる。わけても、強い国家は、公的セクターのみならず民間セクターの製造業にも、コーポレート・ガバナンス構造を通じて、一貫して影響を与える能力を有すると考えられる。この国家能力の相違が、イタリアの「非接合」システムと日本の国家主導システムを大きく分かつ点である。（この点について、サペッリ［Giulio Sapelli］は、イタリアの資本主義について「国家なき共同体型資本主義［il capitalismo comunitario senza lo stato］」と呼んで、フランス、ドイツなどの強い国家が存在している他のヨーロッパ諸国の「組織資本主義」と区別しているのは興味深い［Sapelli, 1993］。）

三　イタリアと日本のコーポレート・ガバナンス

イタリアのコーポレート・ガバナンス

イタリアのコーポレート・ガバナンスは以下の特色を有している（Deeg and Perez, 2000, pp. 133-136）。第一に、イタリアのコーポレート・ガバナンスの最大の特色として、国家の経済全体に占める絶対的比重の大きさと、国家の民間企業に対する影響力の低さが挙げられる。イタリア経済において広範囲に及ぶ公的所有が存在しており、銀行の理事の任命および融資決定が高度に政治的性格を帯びている。しかしながら、国家の信用供与の決定は、政府の指示的経済計画と関連付けられておらず、巨大な公共セクターと民間セクターは「非接合」の関係にある。第二に、製造業企業は株より借り入れにより、経営を行っている。すなわち、デット・ファイナンス（debt finance）が高く、エクイティー・ファイナンス（equity finance）が低い。ただし、借り入れは銀行からがほとんどであるが、銀行による融資のほとんどは短期融資である。第三に、株式所有がいちじるしく集中している。（大企業では、平均して上位五位株式保有者が八七％の株式を保有している。）またイタリアの株式市場は小規模である。企業による株式の相互持合は広く行われているが、それはピラミッド型となっている。すなわち、大企業が多数の小企業を、直接、株式を保有することにより、コントロールしているのである。最後に、銀行は伝統的に非金融企業の株を保有せず、コーポレート・ガバナンスにおける監視、コントロールの役目を果たしていない。銀行中心のシステムだが、銀行と企業の関係は分離的関係である。大企業の多くは、銀行による外部コントロールや監視に服していないのである。（ただし、この重要な例外として、多くの企業に長期融資と株式保有を行っているる投資銀行であるメディオバンカ［Mediobanca］が存在している。）

日本のコーポレート・ガバナンス

日本のコーポレート・ガバナンスは以下の特色を有している（榊原, 1995, pp. 69-70）。第一に、日本のコーポレート・ガバナンスの最大の特色として、国家が大きな役割を果たしている点が挙げられる。日本経済において公的所有は一般的ではない。また、銀行の理事の任命および融資決定も政治的決定からは相対的に自由である。しかしながら、チャーマーズ・ジョンソンの通産省の研究が示すように、日本の国家は一九七〇年代まで、銀行の製造業に対する信用供与の決定に影響を与え、経済成長をリードしてきたのである（Johnson, 1982）。（これに反論して、カルダーは日本をドイツ、スウェーデンと同様、戦略的企業が主導する「戦略的資本主義」と呼び、政府の主導的役割を否定している［Calder, 1993］。）第二に、製造業企業は、株式より借り入れにより経営を行っている。銀行、保険会社などの金融機関が製造業企業の株式の多くを所有している。しかし個々の株主の所有割合は低く、配当収入より、安定的株主として取引関係を維持するという長期的利益の方を重視している。第三に、株式所有は分散している。（大企業では、平均して上位五位株式保有者が三三・一％の株式を保有している。）大企業が株式の相互持合を広く行い、企業グループを構成している。最後に、日本では、メインバンクが、製造業企業との間に融資、株式保有、役員派遣をつうじて、長期的関係を維持している。日本は銀行中心のシステムであり、銀行と企業の関係は緊密であり、大企業の多くは銀行による外部コントロールや監視に服しているのである。

四　「偶然の全体主義者」：イタリアにおけるコーポレート・ガバナンス構造の登場

イタリアのファシズム

イタリアの自由主義的なジョリッティ体制は、一九二二年のムッソリーニのローマ進軍でその終焉を迎える。ファシストの威嚇におびえた国王は、ムッソリーニに政権運営を託したのである。そしてムッソリーニへの反対者が過酷な弾圧の対象となった一九二四年の総選挙で、ファシストは大勝利した。

ムッソリーニのファシズムは、恐慌に苦しむ不安定化した中間層を支持層とする政党による「下から」の政治的革命であった。ムッソリーニは既成体制のエリートではなく、体制の外側の人物であり、ファシスト党を通じた大衆動員により政治権力を握ることに成功した。ムッソリーニは独裁を掲げ、自由主義のソフトさを口をきわめて攻撃したが、その支配の実際においては、むしろさまざまな勢力の間の仲介者として行動した（Hellman, 1997, pp. 348-351）。特に経済運営に関しては、ムッソリーニは、資本家との対決を注意深く回避し、むしろCGII（Confederazione Generale dell'Industria Italiana イタリア産業総連盟）に代表される資本家に委ねたのである。実際、ムッソリーニは自由主義と反官僚主義を旗印として権力を獲得したのである。これが、イタリアのファシズムの帰結、そして本稿の考察の対象であるイタリアのコーポレート・ガバナンス構造の性格を決定づけた。

初期ファシズム政権の「自由主義的」経済制度改革

ファシズム政権は、その初期において自由主義的経済政策をとった。自由放任主義で自由貿易主義のデ・ステファニ（De Stefani）が一九二二年から一九二五年まで財務大臣を務めた。また、あらたに設置された通信省は当初（一九二四－三四年）、コスタンツォ・チアーノ（Costanzo Ciano）が大臣を務めたが、実際に彼が行ったのは、利潤の上がっている電話線を民営化し、儲かっていない長距離線のみを国営化することであった。また、資本家の批判をうけ、一九二三年四月には労働福祉省が廃止された。さらに一九二三年八月には、従来の農業、商業、産業、労働、福祉各省が統合され、経済省が新設されたが、その大臣には、財界の信頼の篤い自由主義的経済学者のマリオ・オルソ・コルビーノ（Mario Orso Corbino）が就任した（Sarti, 1971, pp. 45-48）。

他方、ファシズムの革命主義的要素の一つである労働者と資本家を同じ職業協同体に組織することを唱えたロッソーニ（Rossoni）の統合サンディカリズムは、ファシズム内部の権力闘争で敗北し、財界との協力を必要とするムッソリーニによって切り捨てられる。そして、ムッソリーニは、ファシズム体制における財界の独立した地位を認めると同時に、その利益を独占的に代表する「公的地位」をはじめてＣＧＩＩに与えた。すなわち一九二三年一一月には、ファシスト大評議会がＣＧＩＩの組織の独立を保障したのである。さらに同年一二月には、ＣＧＩＩとロッソーニの「協同体連盟」が、両者はそれぞれ資本家と労働者を組織することを約した（Sarti, 1971, pp. 58-62）。

イタリア・ファシズムの「全体主義」期

一九二四年六月のマッテオッティ殺害事件によってもたらされた政治的危機を契機に、イタリア・ファシズムは「全体主義」の時期に移行する。

一九三四年に、ついに二四の「協同体（コルポラツィオーネ Corporazione）」が設立された。しかしそれは、資本家の反対を受けた結果、コーポラティスト国家の理念から遠くかけ離れた、たんなる諮問機関に過ぎないものに落ち着いた。協同体は、生産の公的規制を果たすどころか、むしろ企業のカルテルの場となったのである。イタリア・ファシズムにおいて、「カテゴリーの自主規制（autodisciplina delle categorie）」という名目の下、いまや資本家のカルテルは公認された存在となったのである（Sarti, 1971, pp. 97-108）。

また、一九三三年以後行われた産業に対する許可制度においても、イタリアの官僚制度の能力が低いため、許可の実務を実際に担ったのは民間のＣＧＩＩであった。そして実際には、ＣＧＩＩのなかでも大企業が大きな役割を果たしたのである（Sarti, 1971, pp. 107-108）。

他方、ファシスト体制はこの時期、公務員になるためには、党員であることを必要条件とするようになった。一九三一年に、公務員組合はファシスト党書記長の統制下に下った。一九三三年には、地方公共団体と半国営公社（enti parastatali）の職員となるには、ファシスト党の党員証が不可欠となった。一九三八年には、この規定の適用対象が公務員全体に拡大された（Melis, 1998, p.47; Melis, 1995, pp. 264-265）。

また一九二〇年から一九四〇年の間に、保険、公団への特別貸付け、基幹産業への貸付け、社会保障、社会保険、公的扶助などの分野で多くの公団（enti pubblici）が生まれた。しかし、これら公団の役員は、従来の各省庁の場合とは異なり、民間の人材がその職を占めた。そして、これら公団の職員は、高給を取り、その企業文化は法律的ではなく、より実際的、企業家的であった。特に、ＩＮＡ（全国保険機構）、公共事業信用公庫（Crediop）、ＩＣＩＰＵ（公益事業金融公社）、ＩＭＩ（イタリア動産公庫）、ＩＲＩなどの経済金融分野の公団において、企業家的色彩が強かった（Melis, 1998, pp. 48-49; Melis, 1995, pp. 268-274）。

イタリアの銀行主導型発展

イタリアは、一九三〇年代大恐慌が襲う以前、銀行主導型の経済成長を実現してきた。そこで主役となったのが、イタリア商業銀行、イタリア信用銀行などのドイツ型兼営銀行（mixed banks）であった。兼営銀行は、預り金の大半を、産業への貸付けや証券保有に充てた。イタリアの製造業は、これらの兼営銀行からの長期貸付けによって、活発な投資を行い、発展していったのである。なかでも、鉄鋼業のイルヴァ製鋼（Ilva）はイタリア商業銀行から、自動車産業のフィアットはイタリア信用銀行からそれぞれ大規模融資を受け、いちじるしい成長を遂げていった。

しかし、この旧来の銀行制度は、一九二九年大恐慌により崩壊する。小口の預金者である国民の大半は、経済危機に直面して、自分の預金を引き出そうとしても、銀行はすでに預金を産業への長期貸付に回しており、ただちに回収することが困難であった。政府は、この結果、国民の間に起きたパニックに対処し、社会・経済危機の拡大を防ぐために、公的資金をもって銀行を救済するしか途がなかったのである。この政府の場当たり的な危機対策の結果として、イタリアでは一九三〇年代に、旧来の兼営銀行を中心とする金融体制が崩壊し、ＩＲＩと一九三六年銀行法を二大支柱とする新しい金融体制が成立した。

ＩＲＩの誕生

一九二九年大恐慌により深刻な影響を受けたイタリアにおいて、政府は危機に陥った兼営銀行を救済する過程で、ＩＲＩを国家持株会社として設立することとなった。この結果、イタリアは従来の兼営銀行システムから、あらたに国家機関による産業融資体制に転換する。

大恐慌がイタリアを襲うなか、イタリア商業銀行、イタリア信用銀行、ローマ銀行の三大兼営銀行は深刻な経営危機に陥った。これをうけて、危機に陥った銀行に代わり、政府は産業融資を担うものとして、一九三一年に民間資金と公的資金をともに受け入れることの認められたイタリア動産公庫を設立した。さらに、イタリア動産公庫の資産では銀行救済に追いつかないことが判明すると、政府は一九三三年に設立されていたＩＲＩをつうじて、公的資金のみによる銀行救済を行うことにした。ＩＲＩは、産業への長期資金の供給とともに、これ以前の清算機関の資産および負債を引き継ぎ、かつ、銀行が所有する有価証券を現金払いで引き取って、これらすべての資産および負債を売却・返済により清算するという任務が与えられた。このなかで、全資産の四分の三を産業証券の保有につぎ込んでいたイタリア商業銀行は、最も多くその所有権をＩＲＩに引き渡さざるを得なくなった。

しかし、ここで注意すべきは、イタリア政府による産業所有の実現は、ファシスト政権の計画に基づいたものではなく、世界大恐慌がイタリアを襲う中で、危機に陥った銀行を救済するためにとった政府の一連の場当たり的な処置の結果として、実現したという点である。そして、この結果、意図せず、政府による産業所有におけるキー・プレイヤーとなったＩＲＩのトップに、ムッソリーニは、コーポラティズム的思想の持ち主ではなく、金融行政のエキスパートである実務家であり、産業界からの信頼も篤いベネドゥーチェ（Alberto Beneduce）を充てた。ムッソリーニは、ＩＲＩがイタリア経済を危機から救い、金融市場を健全化させたことで満足し、自らのコーポラティズム的理想をＩＲＩを通じて実現し、大企業と対立することは避けたのである（Castronovo, 1995, pp. 299-301）。

ベネドゥーチェは、一九三五年にＩＲＩの貸付業務を終わらせた。一九三六年三月には、イタリア動産公庫がすべての買収業務を引き継いだ。一九三七年六月には、ＩＲＩは政府の一部門として恒久的地位を与えられ、当初の暫定的機関ではなくなった。これとともにベネドゥーチェは、ＩＲＩを用いて産業の合理化を推し進めた。ＩＲＩは、三大兼営銀行のほか、鉄鋼、電力、電話、海運などの諸分野で大企業を傘下におさめると同時に、各分野毎に持株子会社を設立して、イタリア経済の文字通り主役となっていったのである。しかし、公的所有の対象となった企業でも、ほとんどが以前と同じ民間の実業家、経営者が相変わらず経営を行っていた（Sarti, 1971, pp. 117-125; 浅井, 2000）。

一九三六年銀行法

さらに、企業と銀行の癒着した兼営銀行制度が、信用危機の原因となったと考えられたため、一九三六年にファシスト政権は、銀行と製造業企業の分離を主目的とした銀行法を制定した。この結果、普通銀行は短期資金のみの受入れしかできなくなり、長期資金を扱うことができるのは特殊金融機関のみとなった。また、普通銀行は、企業への資本参加が禁止され、銀行と企業の関係は分離的（arm's length）なものとなった。これにより、企業はこれまでのように銀行に資金を頼ることはできなくなり、自己資本の拡充か、あるいは政府からの貸付によるしか途はなくなったのである。この一九三六年に成立したイタリアの銀行システムは戦後に引き継がれ、戦後イタリアの経済成長を実現し、一九九三年まで続いた（浅井, 2000; Fratianni and Spinelli, 2001, pp. 316-319）。

小結

結局、ファシズム期における二つの大きな変化——ＩＲＩを中心とする国家機関による産業金融体制の出現と銀行と企業の分離を定めた一九三六年銀行法の制定——の帰結として、政府がＩＲＩを中心とする公的機関を用いて経済成長を先導する公共セクターと、自己資本による発展の道を歩むフィアットらの民間大企業セクターが並存する戦後イタリアのコーポレート・ガバナンス構造の原型が生まれたのである。

しかしながら、イタリア・ファシズムにおいて、経済体制の全体主義化の程度はその理念と比べてはるかに弱かったのであり、ファシズムが生み出したこのコーポレート・ガバナンス構造も、公共セクターと民間セクターが「非接合」であるために、国家の経済に占める比重は大きいものの、その民間経済に対する指導能力は低いものであった。ＩＲＩを中心とする公共セクターは、ファシズムの政治リーダーではなく、経済リーダーである財界が支持する金融行政のテクノクラートであるベネドゥーチェがその運営を担っていた。他方、民間部門を見ると、普通銀行による長期貸付が禁止されたことにより、銀行と製造業企業の間の関係が「切断」された。この結果、イタリア国家の、公共セクターを通じて、民間製造業企業の投資行動を左右することにより、経済成長の方向付けを行う能力は限定的なものとなった。

なぜ、ムッソリーニは、そのイデオロギーにもかかわらず、経済をより徹底して全体主義化することはなかったのだろうか？　この背景には以下の事情が存在していた。第一に、イタリアでは、政治リーダーであるムッソリーニが、首尾一貫した計画経済モデルの実現を目指すよりも、そのたぐいまれな交渉者としての能力を発揮して、旧体制リーダーを排除することより、むしろ旧体制リーダーと妥協を行うことによって、その支配を維持することに専念した点が挙げられる。（したがって、イタリアのファシズムは、全体主義よりも権威主義体制と呼ぶのがよりふさわしい。）政党を通じて政権を獲得したムッソリーニがその権力を維持するためには、既成体制エリートである軍部、財界との妥協を重ねていかなければならなかったのである。第二に、日本のファシズムと比べて、イタリア・ファシズムの場合には、財界の影響力がはるかに強かったことが指摘される。日本の場合には、国民の反財閥感情が強く、財閥の影響力を制約していたが、イタリアの場合には、そのような事情は存在していなかった。最後に、イタリアの官僚は、自らを国民経済の舵取りを行うものとも思っていなかったし、その能力も有していなかった点が挙げられる。ムッソリーニは、経済運営に関して、ＣＧＩＩや財界人の助けを借りるしか他に道がなかったのである。

このような客観的条件の下、政治リーダーであるムッソリーニは、自らの政治的ライバルであるより全体主義的経済プランを有していたファシスト運動内のサンディカリスト幹部たちを切り捨て、財界の支持する経済テクノクラート（初期のデステファニ財務相やＩＲＩのベネドゥーチェ）に経済運営を任せたのである。たしかに大恐慌の中で次々に倒産していく民間企業を救済していくなか、それまでに前例のない国家による民間企業の所有体制であるＩＲＩを中心とした巨大な公的セクターが登場した。しかしこれは、政治リーダーであるムッソリーニが明確な国有化のプランをもっていたわけではなく、あくまで危機への場当たり的な対応の累積的帰結であり、また新たに生まれたＩＲＩの運営も財界の支持するテクノクラートであるベネドゥーチェに委ねられたのである。ムッソリーニは、たしかに独裁者（dictator）ではあったが、首尾一貫した計画経済のモデルの持主とは言い難く、むしろ「偶然の全体主義者（accidental totalitarian）」であった。

五 「元老の呪い」：日本におけるコーポレート・ガバナンス構造の出現

「元老体制」と自律的官僚機構の誕生

明治維新という革命を戦い、権力の座に就いた下級武士からなる新指導層は、一八七〇年代にリーダーシップの継承をめぐり不確実性が増大する中で、絶対者である天皇という存在を新たにつくりあげ、それに官僚機構を結びつけることにより、地方から権力の獲得を目指し攻め上がってくる大隈重信らの政党に対抗し、自らが政治権力を握り続ける体制を作り上げた。明治憲法のもとで国民に責任を有しない元老が支配するこの「元老体制」においては、明治国家の実質的な支配者である元老が首相を任命し、国政を動かしていた。（したがって、戦前の日本国家は、少数の元老が政治的支配を行っていた一種の寡頭制［oligarchy］であったといえよう［Ramseyer and Rosenbluth, 1995］。）さらに元老は、エリート主義的な官僚機構を作り上げた。一九世紀末に政党勢力が元老の支配を脅かすようになると、元老は、政党による官僚のパトロネージの試みを無力化するために、文官任用令、文官分限令の改定により、官僚機構を自律的なものとした（Silberman, 1993）。

「元老の呪い」：日本のファシズム

政党政治が進展する中で、元老は首相として官僚か軍人で政党総裁となった人物を任命することによって（犬養毅はこの例外）、その政治的支配を継続していた。しかし、不完全ながらも徐々に発展してきた日本の政党政治は、一九三二年の五・一五事件で犬養首相が暗殺されるという事件によって終結する。以後、軍部と革新官僚による非政党的支配への動きが始まる。そして一九三六年には、軍人による反乱を鎮圧した二・二六事件を契機についに陸軍が日本政治の主導権を握ったのである。

イタリアのファシズムとは異なり、日本では、元老が自らの政治的支配を確かなものするために作り上げた軍部と官僚が「上から」政治的革命を起こし、政党政治を終わらせたのである。実際、日本でファシズムが登場してきたとき、日本では左翼政党、労働組合は依然としてきわめて弱体な存在にすぎなかった。社会大衆党が一九三七年総選挙で戦前最高の議席を獲得したが、それは議席のわずか七・九％に過ぎなかった。さらに社会大衆党は、軍部・革新官僚が推進する統制経済への動きを社会主義への第一歩として歓迎していたのである。イタリア、ドイツのファシズムとは異なり、労働者勢力は支配層への脅威となるほど強力ではなかった。むしろ、政党勢力が伸張する中で、自らの自律性を脅かす政党への嫌悪、計画経済思想への陶酔を背景として、「新官僚」、「革新官僚」と呼ばれる新世代の官僚が、戦争遂行のために日本を計画経済化することを目指して、日本のファシズムが生まれた。明治の元老たちが、西園寺公望一人を残し、老齢によりすでに退場していたなかで、元老が生み出した自律した官僚は、政党を排除し、自らの手に政治的支配を握ることを求めるようになったのである。

軍部と革新官僚による支配の開始

なぜ、この時期に官僚は、元老に代わって、自ら国家の支配を手に入れようとしたのだろうか？　これには以下の二つの理由があると思われる。第一に、前述したように、一九世紀末には官僚の任免が政党の意思に依存しないような制度改革が実現した。この制度が生み出した自律した官僚層が、一九三〇年には官僚層の大半を占めるにいたっていた。第二に、二〇世紀に入ると、日本においても政党が政治権力の担い手としての自己主張を行うようになってきた。そして一九二五年の男子普通選挙の実現以降、政友会、民政党の二大政党による政権交代が慣例化していった。これは官僚にとり不確実性を高めることとなった。原政友会内閣以後、政党による官僚人事への介入が始まり（水谷, 1999, pp. 168-224）、自己の自律性への脅威を感じた官僚は、政党への反発を強め、官僚支配体制を目指すようになる。官僚内のこの新しいグループが、「新官僚」、「革新官僚」と呼ばれるグループである。

革新官僚とは、一九三一年の満州事変以後、陸軍の呼びかけに呼応した内務省、商工省などの野心的な官僚が、満州政府で統制経済や治安維持の任にあたったのをその初めとする。革新官僚は、一九三七年に設立された内閣企画院を活躍の舞台とし、当時におけるドイツ・ナチズムのコーポラティヴィズム思想などの影響の下で日本経済の計画経済化を図ったのである（坂野, 1997）。

統制経済の進展

戦前の日本企業は、会社の大株主が経営者であり、株主の利益を追求する存在であった。また、一九三〇年代ごろまで、日本の金融システムは直接金融が主体であり、わけても株式による資金調達がそのほとんどを占めていた。第一次大戦後、日本経済が本格的な重化学工業の時代を迎えるようになり、巨大な資金需要が必要となった時期においても、資本市場が順調に発展し、この資金需要によく応えた。

最初の分岐点となったのが、金融恐慌であった。金融恐慌により多くの銀行が倒産し、金融システムは危機に陥った。これに対処するため、大蔵省は一九二七年に銀行法を制定し、免許制、店舗増設の認可制などを導入した。（この銀行法は、一九八二年まで生き延びた。）さらに日本が本格的な戦争経済に突入していくにつれ、軍部と革新官僚は軍事経済に奉仕させるために、企業の構造および金融システムを根本的に変えていった。

一九三七年の日中戦争の開始ともに、日本経済は本格的な戦争経済に突入する。軍部と革新官僚は、統制経済を整備することにより、戦争遂行の体制を作った。まず一九三七年九月に、金融、物的流通、軍需生産を実現することを目的としたいわゆる「統制三法」を制定した。さらに同年一〇月には、国家総動員の中枢機関として内閣に企画院を設置した。革新官僚は、以後、企画院を頂点とした全体主義的計画経済をつくりあげていった。そして一九三八年には、一九三三年のナチス・ドイツの授権法にならい、国の資源と労働力すべてを戦争目的のために動員する統制権限を政府に委任する授権立法である「国家総動員法」を制定した。

一九四〇年には、日中戦争の長期化、欧州における第二次大戦の勃発などを背景として、近衛を中心に新体制運動が起きた。軍部も近衛内閣樹立運動を行うなかで、第二次近衛内閣が成立した。そして一〇月には、新体制運動を支えるものとして「大政翼賛会」が発足した。この近衛内閣は、官民協力による計画経済の遂行を目指し、企画院による「経済新体制確立要綱」を閣議決定した。

企業統制の開始

戦時体制の下、一九三〇年代中ごろ以後、革新官僚は、多くの産業を対象として「事業法」を作り、民間産業への介入を強めていった。革新官僚はさらに、一九三八年の「国家総動員法」にもとづき、配当を制限し、株主の権利も制限するとともに、企業を軍事経済の必要に奉仕する組織に再編成した。第二次近衛内閣の「新経済体制」の下では、官僚があらたにつくられた「統制会」を用いて、強力な経済統制を行っていった。また、営団、金庫もつくられた。これらの統制会、営団、金庫は、戦後の業界団体、公社、公庫にかたちを変え、官僚による経済統制の道具として機能した（野口, 1995, pp. 9-10, 25-26; 岡崎, 1995, pp. 270-274）。

金融体制の変化

一九三七年に日中戦争が始まってから、軍部と革新官僚は、資源を軍需産業に傾斜配分させることを目的として、金融体制を間接金融主体のものに変える措置を次々と採った。一九三七年から一九四〇年にかけて、政府は、日本興業銀行（興銀）を通じた命令融資制度によって、資金の配分をコントロールできるようになった。一九四一年には、興銀を中心として「時局共同融資団」を設立した。（これが戦後のメインバンク制の始まりだといわれる。）一九四二年には、全国金融統制会が設立され、これによる共同融資が行われた。そして同年、日本銀行法が改正され、総力戦遂行のための金融体制が整った。これらの度重なる金融改革の結果、産業資金供給の中心は、それまでの株式から貸出しへと変わった。日本の金融体制は間接金融中心のものとなったのである（野口, 1995, pp. 29-36）。

小結

結局、日本では、国家総動員体制のもと、軍部と革新官僚は、海外のファシズム、ナチズムから学びながら、戦争遂行を目的として、経済の全体主義化を進めていった。間接金融主体の金融体制のもと、日銀の窓口規制、興銀等の融資、統制会による各産業の統制などの政策道具を用いて、革新官僚自らが経済を統制する仕組みを作り上げたのである。戦後日本の高度成長を実現したコーポレート・ガバナンス構造の原型が生まれたのである。そして、戦後の民主化を経ても、自律的官僚機構が残存する一方で、政党が脆弱であったため、ファシズムが生み出した官僚主導の経済構造（いわゆる「一九四〇年代体制」）が戦後も一九七〇年代まで続いたのである。しかしなぜ、日本のファシズムは、その本家本元であるイタリアと比べて、政府の指導的役割が強く、より徹底した全体主義的コーポレート・ガバナンス構造となったのだろうか？　本稿では、これを日本ファシズムにおける政治、官僚、経済リーダーシップの相対的地位から説明する。

まず日本のファシズムにおいて特徴的なのは、イタリアのファシスト党、ドイツのナチス党のようなファシズム政党による支配が存在しなかった事実である。むしろ日本ファシズムにおいて、政治リーダーシップは、元老が退場する一方で、政党も自ら解散していく中で「空位」の状況となっていたのである。戦前日本「寡頭制」における政治リーダーであった元老は高齢により亡くなっており、一九二〇年代にはもはや西園寺を残すのみとなっていた。この「政治の空白」が、それにかわる政党の支配の開始により解決されていたならば、日本は民主政治への道を漸進的であれ歩むことができたであろう。しかし残念ながら、この途は実現されることはなかった。元老が自己の支配を確かなものとするために生み出した自律的官僚は、政党の支配を排除し、ファシズムを実現することを選ぶのである。

日本のファシズムの主役は、軍の後ろ盾を得た革新官僚であり、かれらが統制経済を企画するオーガナイザーの役割を果たし、イタリアと比べてはるかに徹底した経済の全体主義化を実現したのである。イタリアでは、ファシズムの内部において経済の全体主義化を計画し、実現する能力を備えたアクターは存在していなかった。先に見たように、ムッソリーニは、ファシズム勢力内部でそのような志向を有していたロッソーニらをリーダーシップから追放し、経済運営を民間企業家や経済テクノクラートに委ねたのである。経済の全体主義化を実行するのは、政治リーダーあるいは官僚リーダーであろうが、イタリアにおいて、この両者ともそのような志向も能力も有さなかったのである。（経済リーダーである企業家が、経済の全体主義化を目指すことは考えにくい。）ムッソリーニという「偶然の全体主義者」のもと、イタリアにおいて徹底した全体主義的経済統制はありえなかった。これに対し、日本では、政治リーダーが空位のまま、自律した官僚が財閥と手を携えて、統制経済を実現していったのである。

六　結論

ほぼ同じ時期に近代国家を形成し、ともに世界市場において遅れて資本主義経済を開始したイタリアと日本は戦前、それぞれインサイダー・モデル、アウトサイダー・モデルのコーポレート・ガバナンス構造により、めざましい経済発展を遂げた。すなわち、戦前のイタリアでは、ドイツ型兼営銀行が企業に長期融資を行うインサイダー・モデル型コーポレート・ガバナンスであった。他方、戦前の日本では株式市場が発達し、直接金融主体のアングロ・サクソン型のコーポレート・ガバナンス構造であった。

しかし一九三〇年代の世界大恐慌に直面し、イタリアと日本のそれまでの飛躍的な経済成長も挫折を経験する。さらに、イタリアでも日本でも民主主義体制が崩壊し、ファシズム体制が成立した。そして両国のコーポレート・ガバナンス構造も、ファシズムにより根本的変容を経験した。大恐慌とファシズムを経たイタリアでは、あらたに中心的地位を獲得したＩＲＩを中心とする国家セクターが登場する一方で、民間セクターでは、銀行と企業の関係が従来の融合的関係から分離的（arm's length）関係へ変化し、そしてこれら二つのセクターが並存し、両セクターの間の関係が密接ではない非接合型（disjointed）コーポレート・ガバナンス構造へと変化した。他方、日本では、株式市場が主軸の従来のアウトサイダー・モデルは、大恐慌とそれに引き続く軍事経済の下、政府が指示的経済計画と財政投融資などを通じて民間セクターを誘導し、他方、民間セクターでは銀行が企業に長期融資を行うことにより、企業の行動に影響を及ぼす国家主導型インサイダー・モデルへと変化した。結局、コーポレート・ガバナンス構造の制度革新をもたらしたのは、進化（evolution）ではなく、ファシズムという「ビッグ・バン」であった。しかしながら、両国のコーポレート・ガバナンスの変化はまったく異なった方向のものであった。何がこのような両国のコーポレート・ガバナンス構造の異なる変化をもたらしたのだろうか？　本稿では、これをイタリアと日本の二つのファシズムにおける政治、経済、行政エリートの配置の相違により説明した。

イタリア・ファシズムがうみだしたコーポレート・ガバナンス構造は、戦後においても基本的に維持され、戦後の経済成長を実現するとともに、政治と経済の癒着体制を強化していった。戦後、一九九〇年代にいたるまで大半の時代イタリアを支配してきたキリスト教民主党（ＤＣ）が、クリエンテリズムという名でひろく知られる、経済合理性より政治的支持の獲得を目的とする経済介入を行うようになり（たとえば、ＤＣへの投票に対する見返りとしての大規模な南部開発）、ＩＲＩ等の役職も政党が左右するようになった。またイタリアでは、北部の大資本は戦争の途中からファシズム批判勢力に変身し、戦争が終わったときには勝者の側にいた。この結果、イタリアでは財閥解体が行われなかった。これは、戦後イタリアで、家族経営にもとづく民間大企業（たとえば、フィアット）が民間セクターの主役となるという帰結をもたらした。さらにこれらの大企業が自己金融を中心とする経営を行うことにより、戦後イタリア資本主義において、政府の民間セクターへの影響力は小さなものとなった。

日本でも、ファシズムが生み出したコーポレート・ガバナンス構造は戦後に引き継がれ、戦後その地位をさらに上昇させた通産省などの経済官僚は、戦後ほとんどの期間を通じて政権にあった自由民主党および財界と「鉄の三角形」として知られる癒着構造を形成し、政府主導、間接金融主体の産業金融を活用して製造業大企業中心の経済発展を実現した。他方、日本ファシズムにおいて、軍部、革新官僚とともに主役であった財閥は、戦後、占領軍により解体されるという運命に直面する。イタリアとは異なり、日本では財閥の解体が徹底して行われたのである。この結果、財閥本家という所有者が追放された後の日本企業では、経営者が銀行からの借り入れに依存して、経営を行わねばならなくなった。これはさらに、戦後日本において、政府が金融機関を通じ、製造業企業の投資活動への影響力を行使するという帰結を生んだのである。

＊本稿は、『駒沢法学』第二巻一号（二〇〇二年）に発表した原稿を元に、加筆したものである。アメリカ政治学会における予備的原稿の報告に対し、適切なコメントをいただいたRichard J. Samuels 教授には心より感謝する。もちろん、論文の内容およびありうべき誤りについては筆者に全ての責任がある。

〔参考文献〕

Berger, S. and R. Dore, eds.（1996）, *National Diversity and Global Capitalism*（Ithaca, NY: Cornell University Press）.

Berglof, E.（1997）, "A Note on the Typology of Financial Systems," in K. J. Hopt and E. Wymeersch, eds., *Comparative Corporate Governance*（New York: Walter de Gruyter）, pp. 151-164.

Calder, K.E.（1993）, *Strategic Capitalism*（Princeton University Press）［谷口智彦訳『戦略的資本主義』日本経済新聞社、一九九四年］.

Castronovo, V.（1995）, *Storia economica d'italia*（Torino: Einaudi）.

Cox, A. ed.（1986）, *The State, Finance and Industry*（Wheatsheaf）.

Crouch, C.（2005）, *Capitalist Diversity and Change*（Oxford University Press）.

Deeg, R. and S. Perez（2000）, "International Capital Mobility and Domestic Institutions: Corporate Finance and Governance in Four European Cases," *Governance*, vol. 13, No. 2（April 2000）, pp. 119-153.

Fratianni, M. and F. Spinelli（2001）, *Storia monetaria d'Italia*（Milan: ETAS）.

Gerschenkron, A. 1962, *Economic Backwardness in Historical Perspective*（Belknap Press）.

Hall, P. A.（1986）, *Governing the Economy*（New York: Oxford University Press）.

Hall, P. A. and D. Soskice, eds.（2001）, *Varieties of Capitalism*（Oxford University Press）.

Hancke, B., Rhodes, M. and M. Thatcher eds.（2007）, *Beyond Varieties of Capitalism*（Oxford University Press）.

Hellman, S.（1997）, "Italy," in M. Kesselman et al., eds., *European Politics in Transition 3rd ed.*（Houghton Mifflin Company）.

Hollingsworth, J. R. and R. Boyer（1997）, "Coordination of Economic Actors and Social Systems of Production," in J. R. Hollingsworth and R. Boyer, eds., *Contemporary Capitalism*（Cambridge University Press）.

Johnson, C.（1982）, *MITI and the Japanese Miracle*（Stanford: Stanford University Press）［矢野俊比古監訳『通産省と日本の奇跡』ＴＢＳブリタニカ、一九八二年］.

Melis, G.（1995）, "La burocrazia," in A. Del Boca, M. Legnani and M. G. Rossi, eds., *Il regime fascista*（Bari, Laterza）.

Melis, G.（1998）, *La burocrazia*（Bologna: Il Mulino）.

Motohashi, K. and R. Nezu（1997）, "Why Do Countries Perform Differently?," *OECD Observer*, 206（June/July 1997）.

Noguchi, Yukio (1998), "The 1940 System: Japan under the Wartime Economy," *American Economic Review,* vol. 88, No. 2, pp. 404-407.

OECD (1996), "Financial Markets and Corporate Governance," *Financial Market Trends,* no. 68. s.

Okazaki, Tetsuji (1994), "The Japanese Firm under the Wartime Planned Economy," in Aoki, Masahiko and R. Dore, ed., *The Japanese Firm* (Oxford University Press) [NTTデータ通信システム科学研究所訳『システムとしての日本企業』NTT出版、一九九五年].

Ramseyer, M. and F. M. Rosenbluth (1995), *The Politics of Oligarchy* (Cambridge University Press).

Roe, M. J. (2003), *Political Determinants of Corporate Governance* (Oxford University Press).

Sapelli, G. (1993), *Sul capitalismo italiano* (Feltrinelli).

Sarti, R. (1971), *Fascism and Industrial Leadership in Italy, 1919-1940* (Berkeley, CA: University of California Press).

Silberman, B. (1993), *Cages of Reason* (University of Chicago Press) [武藤・新川・小池・西尾・辻訳『比較官僚制成立史』三嶺書房、一九九九年].

Soskice, D. (2000), "Divergent Production Regimes: Coordinated and Uncoordinated Production Regimes," in Kitscheldt, H., P. Lange, G. Marks and J. D. Stephens, eds., *Continuity and Change in Contemporary Capitalism* (Cambridge University Press).

Streeck, W. (2001), "Introduction: Explorations into the Origins of Nonliberal Capitalism in Germany and Japan," in W. Streeck and K.Yamamura, eds., *The Origins of Nonliberal Capitalism: Germany and Japan in Comparison* (Cornell University Press).

Thurrow, L. (1992), *Head to Head* (New York: Morrow)[土屋尚彦訳『大接戦：日米欧どこが勝つか』講談社、一九九二年].

浅井良夫（2000）「金融システム」馬場康雄・岡沢憲芙編『イタリアの経済』早稲田大学出版部、所収。

伊藤カンナ（1999）「戦間期イタリアにおける金融再編とＩＲＩ成立」『土地制度史学』一六二号。

岡崎哲二（1995）「日本の戦時経済と政府－企業間関係の発展」山之内・コシュマン・成田編『総力戦と現代化』柏書房、所収。

第６章　アカウンタビリティと生産レジーム
――イタリアと日本におけるコーポレート・ガバナンスの非民主的起源

榊原英資編（1995）『日米欧の経済・社会システム』東洋経済新報社。

トニオロ、G．著／浅井良夫、コラード・モルテーニ訳（1993）『イタリア・ファシズム経済』名古屋大学出版会。

野口悠紀雄（1995）『一九四〇年体制』東洋経済新報社。

坂野潤治（1997）『改訂版日本政治史』放送大学教育振興会。

ボナボーリア、R．編／岡本義行ほか訳（1992）『イタリアの金融・経済とEC統合』日本経済評論社。

丸山優（1985）「イタリア資本主義とファシズム」ファシズム研究会編『戦士の革命・生産者の国家』太陽出版、所収。

水谷三公（1999）『官僚の風貌』中央公論新社。

第七章　現代先進民主主義諸国における政治腐敗の謎[1]

ミリアム・A・ゴールデン
（本田亜紗子 訳）

近年、汚職すなわち個人的な利益のために公職や権威を違法に利用することについて、政治的にも経済的にも重要な多くのことがなされてきた。汚職は政府や政治的正当性における信頼を蝕み（Anderson and Tverdova 2003）、経済成長を減退させる（Mauro 1995）と言われている。多くの世界最貧国において経済発展を遅らせる主な元凶、すなわちエコノミストが近因に対立するものとして「根本的な」原因と呼ぶものは、その不適切な国内政治制度、つまり公的な権威による強奪や腐敗の蔓延を認める制度にあると、世界銀行のような国際機構は今や決まって主張している。たとえこれについての証拠が通常信じられるほど説得的でないとしても、世界銀行は、世界のＧＤＰの約三パーセントが賄賂によって使い尽くされていると推測している（Svensson 2005, p. 20）。

汚職はいったいどれほど広まっていて、政治的に重要なのだろうか。日本、すなわちとても豊かであるが、多くの情報源によると世界の中でもいっそう腐敗したＯＥＣＤ諸国のひとつでもある国において、この問いかけは特に興味をそそるかもしれない。図１で私は、国民ひとり当たりのＧＤＰと、汚職を標準化した指標との間の関係を示すデータをグラフにしている。[2] グラフは、日本を含む外れ値と見なすいくつかの国々のラベルを含む。図によって伝えられる主なメッセージは、一般に汚職はより豊かな国々ほど少ないということである。いくつかの著しい例外を伴うが、世界最貧国はそれに対して、非常に高いレベルの汚職に悩んでいる。

チリ、ナミビア、フィジー、ボツワナ、チュニジア、コスタリカを含む、汚職の指標において比較的低く位置づけられる、ひと握りの貧しい国々がある。これらは明らかに、より精密な調査を必要とする。ほんのいくつかの研究は、これらの国々が比較的公正な政府とともに現われるために、地勢、疫病、植民地という過去によって課されたさまざまな障害にいかに打ち勝

図1　165カ国における汚職とGDP間の関係の散布図（2000）

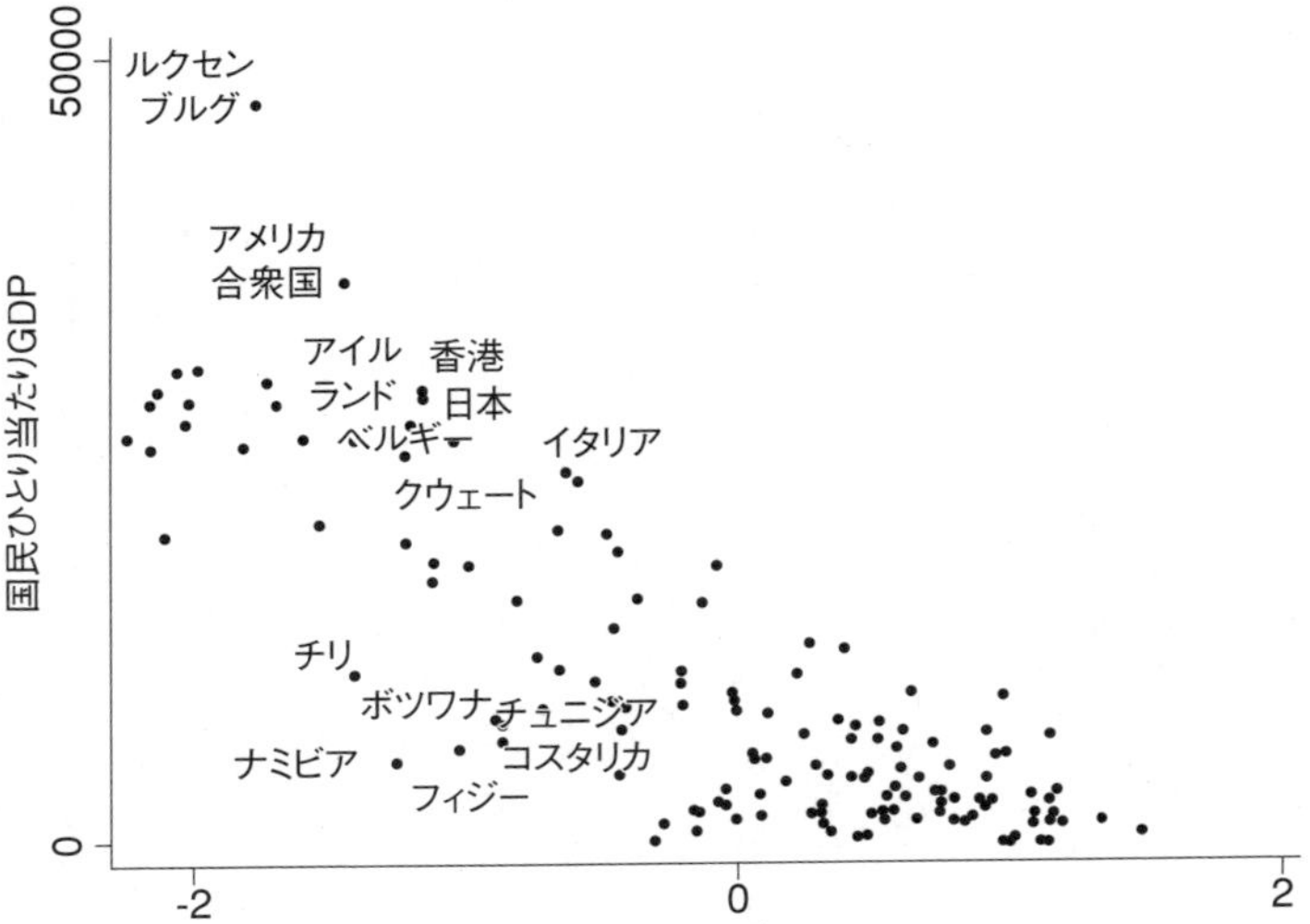

出所：Weil（2005）に付随するデータセット；もともとは Kaufmann, Kraay, and Zoido-Lobato'n（2002）で報告された。

ったのかを明快に調査している（例えば、Rodrik（2003）におけるいくつかの関連した一国分析を参照されたい）。しかしこの論文で、私は世界の豊かな民主主義諸国に注目する。さまざまな情報源に従うと、最も汚職の少ない国々は、スカンディナビアの社会民主主義諸国であるが、これらはシンガポール、オーストラリア、ニュージーランド、カナダのような国々とともに、図1の最も左に事例のクラスターを形成している。イタリアは、私が以下のページでより詳しく論じる国であるが、世界の最も腐敗した豊かな国である。同じように日本、ベルギー、香港、アイルランドは、彼らが達成した経済的繁栄の度合を考慮すれば、極端ではないが確かに腐敗している。

ひとつの興味深い問いかけとは、世界の最も豊かな国々で認められた汚職を、なぜ我々はそのように幅広く観察するのかということである。それらのいくつかでは、非常に低いレベルで汚職が認められている。これらの国々では、官界とのやり取りが日常化し、一般的で、予測可能である。そして、医者に診てもらう時、電話の取りつけを求める時、交通違反で召喚される時、事業を始めるための許可を志願する時、官界とのやり取りは幸いにも自由に、印のない封筒に入れた少額の（または多額の）現金を差し出すことを求める。フィンランド、スウェーデン、オランダ、シンガポールでは、人は公職者側に「賄賂」として現金を差し出すかどうかという道徳的なジレンマに直面することなく、運よく人生を全うしうる。しかしイタリア、ハンガリー、ギリシャでの人生は、はるかにこの板ばさみをもたらすようである。これらは、政府の役人らとの公的なやり取りにおける違法な取引が相対的に一般的な経済的に発展した国々である。この論文の結論で私は、なぜ我々は経済的に発展した国々の汚職について、このように大きなヴァリエーションを観察するのかということに対する議論を進める。(3)

（Golden and Chang（2001）; Golden（2003）; Golden（2004b）; Golden and Picci（2005）; Golden and Picci（2006）で報告された）継続中の研究プロジェクトの一部として、私は戦後イタリア、すなわち公職者の間ではびこった違法性

で悪名高い国のデータを集め、汚職を分析した。研究の過程で私は、汚職はほとんどの場合、有権者にとってあまり問題にならないという驚くべき結論に至った。以下のページで、私は初めにこの主張を証明し、そしてその解釈を示す。最後に私は、この発見がいかにして豊かな民主主義諸国間の汚職の程度についてのヴァリエーションの原因を解明するのかを議論する。

一　有権者は腐敗を（あまり）気にかけないという主張の証拠

一九四八年から一九九四年までの時期をカバーした、戦後最初の一一の立法期の間、イタリア下院——すなわち代議員——の公選による代表者の半分以上（五四パーセント）が、少なくとも一度は違法行為で司法部によって告発された。たとえ我々が中傷、侮辱、名誉毀損のような些細な告発、これらはしばしばその選挙上の敵対者によって政治家に対し申し立てられるが、取り除くとしても、イタリアの戦後代議士の四一パーセントがより深刻な罪で告発された（Chang and Golden 2004）。しかし、ほとんどの代議士がこの時期の間に再選されており、告発された者と告発されなかった者の間の再選の可能性の違いは比較的わずかであり、五八パーセントに対し五一パーセントである。ほとんどの代議士らが、伝えられるところでは彼らが違法な活動に従事しようがしまいが再選された。

図2で私は、イタリアの戦後最初の一一の立法期において、深刻な違法行為、そして些細な違法行為[4]で告発された代議士の割合のデータをグラフにしている。（データセットは一九九四年で終わっている。というのも、特に国の立法者に対する議会の免責特権の排除を規定する法の変更のためである。）政治的代表者の驚くべき割合（三三

パーセント）が免責特権を排除するという司法の要求を受け入れた者であったが、それは一九九二年から一九九四年に開会した第一一立法期（the Eleventh Legislature）の間の疑わしい深刻な犯罪のためである。この立法期（legislature）を除く場合でさえ、過去一〇の立法期での深刻な申し立てによって告発された者の平均的な割合は一五パーセントである。これは異常なほど高いと思われるが、我々は他の国々における立法者について完全に比較可能な情報を欠いている。もし我々が違法行為の些細な告発もより深刻な告発もともに考えるのならば、イタリアの代議士の平均四分の一が、どの単一の立法期（legislature）においても司法部による捜査の下にあった。これは、公選による国の公職者の間での犯罪の特異なパターンを示しているようである。

図3は、各々一一の立法期（legislatures）に対して次の立法期（legislature）に再選された代議士の割合を、深刻な申し立てによって告発された者と、告発され

図2　第1～11 立法期（Legs. I-XI）における、深刻な違法行為と些細な違法行為で告発されたイタリアの代議士の割合

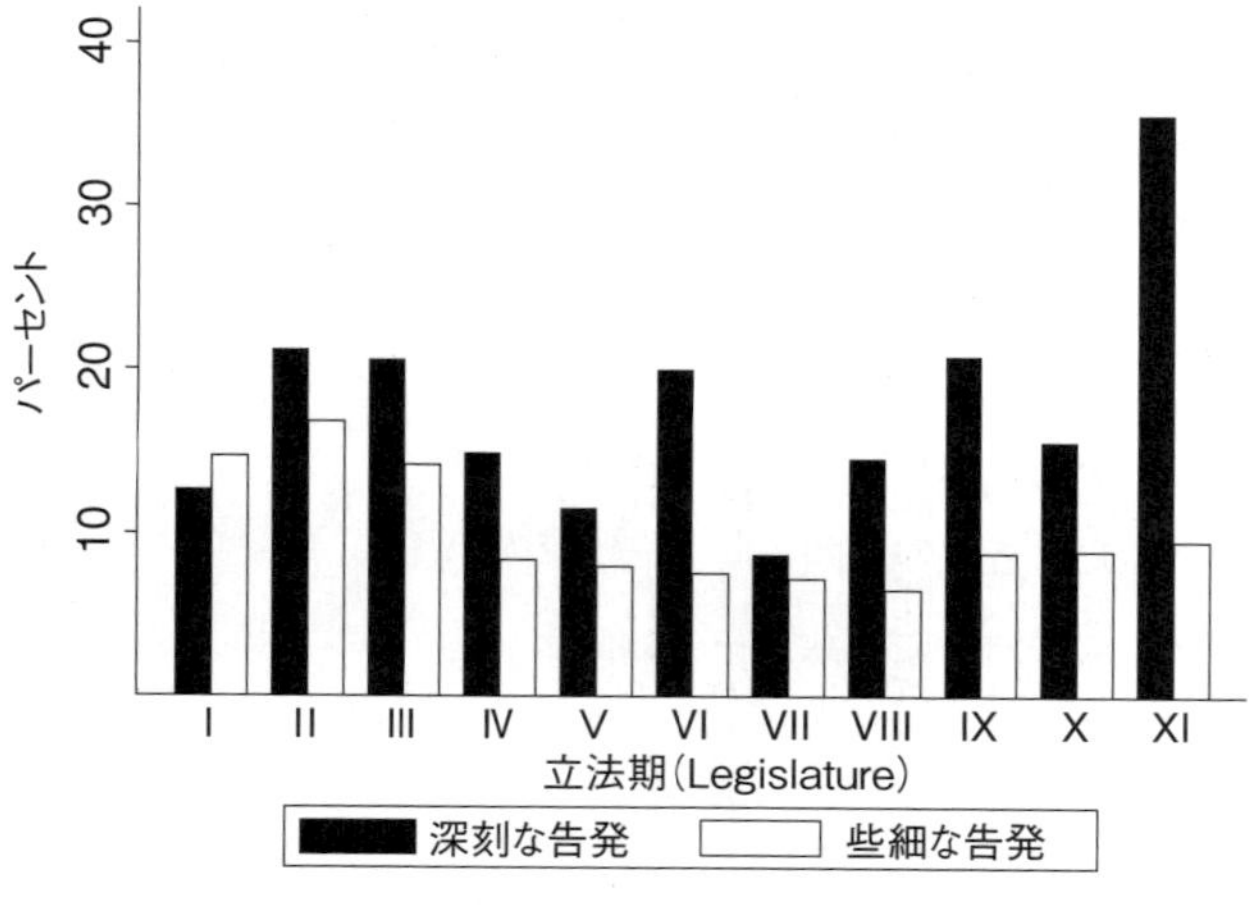

出所：Golden（2004a）からのデータに基づく。

なかった者と分けて描いている。全ての立法期（legislatures）を通して、代議士の平均五七パーセントが次の立法期（legislature）に再選されているが、データが有効な民主主義諸国での平均よりもいくぶん低い（Matland and Studlar 2004, p. 92）。ほとんどの立法期で、違法行為の疑いで告発されていないイタリアの代議士は告発された代議士よりも、わずかに高い割合で再選されているが、その違いは小さい。研究された最後の立法期を除いて、イタリアの有権者は、一部の公選による国の代表者の犯罪という悪事に対する司法的申し立てに、比較的無関心であるようだ。

　そしてまた、イタリアはこの点でまれではない。違法な行為で告発された、またはそれで有罪と決定された政治家らの選挙での命運を証明する他の国々からの研究はほんのひと握りしかないが、調査結果はイタリアのそれと驚くほど

図3　告発された、告発されなかった再選イタリア代議士の立法期別の割合（深刻な犯罪のみ）

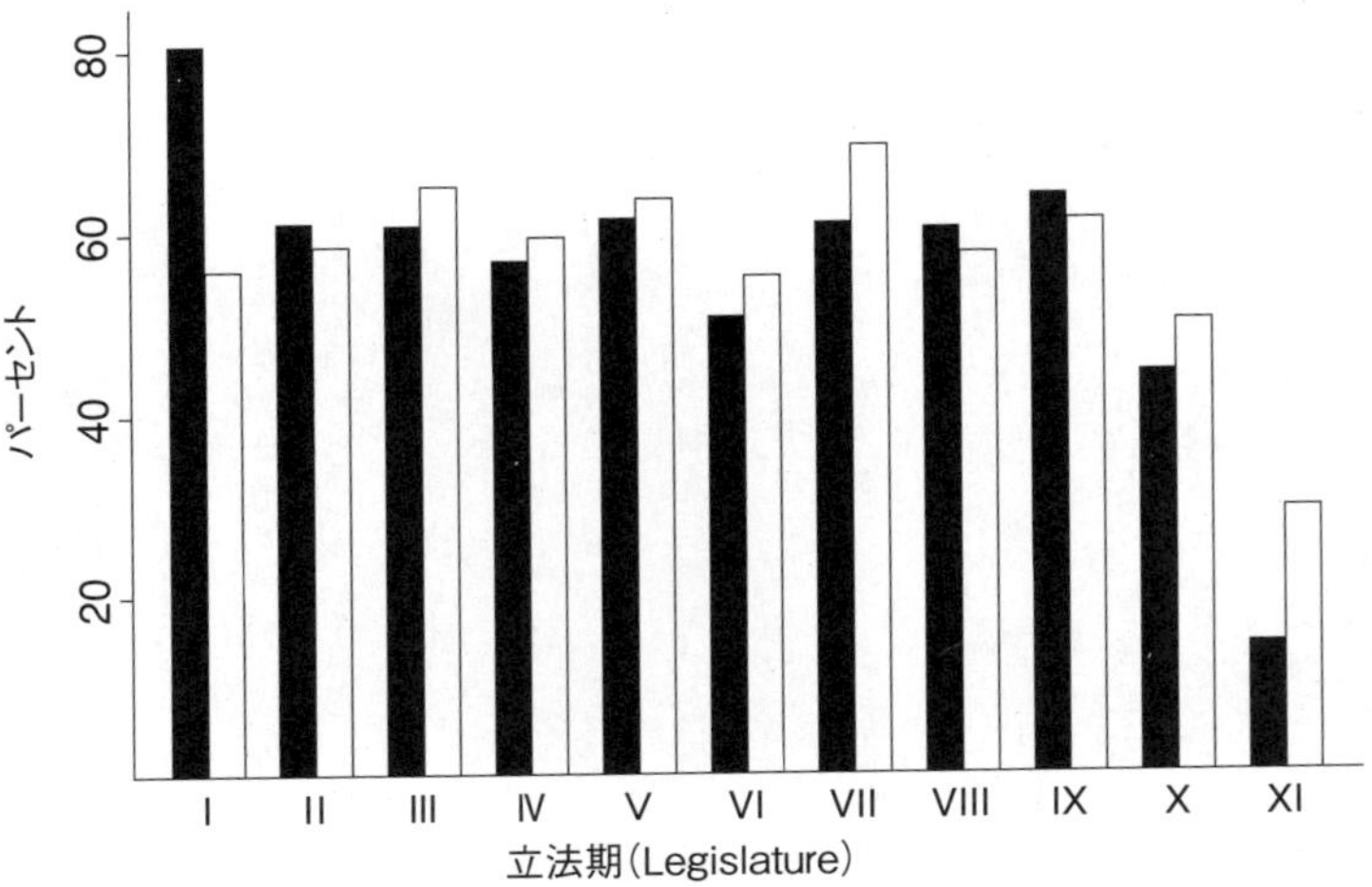

出所：Golden（2004a）からのデータに基づく。

似ている。日本では、立法者らが汚職で起訴されるか汚職を確信されている場合、彼らは以前の得票率よりもわずか数パーセントを失うが、現実に有罪と決定された者は、実際は自らの得票率を増加させていることをリード（Reed 1999）は発見している（p. 136）。リードのデータによると、一九四七年から一九九三年の時期に渡って汚職で有罪と決定された立法者の六二パーセントが、その後再選された。一九六八年から一九七八年の時期の間に汚職で告発されたアメリカ合衆国下院の候補者もまた、イタリアや日本の候補者と同じようにどちらかと言えば公職に再選出来たが、彼らは民主党か共和党かによって、予想された得票率の六パーセントから一一パーセントの損失に苦しんだ（Peters and Welch 1980）。この時期、汚職を行ったと伝えられた代表者の六一パーセントが再選された。一九八二年から一九九〇年の時期をカバーしたその後の研究は、汚職の告発は再選の可能性により深刻に影響し、「公正な」現職者の八五パーセントの再選に比べて、汚職で告発された現職者の六五パーセントが再選されたことを発見した（Welch and Hibbing 1997, p. 233）。最後にディモックとジェイコブソン（Dimock and Jacobson 1995）が推測しているのは、立法者らが不渡り小切手を書いたとして暴露され——それ自体違法ではないものの不適切であり公職の悪用だと広く考えられている——四〇年間でアメリカ合衆国下院において最も大きな票の移動を引き起こした、一九九二年のハウス・バンキング事件（House banking scandal）の最大の影響は、現職者の得票率を五パーセント減らしたということである（p. 1157）。不渡り小切手を書くことに関与した者の生き残った割合は、過振りを行わなかった者の九八パーセントと比べて、八〇パーセントであった（p. 1133）。これらの発見は、敗北に直面することなく戦略的に退職した現職者もいたということを認識することで、条件付きとなるに違いない一方で（Groseclose and Krehbiel 1994）、現職の政治的代表者がスキャンダルや疑わしい違法行為という難局を乗り切れるということは、ひどくありふれたことのように思われる。

要するに、アメリカ合衆国とイタリアの両方において、犯罪で告発された立法者らは自らの得票率を五パーセントからおそらくわずか一〇パーセント減らしているが、そのことは、有権者のおよそ五パーセントから一〇パーセントが、その告発された候補者から選挙での支持を撤回するのに十分なほど深刻に汚職を受け止めているということを示している。日本においては、汚職で告発された（しかし有罪と決定されていない）立法者は同様に、似たような規模の票の損失（一一パーセント）を経験しているとリードは報告している（Reed 1999, p. 136）。五パーセントから一〇パーセントは多いのか少ないのか。平均的な有権者は、その有権者がアメリカ人であろうと日本人であろうとイタリア人であろうと、犯罪に関与したとされる政治的代表者に選挙での支持を与えようとし続ける。さらに外形的に汚職を行った政治家は、違法な行為の告発または有罪判決さえ受けたにも関わらず、まんまと再選される。

実質的に異なる結果を報告していると私が気付いている唯一の体系的な研究は、フェハスとファイナン（Ferraz and Finan 2005）であり、彼らはブラジルの市長を研究している。フェハスとファイナンは、財政上の不正や連邦政府からの資金の流用を示す地方公共団体の記録である会計検査報告書という形で、汚職の決定的な証拠が生み出される場合、有権者の市長に対する大規模な報復を発見している。フェハスとファイナンは、単なるスキャンダルや申し立てにとどまらない汚職の証拠が及ぼす選挙への影響のため、彼らの結果がその他の研究のそれとは異なるのだと推測している。有権者は党派的な目隠しを身に着けており、政治家が犯罪に関与したと実際に知られておらず単に疑われているだけならば、有権者は政治家を選挙で罰したがらないとフェハスとファイナンは示している。

しかし、アメリカ合衆国、イタリア、日本の国家の立法者と比べた、ブラジルの市長についての異なる発見は、有権者が異なるレベルの政府において現職者のパフォーマンスをいかに評価するのかの違いから生じているようである。腐敗した市長を公職から追い出すことは、地方政府の政策帰結に直接の影響を持つ[5]。というのも、市長は行政の役人だからである。詐欺行為や違法行為は、もし一掃されるならば、政府が供給するサービスの量と質にすばやく影響を及ぼし、有権者はたいてい、政策アウトプットにおけるこの種の変化によく気付く。しかし、汚職を行った個々の立法者に国の公職を辞めさせることは、国の政策または政権与党が大目に見ている腐敗の全般的な程度に直接の影響を持たない。一選挙区またはひとりの立法者は、政府の政党支配の変化の中心になりそうもなく、国の政策の方向性はひとりの立法者の敗北によって変化しない。しかし皮肉にも、現職の国の立法者を罰することは、選挙区への分配的財（「ポークバレル」）の供給を一時的に減らすというネガティブな影響を持つ。というのも、そのような財は年功や立法府での経験とともに増すと知られているからである。これらの理由のために、有権者は腐敗した国の立法者を公職から追放したがらないのかもしれない。それは全体として善を生み出しえず、そして代わりにその選挙区に与えられる資源を減らす可能性がある[6]。

汚職を行った公選の役人に対する選挙での実質的な報復についてのブラジルの発見は、他所の研究の発見とは明らかに対照的なところにある。私が再検討した最近の証拠は、「役人らは、投票で懲戒されずにしばしば違法な活動に従事しうる」（Rundquist, Storm, and Peters 1977, p. 955）ことを示している初期の研究を確証している。地方レベルでさえ有権者は、広く行きわたり大いに知れわたっている汚職を何年もの間許容していると考えられている。アメリカ合衆国では、都市の支配集団が、その汚職行為への関与が広範で周知されていたにも関わらず、何十年も持ちこたえた（Scott 1969）。そのような状況では、汚職の告発、または汚職の有罪判決さえ、その集団を運営する者の政治的名声をほとんど傷つけず、再選の可能性を広げさえしたかもしれない。汚職に対する選挙での報復のきっかけは、ただ認識されている状態のままである。

二　解釈と結論

これまで三つの謎が現われた。第一に、なぜ有権者は一般に、違法な活動に従事する政治家を再び選ぶのか。第二に、なぜ選挙での報復は、汚職行為に対する人々の嫌悪感の波の一部としてはっきりと現われ、有権者側の行為の突発的で劇的でさえある変化を示すのか。最後に、なぜ公職に就いている人々による汚職の頻度は、世界の豊かな民主主義諸国中でそんなにも多様であるのか。つまり、なぜデモクラティックな政治的諸制度は、それだけでは選挙で選ばれた公職者の側の高潔さを保証しないのか。

最初の問いかけは、ここ四半世紀の間、研究者による問いを免れてきたようである。初期の文献は、なぜ有権者は、政治的代表者が違法な活動に従事していることが知られている場合でさえ彼らを再び選ぶのかということに対して、三つの考えられる説明を提示している（Rundquist, Strom, and Peters 1977）。第一は、有権者は公選された公職者による汚職を知らないことが多く、情報が彼らに届いても、熱心な支持者として汚職の申し立てを問題にしないというものである。第二の説明は、汚職を行った現職者らが選挙区へのサービス、保護（patronage）、助成金（pork）という形で目に見える物質的利益をもたらすので、有権者は彼らを再び選ぶというものである。最後の説明は、汚職は有権者との暗黙の取引の一部であり、政治的候補者への有権者の評価におけるひとつの要素を構成しているにすぎないということである。たとえ有権者が汚職を「嫌っている」としても、現職者が他の側面において有権者の理想点に近い政策帰結を生み出すのに貢献し、他の諸政策がその有権者にとって、公選された公職者の道徳的姿勢よりも重みを持つ限り、その有権者はその現職者を支持し続けるだろう。

三つ全てが事実のようであるが、有権者のさまざまなグループに対して度合いは異なる。この論文で使われる主な事例であり続ける戦後イタリアにおいて、有権者はしばしば、立法者が違法な行為に従事した政府与党と提携していることに気付かず、情報が知られると、政権党の最も強力な党派的支持者達はおそらくそれを問題にしなかった。というのもいくぶん、主要な野党がコミュニストだったという事実のためである。国の立法者側の組織的な汚職についての情報が次第に公衆に広がるようになると、反共産主義はおそらく全くの無知よりも長期的には重要になった。ゆえに、国の北東部に多くいたイタリア・キリスト教民主党の中核的な投票者は、汚職に故意に「無知」であった、すなわちそれを知った時でさえ無視をした。対照的に、保護（patronage）と助成金（pork）は、特に失業および不完全就業の人口が多かった南部で票を買うために使われたようであるが、彼らは政府与党との伝統的で党派的な結びつきを持たなかった。犯罪組織に部分的に助けられつつ、イタリア南部のキリスト教民主党は、南部の大都市で票を買うために国の資源に対するコントロールを体系的に利用した（Chubb 1982）。最終的に政府の諸政党は、経済成長を含む他の側面におけるかなりの政策上の成功を長く提供することが出来、ゆえに汚職の責任を政治的に無効にした。

有権者が最終的に、汚職を行った現職者を拒絶すると、選挙上の衝撃があまりにも大きかったので、戦後政党システムは崩壊した。他党ほど汚職に巻き込まれなかったイタリア共産党を除いて、全ての主要な既存政党は崩壊した。ソビエト連邦の崩壊と、汚職を相対的により費用がかさむものとした国際的な経済環境における変化が、この反システム投票の波の引き金となった（Golden 2004b）。投票行動の変化における必要不可欠な要素となったのは、誰もがこれまで信じていたよりもいっそう信じがたいレベルの汚職を明らかにした司法による調査と、その結果としてメディアが騒ぎ立てたことであった。契約者達は賄賂を払うのをやめて、代わりに告白した。そして賄賂を手に入れていた政治家達は、図２で伝えられた議会の免責特権を排除する波のような要求を被った[7]。

ここにある以上の一連の議論は実のところ暫定的であるにも関わらず、なぜ他よりもはるかに多くの政治腐敗を明らかに含んでいる民主主義諸国もあるのかについて考えるための、最初の枠組みを提供している。時折起こる突発的で大きな波、つまり、おそらく汚職がマクロ経済パフォーマンスに深刻に影響を及ぼすか、他のいくつかの理由で政策上の優先事項の再編を引き起こす場合を除いて、もし有権者が汚職を行った現職者を罰しないのならば、そして歴史上の事件によって汚職が定着するならば、それは長期に渡って政治的に許容されるだろう。組織化された犯罪がとても活発な国々は、歴史上のまさにそのような事件に左右されているのかもしれない。同時に、デモクラティックな選挙システムといった制度的特徴が、より大きな腐敗を許す傾向にあるように思われる。特に、同じ政党の候補者らが互いに争う非拘束名簿方式比例代表制を使う国は相対的により腐敗している。というのも、政党内の政治的競合がしばしば、違法な政治献金や賄賂によって必然的に助長されているからである（Chang and Golden 2007; Nyblade and Reed）。これらの制度的取り決めは、政治家らに違法にカネを調達する動機を与える。幅広い基盤で彼らがそのようなことができるのかについては、他の特異な諸要素によって異なるだろう。

発展レベルに比して汚職がはるかに高額な経済的代価を強要しうる発展途上国の有権者もまた、豊かな民主主義国の有権者らと同じ程度に公職者による汚職取引を認めているのか。これまで、この問いかけについていかなる研究もなされていない。しかし、彼らがそれを認めているようであるというのはもっともな推論である。というのも、貧しい有権者は助成金（pork）や保護（patronage）という誘導に影響されやすいだろうからである。この問いかけは学術的な調査を要している。

〔注〕

（1）この研究の一部は、エリック・C・C・チャンとで共同で行われた。米国科学財団（the National Science Foundation）（SES-0074860）と、ラッセル・セイジ財団（the Russell Sage Foundation）によって、カリフォルニア大学ロサンゼルス校の学術評議員会（the Academic Senate）とともに財政支援がなされた。この論文の前のヴァージョンは、二〇〇五年九月三日、早稲田大学で行われた「デモクラシーとアカウンタビリティ」の第三回国際プロジェクト会議で、そして一〇月一日、東京で行われた日本政治学会の二〇〇五年年次大会で発表された。発表されたデータに対して、筆者のみが責任をもつ。

（2）指標は、国際的な実業家に対して行われた、汚職の認知の調査から引き出されている。

（3）しかし、二〇〇〇年に国民ひとり当たりの所得が一万二〇〇〇USドルより多いいかなる国も、示された指標において、・三五四より高い数値を得ていないということに注目しよう。つまり、豊かな国々における汚職は、頻度が限られている。しかし次に、その指標は順序を示しており、規模は不明であることを意味している。その幅の自然な解釈は存在しない。汚職の指標において2を獲得している国は、1を獲得している国の二倍汚職が行われているのではない。イタリアのマイナス・六三は必ずしも、フィンランドのマイナス二・二五の約四倍国を腐敗させているのではなく、ただより頻繁に汚職が行われているということである。

（4）後者は侮辱、中傷、関連した犯罪をファシストの活動と同様にカバーしている。

（5）Ferraz and Finan（2005）は、ブラジルの市長らがコントロールする政治的資源を詳しく述べていないが、彼らの論文は、市長らが地方の分配上の政策帰結（policy outcomes）に対してかなりの資源をコントロールしていることを示している。

（6）似たような考えが、Diaz-Cayeros, Magaloni, and Weingast（2000a）; Diaz-Cayeros, Magaloni, and Weingast（2000b）でさらに展開されている。

（7）数理的な分析を使っている同類の解釈は、Bicchieri and Duffy（1997）である。

〔参考文献〕

Anderson, C. J. and Y. V. Tverdova (2003). Corruption, political allegiances, and attitudes toward government in contemporary democracies. *American Journal of Political Science 47* (1), 91-109.

Bicchieri, C. and J. Duffy (1997). Corruption cycles. In P. Heywood (Ed.), *Political Corruption*. Oxford: Blackwell.

Chang, E. C. and M. A. Golden (2004, Oct.). Does corruption pay? The survival of politicians charged with malfeasance in the postwar Italian Chamber of Deputies. Unpublished paper, Michigan State University and the University of California at Los Angeles.

Chang, E. C. and M. A. Golden (2007, Jan.). Electoral systems, district magnitude and corruption. *British Journal of Political Science 37* (1), 155-37.

Chubb, J. (1982). *Patronage, Power and Poverty in Southern Italy: A Tale of Two Cities*. Cambridge: Cambridge University Press.

Diaz-Cayeros, A., B. Magaloni, and B. Weingast (2000a, Aug. 31-Sept. 3). Federalism and democratization in Mexico. Paper presented at the Annual Meeting of the American Political Science Association, Washington, D.C.

Diaz-Cayeros, A., B. Magaloni, and B. R. Weingast (2000b, June). Democratization and the economy in Mexico: Equilibrium (PRI) hegemony and its demise. Unpublished paper, Stanford University and UCLA.

Dimock, M. A. and G. C. Jacobson (1995, Nov.). Checks and choices: The House bank scandal's impact on voters in 1992, *Journal of Politics 57* (4), 1143-59.

Ferraz, C. and F. Finan (2005, Aug.). Exposing corrupt politicians: The effect of Brazil's publicly released audits on electoral outcomes. Unpublished paper, University of California at Berkeley.

Golden, M. A. (2003, April). Electoral connections: The effects of the personal vote on political patronage, bureaucracy and legislation in postwar Italy, *British Journal of Political Science 33* (2), 189-212.

Golden, M. A. (2004b, Dec.). International economic sources of regime change: How European economic integration undermined Italy's postwar party system, *Comparative Political Studies 37* (10), 1238-74.

Golden, M. A. (Posted 2004a). Datasets on charges of malfeasance, preference votes, and characteristics of legislators,

Chamber of Deputies, Republic of Italy, Legislatures I- XI (1948-92). Available at http:// www.golden.polisci.ucla.edu/italy.

Golden, M. A. and E. C. Chang (2001, July). Comparative corruption: Factional conflict and political malfeasance in postwar Italian Christian Democracy, *World Politics 53* (4), 588-622.

Golden M. A. and L. Picci (2005, March). Proposal for a new measure of corruption, illustrated with Italian data. *Economics and Politics 17* (1), 37-75.

Golden M. A. and L. Picci (2006), Corruption and the management of public works in Italy. In S. Rose-Ackerman (Ed.), *The Handbook of Economic Corruption*, Cheltenham: Edward Elgar.

Groseclose, T. and K. Krehbiel (1994, Feb.). Golden parachutes, rubber checks, and strategic retirements from the 102d House. *American Journal of Political Science 38* (1), 75-99.

Kaufmann, D., A. Kraay, and P. Zoido-Lobatón (2002). Governance matters II: Updated indicators for 2000/01. Policy Research Working Paper 2772, World Bank, Washington, D.C.

Matland, R. E. and D. T. Studlar (2004, Jan.). Determinants of legislative turnover: A cross-national analysis, *British Journal of Political Science 34* (1), 87-108.

Mauro, P. (1995, Aug.), Corruption and growth. *Quarterly Journal of Economics 110* (3), 681-712.

Nyblade, B. and S. R. Reed, Who cheats? Who loots? Political competition and corruption in Japan, 1947-1993. Unpublished paper, University of British Columbia and Chuo University.

Peters, J. G. and S. Welch (1980, Sept.). The effects of charges of corruption on voting behavior in Congressional elections. *American Political Science Review 74* (3), 697-708.

Reed, S. R. (1999). Punishing corruption: The response of the Japanese electorate to scandals. In O. Feldman (Ed.), *Political Psychology in Japan: Behind the Nails Which Sometimes Stick out* (*and Get Hammered Down*), Commack, N.Y.: Nova Science.

Rodrick, D. (Ed.) (2003). *In Search of Prosperity: Analytic Narratives on Economic Growth*. Princeton: Princeton University Press.

Rundquist, B. S., G. S. Strom, and J. G. Peters（1977, Sept.）. Corrupt politicians and their electoral support: Some experimental observations, *American Political Science Review 71*（3）, 954-63.

Scott, J. C.（1969, Dec.）. Corruption, machine politics, and political change. *American Political Science Review 3*（4）, 1142-58.

Svensson, J.（2005, Summer）. Eight questions about corruption, *Journal of Economic Perspectives 19*（3）, 19-42.

Weil, D. N.（2005）. *Economic Growth*. Boston: Addison-Wesley.

Welch, S. and J. R. Hibbing（1997, Feb.）, The effects of charges of corruption on voting behavior in Congressional elections, 1982-1990. *Journal of Politics 59*（1）, 226-39.

第八章　欧州ガバナンス改革におけるデモクラシーとアカウンタビリティ
―EU・リスボン条約に至る制度改革を中心として

福田　耕治

一　問題の所在

二〇〇九年一二月一日、EUの改革条約であるリスボン条約（Treaty of Lisbon）が発効した[1]。新条約では、新たに「EUの顔」となる大統領（欧州理事会常任議長）とEUの外相級ポストの外交安全保障上級代表が任命され耳目を集めている[2]。同条約は「欧州ガバナンス」（European Governance）の改革を目指すものであるが、これはEUのデモクラシーやアカウンタビリティ（accountability）にとってはどのような意味をもつのであろうか。本稿は、国際組織史上他に例のないEU・欧州ガバナンスを見ることで、国際レベルと国内レベルの双方におけるデモクラシーとアカウンタビリティの関係、それらの確保のあり方を明らかにすることを目的とする。それではアカウンタビリティは、デモクラシーにとってなぜ重要なのであろうか。

伝統的なデモクラシーの概念では、主権国家の枠内において主権者である国民の意思が反映される形で法規範が形成され、その法的根拠に基づいて国家権力が行使され、国民の諸権利が保障されることが前提となってきた。デモクラシーは、政府や政策決定機構の権威や正統性の源泉を民意に求め、政策決定機構が実現すべき目的としての公益、政策決定機構を構成するための手続（選挙等）の観点から定義される。他方、主権国家を基本的単位として形成される国際社会では、その構成員である主権国家間の平等、国際機構における構成国間の平等をめぐってデモクラシーが議論される。ところが超国家的なＥＵ諸機構が出現したことによって、欧州議会のように個人を主体とするデモクラシーと、ＥＵ（閣僚）理事会のような主権国家を主体とするデモクラシーとが錯綜することになり、従来ではまったく想定されていなかった多くの複雑な問題に直面したのである[3]。

ＥＵ統合の現実においては、ＥＵ／ＥＣの制定する法令は、超国家的性格を持ち、加盟国政府だけでなく、法人や自然人にも直接的に適用され、規制を行う。それゆえ、主権国家と個人の両方を主体として包摂するＥＵでは、国境を超えるデモクラシーとアカウンタビリティをめぐる新たな問題が提起される。それはＥＵの機構や政策過程における「アカウンタビリティの不足[4]」（“accountability deficit”）、あるいはもっと広く「デモクラシーの不足（赤字、欠落）[5]」（“democratic deficit”）をめぐる問題であり、一九八〇年代末から多くの論者によってさまざまな議論が展開されてきた。たとえば、Ｇ・マヨーネ（G. Majone）の最新の研究（二〇〇九年）によれば、ＥＵが抱える本当の問題は「デモクラシーの不足ではなく、アカウンタビリティの不足である[6]」とまで断じている。それは本当であろうか。ＥＵにおけるデモクラシーとアカウンタビリティは、いかなる関係にあるのか。「民主主義の質」を担保するためのアカウンタビリティの確保には、何が要請され、いかなる条件が満たされる必要があるのであろうか。

本稿では、第一に、デモクラシーとアカウンタビリティの概念、それらの根源的な諸関係について先行研究を俯瞰し、比較政治学、国際行政学などの視座から論点を整理して、ＥＵの機構や政策過程における民主的なアカウンタビリティの確保の在り方を明らかかする。

第二に、ＥＵにおけるデモクラシーとアカウンタビリティとの制度的諸関係について考えるための手掛かりとして、ＥＵのＮＰＭ改革において導入されたエージェンシー問題を取り上げる。ＥＵにおけるエージェンシー化はどのような背景から起こり、ＥＵ諸機関、特に欧州委員会事務局（総局等の主務行政機関）との関係はいかなるものか、アカウンタビリティ確保の要請に応えた制度となっているかどうかを分析する。

第三に、リスボン条約として実現した欧州ガバナンス[7]の改革、ＥＵの制度改革がデモクラシーやアカウンタビリティの確保にとってどのような意義を持つのか、ＥＵレベルと加盟国レベルにおいて関係するアクターを確認し、それらステークホルダー相互の連携協力の必要性や民主的監督・統制にとっての意義と課題を明らかにしてみたい。

二　ＥＵにおけるアカウンタビリティの概念と制度

１　デモクラシーとアカウンタビリティ、概念の変遷と類型

アカウンタビリティの概念をめぐる歴史は古く、またそれゆえにきわめて多義的かつ曖昧な用語となっている。しかし、アカウンタビリティは、現代デモクラシーを語る際のキーワードのひとつにまで高められている。そこで、まず欧州におけるアカウンタビリティ概念の変遷について概観しておきたい。

古代アテネのポリスにおいては、公務を委ねられた者は、全市民の総会である「民会」(comitia) に報告する義務が課せられ、「民会」に対し責任を負うものとされた[8]。その後、政治的アカウンタビリティから、公的な財務管理を適正に処理するため、財務を「記録」(account) する「会計上のアカウンタビリティ」概念が独立した。つまり、公的な財務の処理や管理を委託された者が、その業務を適切に遂行している事実を根拠とともに依頼者に示し、説明できる状態にしておく義務を意味することになった。こうして技術的かつ中立的性格をもつアカウンタビリティ概念が発展し、現代の予算制度における「財務的アカウンタビリティ」の概念に至ったとされる[9]。これは、法令、規則に則り、財務処理・管理が適正になされているか否かを確認する「合規性」や「合法性」に注目する概念である。

一九世紀になると、ベンサム (Jeremy Bentham) やＪ・Ｓ・ミル (John Stuart Mill) が、代議制デモクラシーにおける「政治的アカウンタビリティ」(political accountability) の概念を構築し、国民の代表から構成される議会に対する「行政管理的アカウンタビリティ」(managerial accountability) の概念を明確化させた[10]。イギリスの統治制度におけるアカウンタビリティ・メカニズムの歴史的な発展経緯は、以下の通りである。政治腐敗を監視する観点から、閣僚に所管の行政機関を監督する責任を求め、議会に対する閣僚の説明責任という考え方が生まれ、政治(政府) が行政を統制しつつ、議会に対して責任を負う「ウエストミンスター・モデル」として理論化された[11]。イギリスにおいては、閣僚の下院に対する責任、政府の決定に対する閣僚の連帯責任を意味する[12]。他方では、行政府内における執政府とこれを支える行政機関職員に対する指揮・監督関係を前提としての管理の在り方にかかわる行政管理的アカウンタビリティとして捉えられる。

政府は、選挙でアカウンタビリティを問われるため、その構成メンバーである閣僚は、説明し、弁明することで出身政党と議会の両方の信任を確保し、次の選挙に備える。一般的に、市民が政府機関にアカウンタビリティを確保させるメカニズムとしては、選挙を通じて議員を選出し、彼らが構成する議会を通じて行政を統制するという方法がとられる。

このように民主主義国家の政治システムにおいては、統治者と非統治者の間に明確な連携関係が維持され、前者が後者に責任を負うシステムが望ましいと考えられる。マシュー・フィンダース（Matthew Finders）の研究に基づいて三権分立の観点から整理すれば、「民主的アカウンタビリティ」は、①政治的アカウンタビリティ、②行政管理的アカウンタビリティ、③司法的アカウンタビリティ（judicial accountability）の確保のあり方に分類することができる。[13] 政治的アカウンタビリティは、さらに、議会に対する「大臣（閣僚）責任」（ministerial responsibility）と有権者に対する「議会のアカウンタビリティ」（parliamentary accountability）に分けて捉えることができる。しかし一般的には、本稿が扱うように、政治的アカウンタビリティと行政管理的アカウンタビリティ（行政のアカウンタビリティ）に分けて議論されることが多い。とくに伝統的には、政治的アカウンタビリティは、有権者から選挙で選出された議員から構成される議会に対する行政府の長や閣僚の責任を意味し、議会を通じた「議会のアカウンタビリティ」確保を中心として議論されてきた。他方では、それだけでは限界があることも次第に認識され、行政機関の活動の透明性を確保し、その民主的統制を行うためのさまざまな補完的制度や手段が構築されてきたのである。[14]

行政学においては、より広義の包括的な概念である政治における責任「レスポンシビリティ」（responsibility）との関係で、「アカウンタビリティ」の概念が議論されることが多い。ホワイト（Fidelma White）らは、「アカウンタビリティとは、自らの行為を説明する義務（duty）と、自らの行為が不承認とされた場合にそれを正当化する責任（liability）に関する概念である」[15]と定義する。アカウンタビリティの概念は、道義的・倫理的責任までも含むより広範なレスポンシビリティ概念の一部分として位置づけられる場合と、何らかの「制度的統制」や法的な「制裁」など、外部者による強制力の存在を前提として成立する概念であるという捉え方もある。「プリンシパル‐エージェント」モデルは、階統構造をとる官僚制内部での上司と部下、上級機関と下級機関のタテの関係にあてはまるのみならず、市民（プリンシパル）と行政（エージェント）との関係にも適用できる。前者を行政機関内部の「内（部）的アカウンタビリティ」、後者を「外（部）的アカウンタビリティ」もしくは「対外説明責任」と呼ぶ論者もいる。[16]足立忠夫は、「責任」概念について、プリンシパル（依頼人）がエージェント（代理人・請負人）に対して何らかの任務の処理を委ねることにより責任関係が生じるとして、「プリンシパル‐エージェント」（Principal-Agent）関係を次のような四類型に整理した。まずエージェントはプリンシパルに対して①「任務的責任」を負い、プリンシパルの指示通り任務を果たす②「応答的責任」（responsibility）がある。プリンシパルがエージェントの任務遂行に不満があり、エージェントを問責する場合、エージェントは、釈明・弁明する③「弁明的責任」（accountability）が課せられ、プリンシパルがエージェントの釈明に納得できない場合、プリンシパルはエージェントに④「制裁的責任」を課することになり、これら四つの局面が「責任のサイクル」をなすものとされる。[17]

ＮＰＭ（New Public Management,「新行政管理」・「公共経営」）改革の潮流からは、公共政策部門でサービス提供に「支出に見合う価値」（value for money）が得られるためには、サービスの供給者が公共機関であれ、民間であれ、サービス購入者である市民によるコントロールが確保できるように、有効なアカウンタビリティの確保が要請される。一九八〇年代以降ＯＥＣＤ諸国で構造改革が進められたが、ＮＰＭ改革との関連でアカウンタビリティをめぐる議論が高まってきた。つまり行政の分権化、外部化、規制緩和、民営化が進められ、国家による権力的統制が縮小するにつれ、アカウンタビリティの強化が一層要請されるようになった。[18] ＮＰＭの特徴は、Ｃ・フッド（C. Hood）によれば、①成果志向、②顧客志向、③市場機構の活用、④分権化、⑤外部化にあるとされる。[19] その改革のあり方は、国や、地域、時期により多様であるが、「①成果の達成に責任を持つ自律的な活動単位の設定、②資源利用に関する権限委譲と業績契約の実施、③市場メカニズムの活用、④顧客起点による価値基準の明確化、⑤持続的な改善活動を実現するための評価システムの設計[20]」という五つの共通項があるとされる。つまり資源配分の効率性を高め、コスト削減を図る観点から、①競争原理の導入、②業績、成果主義による評価、③政策の企画立案部門と執行部門の分離を行い、行政活動の透明性やアカウンタビリティを向上させ、市民の満足度を高めることを目指すのが特徴である。現実の政治・行政改革においては、公共サービスの供給に市場原理を導入し、民営化と規制改革が実施されたが、それらの改革の中核となるものが執行機能のエージェンシー化であった。たとえば執行エージェンシー[21]の自律性強化を眼目としたイギリスのＮＰＭ行政改革は、「ネクスト・ステップス」改革とも呼ばれ[22]、ＥＵ域内でもオランダ、デンマーク、スウェーデン、ドイツなどにも類似のＮＰＭ改革が波及した。[23]

その過程で「評価」との関連でサービスの利用者である市民に応答的な「行政のアカウンタビリティ」をめぐる議論が高まった。ＮＰＭ改革では、政策の企画・立案部門と政策実施部門を切り離し、前者の機能を行政機関（本省、主務官庁）に残し、後者の実施部門において「エージェンシー化」を進めるという手法が一般的にとられた。そこで、この執行エージェンシーによってサービスの利用者である市民のニーズに本当に応答的な、「アカウンタビリティ」が確保されるのか否かが、行政評価、政策評価などとの関連で議論されることになった。

他方で、比較政治学のプシェヴォスキ（S. Przewrski）の所説に従えば、アカウンタビリティとは「よい政策を行った政府は再選され、よい政策を行わなかった政府は政権を失う」[24]メカニズムであると定義されることになる。現代政治経済システムの民主性や正統性について比較政治学分野での議論では、一般に選挙や議会、政治経済制度、デモクラシーの質や政治腐敗などとの関係で「政治的アカウンタビリティ」、あるいは「民主的アカウンタビリティ」をめぐる議論に焦点が当てられてきた。このようにアカウンタビリティという言葉は、現代政治経済システムの民主性をめぐる議論、プリンシパル・エージェント理論、選挙や不正防止問題との関連で用いられることが多い。

また現代国際関係論では、政治的・軍事的（political-military）アカウンタビリティも問題となる。たとえば、近年、国際機構の承認の下で武力行使が行われる場合があるが、地域的国際機構や有志連合・多国籍軍が武力行使を授権し、加盟国の領域外で軍事行動を行う場合に、その正統性をめぐる議論との関連で、「民主的アカウンタビリティ」が問題視されるようになってきた。[25]国際政治学・国際関係論の観点からロバート・コヘイン（Robert Keohane）は、近年のEU研究においては、デモクラシーとアカウンタビリティを対にして議論する傾向があることを取り上げ、「アカウンタビリティの概念は決してデモクラシーの概念とは同一の概念ではないし、交換可能な概念でもない[26]」と批判している。

しかし、各学問分野でこの用語の使用に共通するのは、「一定の権限の委任をめぐり成立しているプリンシパル－エージェント関係において、エージェント側がプリンシパル側の意図に沿って権限を行使する責任を意味する[27]」ことである。つまり、アカウンタビリティ概念は、権限の委任の結果生じる、権限行使を委任され、実施を任された受託者にとっての結果に関する説明責任、弁明責任のことである。行政が、民意の代表機関である議会から、ある政策の執行を委任されている場合、行政は依頼人である議会に対してアカウンタビリティを果たす責任がある。他方ではまた、市民の税負担と引き換えに、何らかのサービスの直接の「供給者」となるエージェンシーもしくはそれらの「調整者」としての役割を演じる行政機関は、市民に対しても、アカウンタビリティを果たす責務がある、[28]と考えられる。

以上の検討から、アカウンタビリティとは、依頼者・機関等によるモニタリングと評価に服する立場にある受託者・機関等が何らかの重要な決定や行為を行う場合に、その決定や行為によってもたらされた結果についてその応答責任を問われることを意味し、[29]行政機関やエージェンシー、企業体などの組織が社会に対して果たすべき「対外的説明責任」を意味する場合もある。これはオドンネル（Guillermo O'Donnell）のいうところの「水平的アカウンタビリティ」（vertical accountability）と、行政機関のような組織体内部で部下が上司に対して持つ責任のようなタテの関係にある「垂直的アカウンタビリティ」（horizontal accountability）に分けて捉えることもできるであろう。[30]

2　EUにおける「デモクラシーの不足（赤字）」をめぐる議論とアカウンタビリティ

グローバル化に伴い、国際政治経済・国際行政と、[31]国内政治経済・国内行政との相互作用の在り方は、現代国際社会を分析する上で重要な視点のひとつとなっている。とりわけ欧州統合の進展によって、EUという超国家的国際機構と加盟国の統治機構が相互に複雑に融合し、浸透し、依存し合うなかで、EUは法的には加盟国統治機構とは別の存在でありながらも、機能的には一体化した「欧州政体」（Euro-polity）としての側面を強めている。[32]

EU加盟国間で共有できる価値観、理念を形成し、合意形成のため、妥協と挫折を繰り返しながら、欧州諸国家を超える国際制度、超国家的性格を有する独自の政体が形成されるに至った。そこで「欧州ガバナンス論」が議論され、「国境を越えるアカウンタビリティをいかに確保するのか」という問題が、欧州公共空間では他の地域以上に、いっそう先鋭化してきた。

ＥＵにおいては、その機構や政策過程における「デモクラシーの否定（欠落、赤字）」問題が議論されてきた。ヘイウッド（A. Heywood）によれば、この概念は執政府のアカウンタビリティが欠落し、公衆の参加も適切ではない状態[33]を意味し、ＥＵが欧州市民の民意を適切に反映させておらず、その民主的正当性を失っている状況を指すとする。また、クリストファー・ロード[34]（Christpher Lord）、エリクソン（Erikson）とフッサム（Fossum）らの定義に従えば、ＥＵの諸決定が欧州諸国民の不適切な代表制度のもとで、欧州市民に対する応答も不十分で、ＥＵが代表性、応答性および支持の不足に苦しむ状況を指す[35]、とされる。

ＥＵの機構について具体的に見れば、欧州委員会の構成員（委員）は選挙で選出されておらず、加盟国議会の権限が喪失した部分を補えるほどには欧州議会の権限は強くなく、欧州レベルでは政治的アイデンティティや「デモス」（demos）が存在していない。また欧州議会選挙への投票率も回数を重ねるごとに低下し、有権者の支持も弱い状態にある。ＥＵの意思決定手続きが複雑で透明性が低く、国家における政党のような強力な民主的媒介装置もなく、欧州市民の民意にＥＵが応答的ではない状態[36]として描かれる。「デモクラシーの不足」に関する一九九〇年代初期の議論や文献では、ＥＵ諸機関の権限均衡における相対的な欧州議会の権限の弱さに焦点が当てられ、加盟国の国会の権限や機能と比較して、欧州議会の脆弱さを指摘するものが少なくなかった[37]。しかし、欧州議会が直接選挙制度を導入して以降は、ＥＣ固有財源導入に伴う欧州議会の予算決定権の拡大や部分的ではあったが立法権の獲得努力を通じて、欧州議会の権限は飛躍的に拡大していったのも事実である[38]。

その後、一九九〇年代末から二〇〇〇年代に入ると、「EUにおけるデモクラシーの不足」の概念自体に対する批判者も徐々に現れてきた。たとえば、リベラル政府間主義の理論家としても著名なA・モラブシック(Andrew Moravcsik)は、EUを加盟国における伝統的な民主主義の諸基準に照らして判断すること自体に問題があり、公平性、妥当性を欠くとして「デモクラシーの不足」をめぐる議論を痛烈に批判した。R・コヘインもまた、近代国家における代議制デモクラシーを前提とし、それとの比較においてEUを捉えようとする従来の欧州の研究者たちの「デモクラシーの不足」をめぐる議論を批判した。[39]これらの所説は、EUには「デモクラシーの不足」そのものがないと考える立場であり、したがって是正は必要ではなく、「デモクラシーは過剰である」とする見解さえある。[40]EUは民主主義国のみに開かれた組織体であり、新規加盟申請国は厳しいデモクラシーの基準を満たさなければ、EU加盟は認められない。新規加盟を実現した中・東欧諸国もすでに「コペンハーゲン基準」などの厳しいデモクラシーの基準を満たしている。各加盟国は、各国の憲法の手続に従ってEU諸条約を批准しているので、EUは民主的正統性を既に確保できている、と主張する。[41]G・マヨーネやA・モラブシックらの議論に従えば、[42]EU理事会が加盟国の閣僚から構成されている事実は、加盟国レベルでは閣僚が加盟国議会による民主的統制の対象となっており、主権国家におけるデモクラシーの条件は十分満たしていると考えることもできる。再分配政策については、多数決制によるデモクラシーが正統性の根拠となり、規制撤廃等の効率性追求政策では、アカウンタビリティ[43]を確保しつつ、第三者的エージェンシーに権限委任し、テクノクラティックな効率的アウトプットによる正統性の確保ができるとする。[44]EUにおける民主的正統性は、欧州議会と閣僚理事会の両方から調達されることに留意すれば、EUにおけるデモクラシーは実現していると論じることもできるであろう。共同体創設者たちは欧州統合の効率性を重視し、インプット・レベルではエリートによる影響力が制度的にも強かったのは事実である。しかし、特に経済面での現実の成功が、ＥＵ加盟国国民がＥＵの政治システムを好意的に受容することに繋がり、人々の支持を調達することに寄与した。つまり、これはＥＵの政策実施、管理能力の証明であり、シャルプフ（Scharpf）のいう「アウトプット・レベルの正統性」を確保できたともいえるからである。[45]

ツバイフェル（Thomas D. Zweifel）によれば、これらのデモクラシーの不足をめぐる多くの議論を整理すれば、①正統性の不足、②透明性の不足、③コンセンサスの不足、④アカウンタビリティの不足、⑤社会保護の不足に大別できるとする。[46]デモクラシーの条件を構成する諸要素のうち、アカウンタビリティとは、選挙により選出されて決定および行為の権限を保持する者が、民意に直接的にアカウンタブル（応答的）であることを意味すると捉えている。こうしてＥＵ諸機関相互間の権限の均衡やアカウンタビリティを確保するためのＥＵの諸手続への関心は、次第に「デモクラシーの不足」から、「アカウンタビリティの不足」をめぐる議論へと焦点が移ってきた。

それでは国際機構におけるアカウンタビリティは、いかにして確保されるのか。国際機構は、法人格をもつ加盟国に対してアカウンタブルである必要があるのと同時に、加盟国における自然人としての国民に対してもアカウンタブルであることが要請される。しかし現実には、国際レベルと国内レベルの双方で「デモクラシーの不足」や「アカウンタビリティの不足」がみられることが少なくない。一般に、行政におけるアカウンタビリティ確保は、行政府と立法府との間で明確な権限分割が行われている場合に、立法府による行政府の監視が可能となる。

しかし、ＥＵにおいては主要機関間の権限配分が不明確であり、立法府である閣僚理事会による行政府の欧州委員会とその事務局（国際官僚制）に対するコントロールが困難な場合もある。超国家的性格を持つＥＵ・共同体行政の特質は、加盟国行政との間で複雑な関係にある。共同体行政は、ドンデリンガー（J. Dondelinger）によると、(a)政策作成機能、(b)政策執行・予算執行機能、(c)調査機能、(d)行政管理機能という四つの機能を担っているとされる。ＥＵ国際官僚制と加盟国官僚制は、ＥＵ政策過程のさまざまなレベルで結びついており、ＥＵ国際官僚制を頂点として二七加盟国官僚制が連携・協力する「超国家的国際行政」システムが形成されている。[47] ＥＵの行政活動は、二つの共同体（ＥＣ、ＥＡＥＣ）行政の内部および警察・刑事司法内務協力において影響力があり、共通外交・安全保障・防衛政策の政府間協力分野でも部分的に各加盟国の行政に対しても影響力を持っている。そのため、ＥＵの行政府としての欧州委員会は、立法府である理事会や欧州議会、ＥＵ加盟国市民に対して、アカウンタビリティを確保する必要がある。

同時に各加盟国政府は、ＥＵ行政機構の策定した国際公共政策を遵守する義務を負い、自国民に対してアカウンタビリティを果たすことを求められる。この最後の局面で加盟国側の担当機関として常駐代表委員会があり、共同体行政を加盟国の行政過程に連動させるうえで不可欠な存在となっている。若干の例外は別として、共同体行政は、原則的には共同体政策を執行する必要から、加盟国の行政機関を経由する。[48] 行政規則、実務慣行は、国によってしばしば異なっている。それゆえ、共同体行政は、加盟国行政機関との間に、しばしば決定・調整のための媒介機関を持つことになった。ＥＵは、一方で常駐代表委員会のような機関を加盟国側パートナーとして持つが、他方では政策形成段階から理事会の下部委員会や作業部会を通じて、ＥＵ行政官僚制を常に加盟国行政機関と接触ある状態においている。このように欧州ガバナンスは、ＥＵの超国家的国際行政と加盟国の国内行政との相互作用モデルとして捉えるＷ・ヴェッセルズ（W. Wessels）のいう「融合理論」（fusion theory）などの枠組み[49]と合致し、ＥＵレベルと加盟国内レベルの両レベルによる「混成システム」を特徴とする。これは法的には別の存在でありながら、あたかもひとつの政体のごとく「欧州ガバナンス」として機能するため、「二重のデモクラシー」、「二重のアカウンタビリティ」の確保が要請される。しかも現実には、ＥＵの国際公共政策の大部分は、加盟国の中央政府または地域・地方の行政機関が実施機関となるため、タテの政府間関係における「多重のアカウンタビリティ」の確保が要請される。なぜなら、ウインコット（David Wincott）も指摘するように、ＥＵはその正統性の根拠を、加盟国政府と欧州市民の両方においているから[50]である。それでは、このようなＥＵ／欧州ガバナンスにおけるアカウンタビリティは、いかなる制度によって確保されるのであろうか。

三　ＥＵにおけるアカウンタビリティ確保への制度的対応

１　ＥＵのアカウンタビリティを確保するための制度

ＥＵレベルにおいてアカウンタビリティを確保するための制度としては、以下のような一〇の手段を挙げることができる。

①　ＥＵ年次活動報告（General Report on the Activities of the EU）、および月報（Bulletin of the EU）の公表
②　ＥＵ年次会計報告の公表
③　欧州会計検査院[51]（と各加盟国会計検査院の協力）を通じての財務監査
④　欧州オンブズマン[52]（と各加盟国オンブズマンの協力）制度を通じての調査

⑤　ＥＵ行政情報公開制度
⑥　欧州不正防止局（ＯＬＡＦ）とユーロジャスト（欧州検察庁）および各加盟国税務機関、不正防止担当機関等を通じての財務調査
⑦　ＣＯＳＡＣ[53]を通じた欧州議会と加盟国議会の協力によるＥＵ立法の監視
⑧　ＥＵの三〇近くの多様なエージェンシーを通じての中立性、公正性、公益性の確保
⑨　ＥＵ行政評価・政策評価制度[54]
⑩　欧州議会による予算・決算統制[55]

これらは、相互に補完的な関係を維持しつつ、ＥＵのアカウンタビリティを確保する仕組みとなっている。これら手段のいくつかは、たとえば、欧州議会と各加盟国議会に対して、より正確で有益な、信頼にたる適切な情報を提供することによってＥＵにおけるアカウンタビリティを向上させ、欧州議会の監視と監督・統制機能を高める仕組みがある。これは、ＥＵ機構と加盟国統治機構の「混成システム」としてアカウンタビリティの確保を狙うものであり、「欧州ガバナンス」の存在を前提としたものである。

これらのうち、政治的アカウンタビリティは、次の二通りの方法により、確保される。政治家である欧州議会議員にとって要請されるアカウンタビリティの確保は、その活動が政治的に動機付けられる有権者としての「欧州市民」、一般公衆に対する責任である。他方、民主的機関としての欧州議会にとっては、閣僚理事会や欧州委員会による執行活動を精査し、民主的に監督することで、有権者の評価を受けることを意味する。近年、ＣＯＳＡＣ（Conférence des Organs Spécialisés dans les Affaires Communautaires）の制度を通じて、各国の国会議員と欧州議会議員のそれぞれ六名で構成される合同の監視機関を通じてＥＵ立法過程を監視することで、透明性

と政治的アカウンタビリティを確保し、その正統性を強化する仕組みが作られ、これはリスボン条約において公式に文言化されたが、実務において既に有効に機能している[56]。

2　EUにおける財政的・会計的アカウンタビリティ確保と不正防止の制度化

ＥＵにおける財政的・会計的アカウンタビリティの確保についての制度化は早かった。予算統制に民主的正当性を持つ機関は欧州議会しかない。欧州議会による予算統制は、単に予算決定過程で行われる事前統制だけではない。予算決定過程と対応して政治的統制を加える決算審議過程をも軽視できないのである。ＥＵ予算として採択された後も、その執行府である欧州委員会の予算責任は統制されなければならない。もちろん欧州委員会自身は、自らの財務統制総局を通じての内部統制を行っている。しかし同時に、予算執行の適正性を確保するために、行政府の外からも独立の外部統制機関によってチェックする必要がある。そこで、ＥＣ予算に対する欧州議会統制、特に事後的監督権の強化は、ＥＵレベルの会計検査院の創設を前提として行われることになった。一九七五年七月の「第二次予算条約[57]」及び一九七七年四月の「会計検査院設置に関する加盟国政府代表による決定[58]」を根拠として、欧州会計検査院が一九七七年七月に創設された。この欧州会計検査院[59]と各加盟国会計検査院の協力を通じてＥＵレベルと加盟国レベルの双方で連続した財務監査が行われる仕組みが作られたのである[60][61]。

一九九五年三月欧州委員会のサンテール委員長は、『健全かつ効率的な管理プログラム』（SEM2000）を提案し、「結果重視の公共部門管理」（results-oriented public sector management）に向けて、加盟国と連携しつつ欧州委員会内部の行財政改革を断行しようとした。サンテール委員長が就任直後にこの問題に取り組んだ背景には、ドロール・パッケージⅠ・Ⅱ以来のＥＵ予算規模の実質的拡大（一九七八年と比較すると七倍に増加）があったからである。[62] EUの東方拡大への準備から、『アジェンダ二〇〇〇』（一九九七）に示されるような構造政策の強化は不可避となってきていた。そこで、EUが財政逼迫に陥るのを防ぎ、また必要な政策を実施していくためには、EUの行財政改革、欧州委員会内部の行財政管理の抜本的な改革が不可欠であると考えたのである。サンテール委員長は、一九九五年一月、欧州議会に対し、五ヵ年に及ぶSEM二〇〇〇改革プログラムを提案した。一九九五年七月二六日、EU財政に対する不正防止のため「共同体の財政的利益の保護に関する規約」[63]および七月二七日「共同体の財政的利益の保護に関する規約への議定書」[64]を採択した。これは欧州委員会事務局における財政管理構造の改革であり、サンテール委員会の任期中に実施に移された。しかし皮肉にもこのサンテール欧州委員会において二人の委員の不正スキャンダルが生じたのを契機にして、欧州議会は疑惑の解明と追及に乗り出した。サンテール委員会の不適切な行政管理と人事における縁故者優遇、公金の不正流用などの疑惑調査のために、欧州議会は、独立の専門家委員会（Committee of Independent Experts）を設置した。事実関係を調査するために設置された同専門家委員会[65]は、その「欧州委員会の改革に関する第二次報告」のなかで、本来、行政機関内部での垂直的統制を前提とする「行政管理的アカウンタビリティ」の確保と、自ら責任を自覚して遂行に努める「政治的責任（レスポンシビリティ、自律的責任・政治的・非制度的責任）（political responsibility）の確保とを厳格に区別して論じている。[66] 政治的・非制度的責任を含意する「レスポンシビリティ」（responsibility）という用語は、サンテール欧州委員会の総辞職に至る過程で、大きな政治的役割を演じることになった。

こうして一九九九年三月一六日ジャック・サンテール欧州委員会は総辞職[67]を余儀なくされたが、欧州統合・EU政策過程は、デモクラティックであるべきか、テクノクラティックであるべきかという二つの原則の間の対立が顕著に表面化した。デモクラシーを重視する立場からは、欧州委員会の総辞職をデモクラシーの勝利であるとみなし、欧州官僚制から欧州議会へと劇的な力関係の変化として捉えられた。他方、欧州テクノクラシーを重視し、擁護する立場からは、欧州委員会の総辞職はやむを得ないとしつつも、欧州議会の過度の権限強化には懐疑的になり、独立のエージェンシーの設置などを通じてより強固なテクノクラティックな統治を模索しようとした。

この不正事件を契機として、一九九九年五月ＥＵは、「欧州不正防止局」（European Anti-Fraud Office, L'Office européen de lutte antifraude: OLAF）を創設した。この機関は、共同体財政に損害を与える汚職・不正を調査する権限を有し、ＥＵ諸機関内での内部調査のみならず、加盟国内および協定に基づいて第三国においても外部調査が可能となった。司法的アカウンタビリティの確保について、一般に、行政手続法や行政訴訟法、行政機関の政策評価法などに基づく制度が考えられる。上記の汚職防止規約では、ＥＵおよび加盟国の公務員によるＥＵ財政に損害を与える汚職（収賄・贈賄）を犯罪とすることを加盟国に義務付け、欧州裁判所の先行判決制度を導入した。ＥＵ諸機関の構成員や公務員が関与する汚職事件について、欧州司法裁判所が先行判決を下すよう求めることができる。さらに、二〇〇二年二月二八日「重大な犯罪との闘いを強化するためにユーロジャスト（Eurojust, 欧州検察庁）を設立する決定」[68]を採択した。欧州不正防止局とユーロジャストは、域内諸国のみならず、域外諸国との関係でも汚職防止政策を強化し、財政的・司法的アカウンタビリティが確保されることになった。

以上のようにＥＵの財政的アカウンタビリティ確保のための制度形成とその概念の発展を踏まえてＥＵにおけるアカウンタビリティ概念が拡張されてきたことがわかる。この問題は、エージェンシー化との関連で以下において扱うことにする。

四　欧州ガバナンス改革の過程とアカウンタビリティ

1　NPMによる欧州ガバナンス改革とエージェンシー化[69]

二〇世紀の職能国家、福祉国家への国家機能の変容は、政府機能の拡大と人的資源（公務員数）の増大を賄うための財政規模の拡大をもたらし、「大きな政府」を出現させた。しかし、石油ショック以降、ＯＥＣＤ諸国政府の財政逼迫と任務の増大は、多くの公共政策の失敗をもたらした。そこで先進諸国では行財政改革や規制改革が焦眉の急となり、公共支出抑制を余儀なくされ、「小さな政府」の実現、政府支出の削減を目的とした行政改革が始まった。この改革の過程では、ＮＰＭの影響を受け、民営化や規制緩和を行い、「省庁から執行部門を切り離し、執行部門を独立した機関として組織運営をさせようとする手法」である「エージェンシー化」が進められた。一般に、エージェンシーとは、特定の技術的・専門的・科学的な任務や、調整的・監査・行政管理的任務、執行的任務などを遂行するために、通常の省庁等の行政組織の外側に独立した組織として設置され、統治的機能の一部を担う機関をいう。これは政府機能の外部委託化、とくに公共サービスの供給は、政府が独占的に直接供給するのではなく、民間企業やＮＧＯ／ＮＰＯなど、行政機関以外にも多様なアクターが競合するなかで効率的にサービスが供給される方向への転換であった。

こうした潮流のなかで、ＥＵレベルにおいても新しいエージェンシーの設置が盛んに行われるようになり、欧州委員会では政策の発議者としての機能に重点を移してきた。しかし欧州委員会の政策や行政活動については「管理の欠落」（management deficit）が指摘されていた。そこでサンテール欧州委員会（一九九五－一九九九年）

およびプロディ欧州委員会（二〇〇〇－二〇〇五年）で、行政改革担当委員の職にあったキノック（Neil Kinnock・イギリス）副委員長は、ブレア流のNPM改革を、EUレベルで「欧州ガバナンスの改革」として断行した。N・キノック副委員長は「欧州ガバナンス改革を進める過程で、権限委譲とエージェンシー化、ネットワーク・ガバナンス化を進め、アカウンタビリティの問題にかかわることになった。

プロディ委員長は、現代のアカウンタビリティをめぐる問題に対してもひとつの解決策を提示しようと試みた。それは、二〇〇一年七月に欧州委員会が発表した『欧州ガバナンス白書』[70]（COM（2001）428final）において明確化された。すなわち、欧州ガバナンスを改善するために、「グッド・ガバナンス（良いガバナンス）の原則」として、①公開性、②参加、③アカウンタビリティ、④有効性、⑤一貫性という五点からなる改革の目標を掲げた。「公開性」は、EUが何を決定し、何をなしたかを、積極的に人々に公開し、理解を得るために不可欠である。「参加」は、多様なアクターにEU政策過程への幅広い参画を認めることにより、政策の妥当性を高め、その質や効果を確認し、政策に対する信頼を強化する。EU諸機関と加盟国の関係諸機関は、立法や行政過程におけるそれぞれの役割を明確にし、その「アカウンタビリティ」を確保する義務がある。また、政策は明確な目標のもとで、効果的かつ時宜を得た、「有効性」の高い実施が要請され、評価も適切になされなければならない。EUの諸政策や行動には、常に「一貫性」が求められ、強い政治的リーダーシップと責任が課せられる。以上の五原則は、それぞれ重要な要素ではあるが、単独では有効性は発揮できない。そこで、政策の構想から実施に至るまで、どのレベルでいかなる手段で行動するのか、手段は目的に照らして均衡のとれた妥当なものか否かを検討し、「補完性原則と均衡（比例性）の原則」に則り、ネットワークを重視しなければならない[71]、と同白書は強調する。それでは、この「グッド・ガバナンス」の五原則のひとつとして挙げられた「アカウンタビリティ」を確保するために、この白書が勧告した「EUエージェンシー」の制度設計理念とその現実の機能はどのようなものであったのだろうか。

2　EUエージェンシーの制度設計：類型と機能

一般に、エージェンシーの導入には、政治的意図と行政管理的意図の両面がある。つまり政治的側面では、ある機能を政権や政党政治から切り離して、一定の距離を置くことでその中立性や客観性を担保できるという利点があり、「エージェンシー化は、行政サービスに対する市民の不信が増大する中で、その正当性を回復する一方法と見なされた」[72]。他方で、エージェンシー化は、政策実施の目的と手段の関係を明確化し、戦略的に政策を策定し、実施し、評価するための合理化、能率化を促進し、業績志向、顧客志向の改革にとって望ましい改革であると捉えられ、欧州の中道左派政権においても受容された。しかし同時に、エージェンシーの設置はアカウンタビリティに関する複雑な問題を提起する。

EUにおけるエージェンシー化の目的は、「より良いEUルールの適用」を行うためであり、欧州委員会はこの観点から「規制エージェンシー」(Regulatory Agency) の設置提案を行った。規制エージェンシーとは、特定部門の規制を行う執行権限を行使できるエージェンシーのことである。欧州ガバナンス白書では、規制エージェンシーの特徴として、以下の五点を挙げている。①厳密に規定された特定領域においてのみ政策決定権が付与され、②高度の自律性を確保し、独立性、透明性、専門性を保持し、経済性を向上させることができる。しかし、③全般的な規制の方策を決定することは許されず、あくまで特殊な専門性が要求され、他の利益と競合することが少ない場合にのみ適用する。④多様な利害が錯綜する分野では決定権は認められず、政治的裁量権や経済的評価を行うことも認められず、欧州委員会による厳格な監督と統制を受け、⑤他のＥＵ諸機関や加盟国との間の権限の均衡関係も崩してはならない、という厳しい制約が課せられている。

欧州ガバナンス改革の過程で進められた「ＢＳＥ危機」[73]の教訓から、二〇〇〇年以降、ＥＵ加盟国官僚とＥＵ官僚が協働してＥＵの政策実施のための施行細則を密室で決定する「コミトロジー方式」の問題点[74]を改革することが要請された。これはプロディ委員長の下で「欧州ガバナンス改革」として断行され、具体的にはコミトロジー方式を廃止もしくは縮減し、「エージェンシー化」が推進された。これはイギリスにおけるＢＳＥ危機の拡大に伴い、ＥＵ、欧州議会の発言力が増し、その権限を拡大する契機となったが、同時に欧州委員会の役割も増大し、その行政権限の強化も必要となったためである。しかし、ＥＵ理事会や欧州議会の反対もあり、欧州委員会の権限強化は容易ではなかった。そこで欧州委員会の行政管理機能を補う、独立の専門的機関として「ＥＵエージェンシー」が設立されたのである。『欧州ガバナンス白書』においては、すべてのエージェンシーに共通するルール制定の必要性を勧告している。欧州委員会が二〇〇二年一二月『欧州規制エージェンシーに向けた施策枠組み』において、エージェンシーの機能強化とアカウンタビリティの向上、行政責任の明確化などを強調している。

ＥＵエージェンシーは、閣僚理事会、欧州議会、欧州委員会などのＥＵ主要機関とは区別される、独立の法人格をもつ、多様な目的を持った機関である。これには三つのタイプがある。その第一のタイプは、エージェンシーと総称されているが、これらの機関には、センター（Center）、基金（Foundation）、エージェンシー（Agency）、庁もしくは局（Office）、監視局（Observatory）などさまざまな名称がつけられている。その先駆をなすものは、一九七五年に設立された欧州職業訓練開発センター（ＣＲＥＤＥＦＯＰ）および欧州生活・労働条件改善基金（Ｅ

UROFOUND）であり、第一世代のエージェンシーとされる。その後、権限委任や分権化、権限の地理的な分散化や科学的知識の反映も考慮されるようになり、「欧州環境庁」（EEA、一九九〇年）や「欧州薬物・薬物依存監視センター」（EMCDDA、一九九三年）、「欧州医薬品評価庁」（EMEA、一九九三年）、「欧州労働安全保険庁」（EU－OSHA、一九九四年）など、EUにおいても第二世代の新しいタイプのエージェンシーが相次いで設立された。[75]第二世代のエージェンシーは、一九九三年一〇月の加盟国政府首脳の決定により、一九九四年と九五年以降に活動を開始し、①域内市場運営の円滑化機能、②監視・情報収集・提供機能、③欧州規模の社会的対話促進機能、④専門分野でのEU活動支援機能、という四つの機能を担う。さらに二〇〇三年一二月の政府首脳の決定により、欧州ネットワーク・情報安全庁（ENISA、二〇〇四年設置）、欧州防衛庁（EDA、二〇〇四年設置）、欧州疾病予防・制御センター（ECDC、二〇〇五年設置）などの多くの第三世代のニュー・エージェンシーが創設されていった。二〇〇九年には「欧州人権庁」が設立された。また、共通外交安全訴保障策にかかわる三つのエージェンシーと、[76]理事会規則に基づき設立された六つの執行エージェンシー、[77]警察・刑事・司法内務協力にかかわる三つのエージェンシーがあり、[78]さらに二つのEURATOM関連エージェンシーも設置されている。

全体としてこれらのEUエージェンシーは、共通する以下のような機能、社会的役割や特徴をあげることができる。すなわち、①共同体に一定程度の分権化、権限の地域的分散化をもたらす、②各エージェンシーにそれぞれ独自の任務を割り当てることで高い権威を与える、③科学的・技術的・専門的知見を必要とする特定の政策領域での社会的要請に的確に応答する、④欧州における異なる利益団体間の統合や社会的パートナー間の討議や国際レベルでの討議を容易にする役割[79]などである。しかしエージェンシーには、このようないくつかの有益な機能があるが、同時にこれらへの権限委譲によって生じる「アカウンタビリティの欠落」あるいは「民主的正統性の欠落」などの問題が指摘されている。この問題は、エージェンシーには広範な裁量権を委譲することはできないと判示するＥＣＳＣ裁判所の Meroni 事件判決[80]（Meroni v. H. A. Case 9/56, 19/56）にまで遡ることができる。この判決では、政策実施のためのＥＵエージェンシーのような新しい機関の設立は、すでに加盟国（中央・地方政府）に委ねられている政策実施権限に抵触すると判断されたのであった。ＥＵにおけるエージェンシーの活用は、専門性の高いＥＵ政策決定を合理化・客観化・能率化し、政治的介入や利益集団の加圧活動を排除し、その決定過程を透明化させるという利点があるが、半面でアカウンタビリティのラインがＥＵ機構内のみならず、外部にまで拡張する。エージェンシーの事例研究に基づいてＧ・マヨーネも指摘するように、ＥＭＥＡやＥＦＳＡ[81]ですらエージェンシーの長には最終決定権が付与されていないために責任がとれない状況に置かれている。それにもかかわらずＥＵエージェンシーの長は、欧州委員会や加盟国の専門家委員会と責任を共有しなければならないという矛盾した問題があるといえる[82]。

五　ＥＵにおけるアカウンタビリティ確保と政策評価

１　ＥＵにおける政策評価制度とアカウンタビリティ

欧州ガバナンスの向上には、政策評価と透明性の確保が不可欠である。プロディ欧州委員会は、グッド・ガバナンスを実現するために、評価は、アウトカムの透明性と品質、知識基盤の強化が必要であり、その手順を明確化しなければならない、とする。欧州委員会は、中間評価と事後評価には、アカウンタビリティの確保と経験から学んだことをすべて生かすことが重要であり、特に中間評価がしばしばもっとも重要になると指摘し、役立つ評価は、堅実な方法論と有効なデータに基づかねばならないと指摘している。[83] こうして欧州委員会は、『評価に関するコミュニケーション』（SEC（2000）1051）と財政規則第二七条(4)、第二八条、第三二条を根拠として、二〇〇二年度以降、各総局に定期的な評価を義務付け、さらに実施規則により評価制度を具体化した。[84]

欧州委員会による事前プログラム評価、中間評価・事後評価、という連続的監視システムは外部の専門家グループの協力を得て、評価手続きもマニュアル化されており、実際に活用されている。

EUでいう「評価とは、満足できる結果、効果、およびニーズに応じた介入の判断[85]」を意味する。欧州委員会によれば、EUにおいて評価を行う目的は、①行政管理の改善、②政策の品質向上、③財政的資源の適正配分、④アカウンタビリティと正当性の確保にある、[86] とされる。欧州委員会におけるEU歳出プログラムの評価、業務パフォーマンス測定を予算編成に関連づける評価システムは、エージェンシーの評価をも含め、長年にわたる欧州委員会の経験に基づく慣行となってきている。

EUのすべての歳出予算プログラムの法的枠組みは、評価を、プログラムの有効性改善のための手段とし、

① EU諸政策の優先順位の決定、社会環境の変化に応じた段階的な政策戦略や政策目的の修正・変更のために活用し、

② 政策の効率性や合理性を確保しつつ、欧州市民への公開、政策情報の共有とアカウンタビリティの確保の手段とする。[86]

そのような意味でEUの政策評価制度は、政策過程への欧州市民社会の参画を促進することによって、EUに対する正統性の強化を目指すものでもあるといえよう。EUにおいては、多文化、多国籍という独自の性格から

価値観も多様性に富むがゆえに、評価を行うのにも問題が少なくない。しかし、評価や透明性確保には、政治経済学的観点から、次のような二つの機能があることを指摘できる。

第一に、経済的側面では、最少の費用で最大の効果を生むためのもっとも「効率性」の高い問題の解決策を提示できる。

第二に、政治的には、行政機関や政策決定者のアカウンタビリティを強化し、ＥＵという政体の意思決定の正統性を高めることができる。

つまり、ＥＵのような国際機関であっても、あるいは国、地方自治体であっても、それらの政策の品質向上をはかり、社会目的を低コストで有効に達成し、グッド・ガバナンスを実現するためには、評価が不可欠な手段となる。とはいえ、評価は政策決定に取って代わるものではない。むしろ評価が政策決定者やエージェンシーのような関係するアクターの視野を広げ、議論の質を向上させることができれば、政策改善にもつながる。しかし、評価に黄金率はなく、普遍的に適用可能な単一の評価方法もない。欧州委員会は、評価が政策判断、政策改善の手段であり、行政管理の改革にとって不可欠であると認識する。また評価は、政策的介入におけるアカウンタビリティの確保に資するとともに、予算配賦の考慮において不可分な一部であると捉えている。[87]

２　政策評価におけるエージェンシーと行政的アカウンタビリティの確保

欧州委員会は、政策の優先順位と資源配分を決める方法の改善策として、「活動に基づく管理」（Activity-Based Management: ABM）システムを導入した。[88] 政策目的と活動の達成結果についての定期的な評価は、構造基金、対外関係、農業政策など多くの分野ですでに十分な評価が実施されている。このような信頼できる意味のある評価情報は、行政的アカウンタビリティを確保するうえですべての活動において必要となる。

EU行政過程の各段階に応じて、環境影響評価制度[89]、情報公開制度[90]、政策評価制度などを通じて、①政策、②プログラム、③プロジェクト、④アウトカム（成果）など政策評価過程で、アカウンタビリティの確保を狙うものもある[91]。

以上のような欧州ガバナンス改革は、欧州委員会の委員の責任を明確化し、契約に基づいてエージェンシーへ執行責任を委譲し、一定の範囲内で委員の自由裁量を認め、委員を政策実施管理責任から開放することにより、行政に対する監督・統制を強化しようとするものである。つまり行動の統制から、業績の統制へと重点を移し、効率性、透明性、アカウンタビリティ確保のための新しい機関として、エージェンシーを位置づけたのである。各総局は、評価に基づいて、アウトプットやアウトカムについて所管のエージェンシーに説明を求め、これを次の政策決定やEU予算に反映させるという手法へと転換する。しかし、EU行政のNPM改革によって、EU行政機関の一部がエージェンシーとして分権化されたり、民営化されることによって、欧州議会や加盟国議会による統制や行政手続きによる適法手続きがはずされたり、EUレベル、加盟国レベルでの法的統制からはずされる場合が生じる。行政組織上の分権化、あるいは民営化がなされたとしても、EU行政機関との委任関係は継続すると考えられる。すなわち任務の委任者、依頼者であるプリンシパルと依頼をうけた受任者であるエージェント、委任を受けたエージェンシー機関やNGO／NPO団体との関係においては、応答責任、アカウンタビリティのラインは継続していると見ることができる[92]。

欧州議会は、欧州市民の代表機関として欧州委員会を監視し、民主的に統制する任務があり、欧州委員会は一層信頼できる情報を提供することによって欧州議会に対するアカウンタビリティを確保し、その信頼性を向上させることができる。また、ＥＵ全体におけるアカウンタビリティ向上のために、欧州オンブズマン制度[93]、欧州会計検査院や欧州不正防止局など監査対象に影響されない、利害関係のない独立機関により、欧州委員会の政策や業績評価を行うことで信頼性の高い情報を欧州議会や加盟国議会に提供することができる。欧州委員会から委託されて公共サービスを提供する企業やＮＧＯ／ＮＰＯは、ＥＵの公的資金に関与することから、自らの組織運営の透明性、公正性を確保し、欧州委員会や欧州議会へのアカウンタビリティとサービスを受ける欧州市民へのアカウンタビリティの確保を同時に求められることになる。

さらに「支出に見合う価値」を追求する観点から、公共財、公共サービスの供給に、顧客・消費者の「選好」を重視するが、集合的に供給され、消費される性格の強い公共サービスは、私的財の購入とは異なり、選択の幅が限られている場合が普通である。それゆえ業績を評価する基準は、「顧客・消費者」のサービスへの満足度に応答するだけでは十分ではない。市場に限界があるからこそ、サービスを購入したり、消費したりしない個人もまた、「市民」として、サービスのアウトプットやアウトカムの分配上の「公平性」(equity) や「公正」(fairness) といった基準には関心があり、アカウンタビリティ問題を、単なる行政管理的アカウンタビリティの問題だけに矮小化することはできないであろう。プロディ委員会の『欧州ガバナンス白書』で新しいガバナンス方式として勧告され、社会労働政策など、加盟国に管轄権のあるいくつかの政策分野で漸次導入され、リスボン条約において文言化された「開放型整合化方式（ＯＭＣ）」によるガバナンス方式（後述）もまたその例外ではない。

六　リスボン条約による欧州ガバナンス改革とアカウンタビリティ

1　リスボン条約による「開放型整合化方式」（ＯＭＣ）の可能性と限界

中・東欧諸国の新規加盟に伴う加盟国数の増大は、意思決定の時間とコストの増大につながり、ＥＵの迅速な意思決定や効率的な政策実施を困難にすることが危惧されていた。ＥＵの東方拡大とグローバル化に伴う影響から、ＥＵ域内における地域間経済格差の拡大や失業率の増大など社会問題の増加もあり、従来のようなエリートが牽引する欧州統合、共同体方式が疑問視されるようになった。こうして民主的正統性のある新たな欧州ガバナンスのあり方が模索され、「代議制デモクラシー」（representative democracy）を補完する目的からも、「参加デモクラシー」（participating democracy）の必要性が浮かび上がってきた。

現実のＥＵの立法過程を見ると、立法には専門的知識が不可欠であるが、それらは議会や官僚制の中から提供されるのではなく、民間部門や外部の専門機関、エージェンシーから提供される場合が少なくない。これに対応する観点から、ＥＵの規則、指令を用いる「ハード・ロー」（hard law）手続から、「開放型整合化方式」[94]（Open Method of Coordination: OMC）という「ソフト・ロー」（soft law）を用いる手続へとガバナンスのあり方も変化してきたのである。これは、ＥＵ立法過程における「アカウンタビリティ」や「正統性」を確保し、加盟国ごとに異なる制度的齟齬を調整する「効率性」を高めるために制度化された。

ＥＵの機構改革では、このようなＯＭＣによるガバナンスを公式に条約の中に取り込むことが目指され、リスボン条約においてはじめて規定された。ＯＭＣプロセスは、各加盟国レベルに管轄権のある政策の調整問題に対処する方法として考えられ、ベストプラクティスの比較測定、および機構上の改善を成功させるために開発されたガバナンスの一形態である。[95] ＯＭＣでは、多様なレベルのアクターが国境を越えてベンチマーキング、相互評価、多国間モニタリング、その他の政策評価の結果得られた特定の政策に関する知見や知識を、開かれた公共空間で共有し、相互学習できるネットワークとして働くという側面が重要である。つまり、きわめてローカルな知識であっても、国境や政府、セクターのレベルを超えて、ＥＵ公共空間の中に波及していき、政策決定に反映されることにより、政策の質の向上につながっていくことが重要であるといえる。行政機関内部のアカウンタビリティ確保の手段としては、欧州委員会のコミトロジーによる行政立法や審査、ＥＵ制定法、情報提供制度などがあり、外部的アカウンタビリティの確保は、パブリック・コメント、情報公開制度、公聴会の開催などにより実現される。[96] この点でＯＭＣは、履行確保にとって有効性が高いことがわかる。

ＯＭＣがデモクラシーの不足を是正し、デモクラシーの強化に単純に繋がるとはいえないことに留意する必要がある。確かに新しいＥＵのソフト･ガバナンス方式であるＯＭＣは、一見参加デモクラシーを具現する仕組みのように見え、加盟国レベルで多様なアクターに参加の機会を与える行政管理手続としては効率性も高い。しかし、欧州議会も欧州司法裁判所もこのプロセスに関与できず、ＯＭＣには、閉鎖的な特定のステークホルダーのみが参加できる「開放性」に過ぎず、「開かれた方式」ではあるが欧州市民に対するアカウンタビリティを確保する制度とは決していえないという最大の欠陥があることを認識する必要がある。

ボノ（G. Bono, 2004）によれば、ＥＵにおける民主的アカウンタビリティは、①行政管理的アカウンタビリティ、②議会的アカウンタビリティ、③政治的・軍事的（political-military）アカウンタビリティ、④域内的アカウンタビリティ、および⑤対外的アカウンタビリティ、という五つのレベルに分けて捉えることができるとされる。[97] リスボン条約の下でも、ＣＦＳＰ（共通外交安全保障政策）とＥＳＤＰ（欧州安全保障防衛政策）の発展に伴い、非公式会議もふえ、両者の境界が曖昧化するなかで、アカウンタビリティはさらに低下する傾向を示している。なぜなら、ＥＳＤＰは、政府間協力部門であるため、欧州議会には権限はなく、法的には加盟国議会の監視下に置かれるが、現実には各加盟国議会による精査は困難であるため、議会的アカウンタビリティや政治的・軍事的アカウンタビリティも確保されにくい。ＥＵやＮＡＴＯが介入する諸国の国民に対する対外的アカウンタビリティも不明瞭であり、これについての欧州市民に対する域内的アカウンタビリティも曖昧な状態にあるからである。(98)

さらに、加盟国内のエージェンシーやＮＧＯ／ＮＰＯなどのシビック・セクター（欧州でいうところの「市民社会」）、あるいは民間企業等を通じて公共サービスを提供する場合も少なくない現在、垂直的アカウンタビリティのみならず、水平的アカウンタビリティを含む「多元的なアカウンタビリティ」の確保も要請される。その結果、ＥＵにおけるアカウンタビリティのラインは、国境を越えてタテ・ヨコ・上・下へと広がり、ＥＵも加盟国も、自然人としての欧州市民、加盟国市民に対してもマルチレベルに応答できることが要請され、多元的なアカウンタビリティ、「マルチレベル・アカウンタビリティ」の確保が求められるようになってきているといえよう。

2　リスボン条約による欧州ガバナンス改革の成果とアカウンタビリティをめぐる課題

デモクラシーを議論する場合、伝統的な「代議制デモクラシー」と対峙する「参加デモクラシー」が挙げられる。またレイプハルト（Arend Liphart）によれば、デモクラシーは、代議制による「多数決デモクラシー」（majoritarian democracy）モデルと、「合意デモクラシー」（consensus democracy）モデルという二つのタイプに分類することができるとする。(99) 多数決デモクラシーの下では、少数派は常に少数で弱い、不利な立場のままにおかれるため、統治システムの正統性を損なうリスクがある。他方の合意デモクラシーは、欧州大陸諸国に当てはまり、異質かつ多様な民族集団が共生する複合的社会を包摂する国家や政体に適合する制度であるとする。(100)

超国家的性格とマルチレベル・ガバナンスを特徴とするＥＵ・欧州政体では、多数決方式を前提とする伝統的な代議制デモクラシーに加えて、コンセンサスの形成を前提とする参加デモクラシーの様々な制度構築が行われ、国境を越える民主主義とアカウンタビリティを確保するための新しい形態が模索されてきた。なぜならＥＵ市民の民意を代表する欧州議会は、ＥＵの政策決定過程で従来は部分的にしか関与できなかったからである。しかしリスボン条約以後は、代議制民主主義の手続を有効に機能させ、共通農業政策や警察・刑事司法協力分野でも欧州議会に発言権が与えられ、政策決定が一層民主化された。新条約では、ＥＵレベルと加盟国レベルの両レベルで民主主義的な価値や正統性を調達し、アカウンタビリティをさらに確保しようとする以下のようないくつかの改革が行われた。

第一に、リスボン条約では、ＥＵ理事会と欧州議会による従来の「共同決定手続」（co-decision procedure）を、「通常立法手続」（ordinary legislative procedure）と改称し、欧州議会の権限が及ぶ政策分野を大幅に広げ、欧州議会の立法権を強化することにより、民意へのアカウンタビリティを高めている。また第Ⅱ編「デモクラシー原則に関する規定」（第８Ａ条）が文言化され、①ＥＵの運営は、代議制デモクラシーの原則に基づき、②欧州市民は、欧州議会においてＥＵレベルで直接代表されること、加盟国政府は加盟国レベルもしくは政府首脳による欧州理事会および加盟国政府によるＥＵ理事会において代表され、国内議会もしくは国民に対してデモクラシーに基づく責任を負うことを明確に規定した。参加民主主義の観点から、③欧州市民は、ＥＵのデモクラシーに基づく営みに参加する権利を有すると規定し、ＥＵの諸決定ができる限り市民に公開され、かつ可能な限り市民の近くで行われることが明確化された。さらに、④欧州レベルの政党は、欧州の政治意識を形成し、欧州市民の意思を表明することに貢献すると謳っている。[101]これらリスボン条約の諸規定からも明瞭なように新条約によって、EUのアカウンタビリティは理念的のみならず制度的にも強化されたと評価できる。

第二に、超国家的性格とマルチレベル・ガバナンスを特徴とするEU・欧州政体では、国境を越えるデモクラシーとアカウンタビリティとの新しい連携形態が要請されることになった。リスボン条約では、欧州議会と加盟国議会が協力してEU立法過程を監視する方式を取り入れ、欧州議会との連携・協力を前提に加盟国議会にも参加を制度的に認め、EUレベルと加盟国レベルの両方で代議制デモクラシーがさらに強化された。これにより、EU立法の透明性が向上し、アカウンタビリティの確保が一層強化されたといえる。リスボン条約では、共通農業政策や警察・刑事司法協力分野でも欧州議会側に発言権が与えられることとなり、政策決定手続も一層民主化されたと評価できる。

第三に、EUにおけるエージェンシー方式の活用は、専門性の高いEU政策決定を合理化・客観化・能率化し、政治的介入や利益集団の加圧活動を排除し、その決定過程を透明化させ、アカウンタビリティの確保に寄与するという利点がある。またEUのソフト・ガバナンス方式であるOMCの活用も、加盟国レベルで多様なアクターに参加の機会を与える行政管理手続としては確かに効率性も高い。しかし欧州議会も欧州司法裁判所もこのプロセスに関与できず、特定のステークホルダーにしか参加の機会が開かれていないという問題がある。これらのガバナンスの形態では、アカウンタビリティのラインがEU機構内のみならず、外部にまで拡張した結果、EUレベルから加盟国レベルにまでアカウンタビリティのラインが繋がり、さらに政府機関のみならず、特定の民間業者、NGO／NPO等にも開放され、これらが競合するなかでアカウンタビリティ確保の対象が幾重にもなってさらに複雑化し、責任の所在が不明確化する恐れがあることも否定できないであろう。

第四に、欧州ガバナンス改革の一環として欧州委員会は、行政管理的アカウンタビリティを確保する観点から、ＥＵ諸政策を所掌する各総局等の活動について業績を測定し、評価・報告する行政評価、政策評価を義務付けた。しかし、大部分の評価は、評価の客観性を担保するために、内部評価のほかに外部評価をも条件としているため、評価を第三者機関へと外部委託（contracting out）することになり、アカウンタビリティ確保のラインの複雑化のみならず、そのコンプライアンス・コストの増大という財政にかかわる問題も同時に起こってきている。Ｇ・マヨーネもＥＵのエージェンシーに関する事例研究から指摘するように、アカウンタビリティの確保の問題は、結局のところデモクラシーとコストとのバランスをいかに均衡させるかという問題、財務的アカウンタビリティの確保へと帰結する。

第五に、リスボン条約に至る欧州ガバナンス改革では、市民、ＮＧＯ／ＮＰＯ等の「市民社会」を参加させる観点から、行政サービス提供過程にシビック・セクターを組み込む「パブリック・インボルブメント」方式をとり、ギデンズ（Anthony Giddens）流の「第三の道」[102]路線を志向してきた点を指摘できる。その結果、リスボン条約では、一〇〇万人の署名により欧州市民が欧州委員会に対してＥＵ立法提案を要請できる市民発議権が欧州市民に付与されることになった。これは「参加デモクラシー」の新しい可能性を開く制度の一つとして注目される。そこでこの「欧州市民発議権」制度の実効性が問題となるが、二〇〇七年実際に欧州障害者フォーラム（ＥＤＦ）という団体の呼びかけた「障害のある人のための一〇〇万人署名」キャンペーンにおいて、既に一三六万人以上の署名を集めることに成功している現実[103]に鑑みれば、その有効性は高いと考えられる。

しかし、この場合も欧州市民を単なる顧客・消費者としてではなく、ステークホルダーとみなし、ＥＵ政策過程に主体的に関与させ、協働によるネットワークを活用する共同統治型のガバナンスが前提とされる。そこで外部的アカウンタビリティは、市民を顧客としてみるか、判断形成の共同参画者、協働主体と捉えるかによって評価が異なってくる。共同参画者、協働主体として欧州市民が、ネットワーク・ガバナンスに組み込まれ、サービスの範囲、質や量の決定や実施および評価の過程に関与することで、アカウンタビリティの確保の対象が一層不明確となり、アカウンタビリティのさらなる低下を招くのではないかという懸念もある。これらリスボン条約による改革が、EUにおけるアカウンタビリティの確保と民主的正統性を強化するうえで実効性をもつか否か、今後も注視する必要がある。

〔注〕

（1）OJ C115, Vol. 51, 9 May 2008, Consolidated versions of the Treaty on European Union nd the Functioning of the European Union, 2008/C115/01.

（2）初代大統領（欧州理事会常任議長）はベルギーのファン・ロンパウ（ベルギー首相・六二歳）が、またEUの外相級ポストの外交安全保障上級代表にはイギリスのアシュトン欧州委員（通商担当・五三歳）が、一一月一九日の特別欧州理事会において選出・指名された。

（3）須網隆夫「超国家機関における民主主義」『法律時報』七四巻四号、二〇〇二年、二九頁。12 Spiegel Online, Politik, http://www.spiegel.de/politik/ausland/0.1518.559419.00.html.

（4）P. C. Schmitter, "Is it Really Possible to Democratize the Euro-Polity?", A. Follesdal, P. K. oslowski (ed.), *Democracy and the European Union*, 1988, pp. 16-17. および関連する議論については、T. Bergman, E. Dangaard, *Delegation and Accountability in European Integration*, Frank Cass, 2000. Giandomenico Majone, *Europe as the Would-be World Power*, Cambridge UniversityPress, 2009, pp. 175-176.

（5）たとえば、Thomas D. Zweifel, *Democratic Deficit?: Institutions and Regulation in the European Union, Switzerland and the United States*, Lexington Books, 2002を参照されたい。

（6）G. Majone, *Europe as the Would-be World Power*, Cambridge University Press, 2009, p. 175.

（7）欧州ガバナンスについては、Koji Fukuda, "Institutional Reform and European governance: political reflections on the Treaty of Nice," in Koji Fukuda, Hiroya Akiba, eds. *European Governance After Nice*, op. cit. を参照されたい。

（8）山谷清志「行政責任における統制と倫理」『修道法学』第一三巻一号、一九九〇年。一四一―一九八頁。福田耕治・真渕勝・縣公一郎編『行政の新展開』、法律文化社、二〇〇二年、一七五頁。

（9）Koji Fukuda, "Accountability and NPM reforms in the EU: Implications for UN reform," in S. Kuyama, M. Ross Fowler eds., *Envisioning Reform: Enhancing UN Accountability in 21st Century*, UNU Press, 2009, p. 231.

（10）山谷清志前掲論文。

（11）Ibid., pp. 1-3.

（12）君村昌「アカウンタビリティ（答責性）と業績評価」『同志社法学』第四四巻六号。五―六頁。君村昌『現代の行政改革とエージェンシー』行政管理研究センター、一九九八年参照。

（13）Finders, Matthew, *The Politics of Accountability in the Modern State, Ashgate, 2001*, pp. 41-263.

（14）福田耕治「EUにおけるアカウンタビリティ」『早稲田政治経済学雑誌』三六四号、二〇〇六年、四頁。

（15）蓮尾郁代「国際連合とグローバルガバナンス」『一橋法学』第五巻二号、二〇〇六年、一八二頁。Fidelma White and Kathryn Hollingsworth,*Audit, Accountability and Government*, Oxford University Press, 1999, pp. 6-7.

（16）山村恒年編『新公共管理システムと行政法』信山社、二〇〇六年、四八―五〇頁。山内弘隆・上山信一編『パブリック・セクターの経済・経営学』前掲書、三〇四―三〇五頁。

（17）足立忠夫「責任と行政学」『行政学講座１・行政の理論』東京大学出版会、一九七六年、二二七―二三七頁。福田耕治『現代行政と国際化』成文堂、一九九〇年、五二頁。

（18）同右。

（19）Hood, C., *The Art of the State*, Oxford Univ. Press, 1998, p. 235.

（20）玉村雅敏「ＮＰＭとは何か」山内弘隆・上山信一編『パブリック・セクターの経済・経営学』ＮＴＴ出版、二〇〇三年、一八一頁。

(21) イギリスにおいて一九八〇年代に先駆的に相次いで導入されたエージェンシーは、一九九〇年代初頭には三〇〇程度になり、各省所管のエージェンシーは、二〇〜三〇に上った。これをモデルとしたといわれる日本版エージェンシーである独立行政法人は、外務省や環境省の所管の二、内閣府や総務省所管が四、文部科学省所管の二七まで多様であるが、二〇〇四年七月現在で総数は一〇七ある。行政管理研究センター編『二〇〇五年版行政機構図』二〇〇五年、二二一頁。

(22) 君村昌『現代の行政改革とエージェンシー』行政管理研究センター、一九九八年、一頁。

(23) たとえば、その紹介は、岡田章宏・自治体問題研究所編『NPMの検証——日本とヨーロッパ』自治体研究社、二〇〇五年を参照されたい。

(24) 新川敏光・井戸正伸・宮本太郎・眞柄秀子『比較政治経済学』有斐閣、二〇〇四年、二四七頁。

(25) Giovanna Bono, "The European Union as an International Security Actor: Challenges for Democratic Accountability," H. Born, H. Hängi eds., *The'Double Democratic Deficit,'* Ashgate, 2004, p. 175.

(26) Keohane, O. Robert, "Accountability in World politics," Sverker Gustavsson, Christer Karlsson, Thomas Peterson eds., *The Illusion of Accountability in the European Union*, Routledge, 2009, p. 13.

(27) 村上真「イギリス準市場改革とアカウンタビリティ」『同志社法学』第五四巻四号、二〇〇二年、二六七頁。

(28) 大住莊四郎『ニュー・パブリック・マネジメント』日本評論社、一九九九年、九六‐九七頁。

(29) Heywood, Andrew, *Politics*, 3rd edition, Palgrave foundation, 2007, p. 445.

(30) 碓氷悟史『アカウンタビリティ入門』中央経済社、二〇〇一年、三二頁。山内弘隆・上山信一編『パブリックセクターの経済・経営学』NTT出版、二〇〇三年、三〇五頁。

(31) 国際行政の概念については、福田耕治『国際行政学——国際公益と国際公共政策』有斐閣、二〇〇三年を参照されたい。

(32) Fukuda, et. al., *European Governance After Nice*, RoutledgeCurzon, 2003, pp. 46-48. 福田耕治編著『EU・欧州統合研究』成文堂、二〇〇九年、一〇〇頁。

(33) Andrew, Heywood, *Politics*, op. cit., p. 448.

(34) Lord, Christopher, "Contested Meanings, Democracy Assessment and the European Union," *Comparative European*

Politics, Houndmills, Apr. 2007, Vol. 5

(35) Ian, Bache, Stephan, Gerge, *Politics in the European Union*, 2nd edition, Oxford University Press 2006, p. 68.

(36) Ibid.

(37) Idid.

(38) そのプロセスについては、福田耕治「EC固有財源制度と欧州議会の予算決定権拡大」福田耕治『EC行政構造と政策過程』成文堂、一九九二年、第五章を参照されたい。

(39) Keohane, Robert O. "Accountability in world politics," Sverker Gustavsson, Christer Karlsson, Thomas Peterson eds., *The Illusion of Accountability in the European Union*, op. cit., p. 11.

(40) 国際法学の視点から、以上の三要素について、奥脇直也前掲論文、三一頁参照。

(41) Follesdal, Andreas, Hix Simon, "Why There is a Democratic Deficit in the EU: A Response to Majone and Moravcsik," JCMS, Vol. 44, No. 32006, pp. 533-534.

(42) Follesdal, Andreas, Hix Simon, ibid., pp. 533-534.

(43) EUのアカウンタビリティについては、福田耕治「EUにおけるアカウンタビリティ」『早稲田政治経済学雑誌』第三六四号、二〇〇六年を参照されたい。

(44) 庄司克宏「国際機構の正統性と民主主義」庄司克宏編『国際機構』岩波書店、二〇〇六年、二一七頁。

(45) シャルプフは、「インプット・アウトプットデモクラシー」(Input-Output Democracy) という考え方を提示している。Bache, Ian, Gerge, Stephan, *Politics in the European Union*, op. cit., p. 68. 奥脇直也「現代国際法と国際裁判の法機能」『法学教室』二〇〇四年、二八一号、三二頁。

(46) Zweifel, Thomas D. *Democratic Deficit?: Institutions and Regulation in the European Union, op. cit.*, pp. 12-13.

(47) Dondelinger, J. "Relations avec les administrations nationals," J. Jamar, and W. Wessels eds., *L'administration communautaire à l'heure du choix*, Collège d'Europe, Bruges, 1985, pp. 89-90. 福田耕治前掲書、『国際行政学——国際公益と国際公共政策』、六三頁。

(48) 同上福田耕治前掲書、『国際行政学——国際公益と国際公共政策』、七三‐七七頁参照。

(49) 福田耕治前掲書、『国際行政学――国際公益と国際公共政策』、一二三頁。

(50) David Wincott, "The Governance White Paper, the Commission and the Search for Legitimacy," A. Arnull, D. Wincott eds., *Accountability and Legitimacy in the European Union*, Oxford University Press, 2002, pp. 379-380.

(51) 福田耕治「ＥＣ会計検査院設置と欧州議会による決算統制」福田耕治『ＥＣ行政構造と政策過程』成文堂、一九九二年を参照されたい。

(52) 福田耕治「ＥＣオンブズマン制度の創設と共同体行政の監視」福田耕治『ＥＣ行政構造と政策過程』前掲書。

(53) La Conférence des Organs Spécialisés dans les Affaires Communautaires : COSAC.

(54) 福田耕治「ＥＵにおける政策評価とＮＰＭ改革」『日本ＥＵ学会会報』第27号、二〇〇七年、七五 - 九七頁および福田耕治『ＥＵにおける政策評価システムの概要』、外務省委託調査研究報告書、二〇〇五年参照。

(55) その仕組みの詳細は、福田耕治「ＥＣ会計検査院設置と欧州議会による決算統制」福田耕治『ＥＣ行政構造と政策過程』成文堂、一九九二年を参照されたい。

(56) Protocol on the role of national parliaments in the European Union. ＣＯＳＡＣについては、安江則子「ＣＯＳＡＣ国家議会と欧州議会による二重の民主主義の模索」『同志社大学ワールドワイドビジネスレビュー』第二巻二号、二〇〇一年および安江則子「補完性原理に関する加盟国議会の役割」『日本ＥＵ学会年報――欧州憲法条約とＩＧＣ』第二五号、二〇〇五年、二〇八 - 二二二頁参照。

(57) OJ No L359, 31. 12. 1977. 福田耕治『ＥＣ行政構造と政策過程』前掲書、二一八 - 二二〇頁。

(58) OJ No L104, 28. 4. 1977.

(59) 福田耕治「ＥＣ会計検査院設置と欧州議会による決算統制」福田耕治『ＥＣ行政構造と政策過程』前掲書を参照。

(60) 同右。

(61) 同右。

(62) ＥＵ・欧州委員会における行政改革についての詳細は、福田耕治「欧州委員会における行政改革」『同志社大学　ワールドワイドビジネスレビュー』第二巻二号、二〇〇一年を参照されたい。

(63) OJ No. C 316, 27 November, 1995, annex.

(64) OJ No. C 313, 23 October 1996, annex.

(65) その第一次報告は、The First Report of the Committee of Independent Experts on Allegations regarding Fraud, Mismanagement and Nepotism in the European Commission (15 March 1999) を参照。

(66) Stewart, J. D., Anthony Hopwood, Cyril Tomikins eds., *Issue in Public Sector Accounting*, Oxford Philip Allen Publishers, 1984, pp. 16-18.

(67) 福田耕治「欧州委員会の総辞職と欧州議会」『早稲田政治経済学雑誌』第三四一号、二〇〇〇年。

(68) OJ No. L63, 6 March 2002, pp. 1-13.

(69) イギリスにおいて一九八〇年代に先駆的に相次いで導入されたエージェンシーをモデルとしたといわれる日本版エージェンシーである独立行政法人は、外務省や環境省の所管の二、内閣府や総務省所管の四、文部科学省所管の二七まで多様であるが、二〇〇四年七月現在で総数は一〇七ある。なお、EUエージェンシーと日本の独立行政法人との比較は、Koji Fukuda, "Accountability and Agencies in the European Union and Japan," Prepared for delivery at the *Symposium on Democracy and Accountability* III, Waseda University, Tokyo, September 30, 2005 を参照。

(70) European Commission, COM (2001) 428, 25. 7. 2001, final, pp. 20-22.

(71) European Commission, COM (2001) 428, 25. 7. 2001, final, p. 11, point 2.

(72) 君村昌『行政改革の影響分析』行政管理研究センター、二〇〇一年、一五頁。

(73) BSE危機とコミトロジーの問題点については、福田耕治『国際行政学――国際公益と国際公共政策』有斐閣、二〇〇三年、および福田耕治「EU食品安全政策と欧州食品安全庁の創設――国際行政におけるアカウンタビリティの確保」寄本勝美・辻隆夫・縣公一郎編『行政の未来――片岡寛光教授古稀祝賀論文集』成文堂、二〇〇五年参照。

(74) コミトロジーの起源、管理評議会手続きについての詳細は、福田耕治「EC委員会の執行権強化と評議会手続き」福田耕治『EC行政構造と政策過程』前掲書を参照されたい。

(75) 一九九三年一〇月二九日ブリュッセル欧州理事会の決議に基づいている。

(76) Ibid., CEPOL, Eurojust, Erupol の三法人がある。

(77) Ibid., EACEA, EACI, ERC, EAHC, REA, TEN-TEA の六法人がある。

(78) Ibid, EDA, ISS, EUSC の三法人がある。
(79) http://europa.eu.int/agencies/history_en.htm
(80) Meroni v. H. A. Case 9/56.19/56.13 June 1958
(81) 福田耕治「EU食品安全政策と欧州食品安全庁」前掲論文、三六九－三七〇頁参照。
(82) G. Majone, *Europe as the World-be World Power*, op. cit., p. 178.
(83) 本節は、福田耕治『EUにおける政策評価システムの概要』前掲書、九六－九八頁参照。
(84) 福田耕治「EUにおける政策評価とNPM改革」『日本EU学会年報』第二七号、二〇〇七年、八六－八七頁。
(85) 同右、八七頁。
(86) 同右、八八頁。
(87) 同右、八九頁。
(88) 福田耕治「欧州委員会における行政改革」『同志社大学ワールド・ワイド・ビジネス・レビュー』第二巻、第二号、二〇〇一年、一三頁。
(89) 福田耕治「EC環境政策と環境影響評価の制度化」福田耕治『EC行政構造と政策過程』前掲書参照。
(90) 福田耕治「EU行政の情報化と情報公開・個人情報保護の制度化」『同志社法学』第二四七号、一九九六年参照。
(91) European Commission, *Evaluating EU: Expenditure Programmes: A Guide*, 1997, p. 14.
(92) 山村恒年編前掲書、五二－五三頁。
(93) EUオンブズマン制度については、福田耕治「EUオンブズマン制度の創設と共同体行政の監視（1）（2）」『駒澤大学法学論集』第五〇号、第五一号、一九九七年を参照されたい。
(94) OMC（開放型整合化方式）については、福田耕治「リスボン戦略とEU社会労働政策の新展開」福田耕治編『欧州憲法条約とEU統合の行方』前掲書、二五五－二七九頁を参照。
(95) 福田耕治編『欧州憲法条約とEU統合の行方』前掲書、二七二頁。
(96) 福田耕治「EUにおける政策評価とNPM改革」前掲論文、九一頁。
(97) Giovanna Bono, "The European Union as an International Security Actor: Challenges for Democratic Accountability," op.

cit., pp. 175-177.

(98) Giovanna Bono, ibid.

(99) Koji Fukuda, et. al. (2003), European Governance After Nice, op. cit., p. 56.

(100) Ibid.

(101) OJ C 306/01, 17December, 2007, Treaty of Lisbon amending the Treaty on European Union and the Treaty establishing the European Community, op. cit., Article 8A.

(102) Giddens, A., *The Constitution for Society*, Polity Pess, 1984. Giddens, A., *The Transformation of Intimacy*, Stanford University Press, 1993. Giddens, A., *The Third Way and its Critics*, Polity Press, 2000.

(103) 福田耕治編『EU・欧州統合研究』成文堂、二〇〇九年、二三一－二三二頁参照。

〈付記〉

本稿は、二〇〇五年一〇月一日に開催された日本政治学会の「研究の理論と実証」分科会における筆者の報告「ＥＵにおけるアカウンタビリティ——ＮＰＭによる欧州ガバナンス改革とエージェンシーを事例として——」および拙稿「ＥＵにおけるアカウンタビリティ」『早稲田政治経済学雑誌』三六四号、二〇〇六年七月、三－一九頁、福田耕治「ＥＵ・欧州ガバナンスと政策過程の民主化」福田耕治編『ＥＵ・欧州統合研究』第五章などの論稿を基礎に、その後のＥＵ統合の進展、民主主義とアカウンタビリティに関する学説の展開、リスボン条約の発効等を踏まえて発展させたものである。

あとがき

本書は、アカウンタビリティをさまざまな角度から捉え、綿密に検討した。このプロジェクトでは、本書に収められた論文を完成するまでに、次の三つの国際会議を実施し、討論を重ねてきた。

第一回国際会議〈デモクラシーとアカウンタビリティⅠ〉

（早稲田大学　二〇〇四年三月八日）

【論文】M・A・ゴールデン（E・C・チャンとの共著）"Electoral Systems, District Magnitude and Corruption".

【討論】A・プシェヴォスキ、R・フランツェーゼ、千葉眞、押村高、福田耕治、井戸正伸、眞柄秀子

第二回国際会議〈デモクラシーとアカウンタビリティⅡ〉

（早稲田大学　二〇〇四年一〇月二九－三〇日）

【論文】P・C・シュミッター"The Quality of Democracy: The Ambiguous Virtues of Accountability.

千葉眞"On Legitimacy and Accountability: An Introduction".

T・J・ペンペル"Regionalizing the Developmental State: Political and Economic Accountability in East Asia".

押村高“Facing the Global Democratic Deficits: A Supranational Dimension of Accountability”.
福田耕治“Accountability and Legitimacy: The Governance of Food Safety in the EU and Japan”.
M・A・ゴールデン“Does Corruption Pay? The Survival of Politicians Charged with Malfeasance in the Postwar Italian Chamber of Deputies”.
井戸正伸“Accountability, Corruption and Equality”.
眞柄秀子“Economic Growth and Democratic Accountability”.

第三回国際会議〈デモクラシーとアカウンタビリティⅢ〉
（早稲田大学　二〇〇五年九月三〇日）
【論文】P・C・シュミッター“The Future of European Democracy”.
T・J・ペンペル“Regionalizing the Developmental State: Political and Economic Accountability in East Asia”.
M・A・ゴールデン“Why Voters Do Not Repudiate Public Officials Who Steal: Corruption and Sociotropic Voting”.
押村高“Globalization and Fragmented Accountability in Contemporary Japan”.
福田耕治“Accountability and Agencies in the European Union and Japan”.
井戸正伸“‘Big Bang’ and the Production Regimes: Historical Origins of ‘Unaccountable’ Corporate Governance in Italy and Japan”.

眞柄秀子 “Welfare Effort and Democratic Accountability”.
（箱根パレスホテル　一〇月二日）
【論文】T・アースカイン “The State as a Moral Agent and Bearer of Duties in International Relations”.
【司会】井戸正伸
【討論】P・C・シュミッター、T・J・ペンペル、M・A・ゴールデン、千葉眞、押村高、眞柄秀子

このようにプロジェクト・メンバー以外に、第一回国際会議ではニューヨーク大学のアダム・プシェヴォスキ教授とミシガン大学のロバート・フランツェーゼ教授にご討論いただき、また第三回国際会議ではウェールズ大学のトニ・アースカイン教授に研究論文をご報告いただいた。それらは有形無形さまざまなかたちで本書の成果に大いに貢献している。

さらに、二〇〇五年の日本政治学会では、ＡＰＳＡ（アメリカ政治学会）セッションで、本プロジェクトのメンバーが司会、報告、討論を務め、イギリスからトニ・アースカイン先生が討論者としてご参加くださった。また同年の同学会の「アカウンタビリティ研究の理論と実証」分科会では、プロジェクトのメンバー以外に山岡龍一先生、白鳥浩先生にアカウンタビリティに関する最新の研究をご報告いただき、森政稔先生と大黒太郎先生にそれぞれご討論いただいた。各論文および討論は『早稲田政治経済学雑誌　第三六四号』特集〔アカウンタビリティ研究の理論と実証〕に所収されている。本プロジェクトに大きくかつ新鮮な刺激を与えてくださったことに対して、これらの方々に深く感謝したい。

また、早稲田大学政治学研究科の院生と政治経済学部のゼミ生の協力がこのプロジェクトを支えてくれたこと

を強調したい。彼らは、海外ゲストを空港まで出迎えたり、国際会議の実施に必要ないろいろな作業を手伝ってくれたり、本当に心強い真の「協力者」であった。彼らの協力なしには、このプロジェクトは順調に進まなかっただろう。また彼らが、国内外のゲストをお迎えするにあたり、自分自身の研究を細かく説明し、世界的に著名な先生方からしっかり助言を受けていたことに関しても、たいへん感心し、頼もしく思っていることを付言したい。

最後に、本プロジェクトの研究成果の意義をお認めいただき、出版の機会を与えてくださっただけでなく、我々の仕事の遅さや多くの欠点に本当に忍耐強くお付き合いいただいた風行社の犬塚満社長に心から感謝する。社長のご理解とご支援なしには本書は到底ありえなかった。

各章の著者を代表して、学術的にも政治の実践の場においても、アカウンタビリティというものの重要性が改めて認識されることを願っている。

二〇一〇年九月

眞柄秀子

〔執筆者紹介〕

眞柄秀子（編者・第2章）

早稲田大学政治経済学術院教授。比較政治学。

主要業績：編著『拒否権プレイヤーと政策転換』（早稲田大学出版部、二〇〇七年）、Eds. with S. Sacchi. *The Politics of Social and Industrial Reform: In Comparative Analysis of Italy and Japan*, forthcoming.

フィリップ・C・シュミッター〔Philippe C. Schmitter〕（第1章）

ヨーロッパ大学院研究所（ＥＵＩ）名誉教授。比較政治学、地域統合論、民主化の理論と実践。

主要業績：（with Guillermo O'Donnell), *Transitions from Authoritarian Rule: Tenetaive Conclusions about Uncertain Democracies*, Johns Hopkins University Press, 1986; *How to Democratize the European Union ... and Why Bother?* (Rowman & Littlefield, 2000).

T・J・ペンペル〔T. J. Pempel〕（第3章）

カリフォルニア大学バークレイ校教授。比較政治学、国際関係論。

主要業績：*Remapping East Asia: The Construction of A Region* (Cornell University Press, 2005); *Regime Shift: Comparative Dynamics of Japanese Political Economy* (Cornell University Press, 1998).

千葉　眞（第4章）

国際基督教大学教養学部教授。西欧政治思想史、政治理論。

主要業績：『アーレントと現代――自由の政治とその展望』（岩波書店、一九九六年）、『「未完の革命」としての平和憲法――立憲主義思想史から考える』（岩波書店、二〇〇九年）

押村　高（第5章）

青山学院大学国際政治経済学部教授。国際関係思想、政治理論。

主要業績：『国際正義の論理』（講談社現代新書、二〇〇八年）、『国際政治思想』（勁草書房、二〇一〇年）。

井戸正伸（第6章）

早稲田大学教育・総合科学学術院教授。比較政治学。
主要業績：共著『比較政治経済学』（有斐閣、二〇〇四年）、『経済危機の比較政治学』（新評論、一九九八年）。

ミリアム・A・ゴールデン〔Miriam A. Golden〕（第7章）

カリフォルニア大学ロサンジェルス校教授。比較政治学。
主要業績：*Heroic Defeats: The Politics of Job Loss* (Cambridge: Cambridge University Press, 1997); *Labor Divided: Austerity and Working Class Politics in Contemporary Italy* (Ithaca: Cornell University Press, 1988).

福田耕治（第8章）

早稲田大学政治経済学術院教授。国際行政学・ＥＵ／欧州統合研究。
主要業績：編書『ＥＵ・欧州公共圏の形成と国際協力』（成文堂、二〇一〇年）、福田八寿絵と共著『ＥＵ・国境を超える医療』（文眞堂、二〇〇九年）。

東島雅昌（翻訳：第1・3章）

米国ミシガン州立大学政治学部博士課程。比較政治学・政治経済学（体制変動論・内戦研究・民族政治）、中央アジア政治経済。
主要業績：「カザフスタンにおける権威主義化と安定化の論理——経済自由化のもとでの『民族的』競争寡頭制？」（伊東孝之編『せめぎあう構造と制度——体制変動の諸相』〔正文社、二〇〇八年〕所収）。
"The Logic of Authoritarianism under Globalized and Multiethnic Societies: A Theory and Statistical Analyses in the Developing World, 1961-2006," *Waseda University, GLOPEII Working Paper Series* No. 25, 2009 July.

本田亜紗子（翻訳：第1・7章）

早稲田大学大学院政治学研究科博士後期課程。政治学、比較政治。

主要業績：「ヨーロッパ右派政権による福祉改革の可能性――福祉国家、資本主義の多様性、党派性の理論を中心に」『早稲田政治公法研究』第九二号（二〇〇九年）、一 - 一〇頁、「イタリア・ベルルスコーニ政権における年金改革」『早稲田政治公法研究』第九三号（二〇一〇年）、一 - 一二頁。

デモクラシーとアカウンタビリティ――グローバル化する政治責任

2010年11月2日　初版第1刷発行

編　者　眞　柄　秀　子

発行者　犬　塚　　満

発行所　株式会社 風　行　社

〒101-0052 東京都千代田区神田小川町3－26－20
Tel. & Fax. 03-6672-4001
振替 00190-1-537252

印刷･製本　株式会社理想社

©Hideko MAGARA　2010　Printed in Japan　ISBN978-4-86258-051-1

[風行社　出版案内]

〈政治の発見〉第４巻
つながる——社会的紐帯と政治学
宇野重規責任編集　四六判　2520円

〈政治の発見〉第５巻
語る——熟議／対話の政治学
田村哲樹責任編集　四六判　2520円

政治と情念
——より平等なリベラリズムへ——
M・ウォルツァー著　齋藤純一・谷澤正嗣・和田泰一訳　四六判　2835円

シリーズ『政治理論のパラダイム転換』
市民的不服従
寺島俊穂著　四六判　3150円

シリーズ『政治理論のパラダイム転換』
大衆社会とデモクラシー
——大衆・階級・市民——
山田竜作著　四六判　3150円

シリーズ『政治理論のパラダイム転換』
環境政治理論
丸山正次著　四六判　3150円

シリーズ『政治理論のパラダイム転換』
現代のコミュニタリアニズムと「第三の道」
菊池理夫著　四六判　3150円

ナショナリティについて
D・ミラー著　富沢克・長谷川一年・施光恒・竹島博之訳　四六判　2940円

ライツ・レヴォリューション
——権利社会をどう生きるか
M・イグナティエフ著　金田耕一訳　A５判　2310円

ニーズ・オブ・ストレンジャーズ
M・イグナティエフ著　添谷育志・金田耕一訳　四六判　3045円

＊表示価格は消費税（５％）込みです。